뜻으로 읽는
북간도 독립운동
이야기

뜻으로 읽는 북간도 독립운동 이야기

이옥희 지음

바이북스
ByBooks

가슴으로 쓴
《뜻으로 읽는 북간도 독립운동 이야기》
출판을 축하하며

이 원 택(국회의원, 전북 김제시·부안군)

평화를 빕니다!

이원택 국회의원입니다.

코로나 팬데믹으로 고난의 시간을 보낸 모든 분들에게 사랑의 문안 인사를 드립니다.

특별히 숨 막혔던 코로나 팬데믹 기간에 일제강점기 시대에 있었던 잘 알려지지 않은 북간도 캐나다장로교회의 독립운동 이야기와 잘못 알려지거나 숨겨진 독립운동 이야기와 북간도 조선족 디아스포라의 형성과정을 치열하게 고민하며 집필해주신 이옥희 저자의 《뜻으로 읽는 북간도 독립운동 이야기》 출판을 진심으로 축하드립니다.

역사는 계속 기억되어야 합니다!

나라와 민족의 정체성 형성에 가장 중요한 것은 역사입니다. 백성들은 영토라는 배에서 역사라는 바다를 함께 통과하면서 국민으로서 정체성을 형성하게 됩니다. 건강한 국민의 정체성은 건강한 역사의식에서 옵니다. 그러므로 국가는 국민들의 정체성 형성에 가장 중요한 역사를 소환해서 끊임없이 가르칩니다. 그러므로 역사의식을 창조적으로 후대에 전승하며 계승시키는 역사 기록 작업은 아주 소중합니다.

이 책은 독립운동의 기지와 인적, 물적 자원을 제공한 조선 이주민들의 나라 사랑과 독립운동을 위한 희생과 헌신을 잘 보여주며 청나라와 일본의 틈바구니에서 조선인의 정체성을 지키며 살아낸 조선인 디아스포라의 세계로 우리를 인도합니다.

독립운동에 관한 많은 책이 있지만《뜻으로 읽는 북간도 독립운동 이야기》는 1910년대와 1920년대의 북간도에서 일어난 민족주의 계열의 독립운동에 초점을 맞춘 북간도 독립운동만을 다룬 책입니다. 저자는 1869년, 기사년에 일어난 함경도 조선인들의 월강과 북간도 수전 개척을 독립운동의 시작으로 보고 있습니다. 함경도 이주민들이 북간도지역에서 조선인 이주사회를 형성하였기 때문에 캐나다장로교가 유민을 따라서 용정에 선교부를 세워 선교를 하였고 용정 3·13만세시위, 15만원탈취사건이 일어났으며 봉오동전투와 청산리전투가 가능하였다는 것입니다. 캐나다지 교회를 지부로 해서 형성된 간도국민회가 독립군들의 무장투쟁을 지원하였기 때문에 1920년 경신대학살이 일어났다는 것입니다. 이런 저자의 주장은 책상머리에서 나온 발상이 아니고 3년 동안 북간도 현지를 두 발로 뛰면서 펼친 것이기에 더욱 감동적입니다.

역사는 지켜져야 역사가 됩니다!

중국의 동북공정과 일본의 역사 교과서 왜곡은 우리 민족의 과거 역사를 지우거나 왜곡시키며 찬탈하는 것입니다. 역사가 찬탈되면 그 민족은 사라지는 것입니다. 우리는 55개 중국 소수민족에게서 과거에 멸망한 나라의 비극을 봅니다. 그러나 무엇보다도 중국의 역대 왕권들이 망국의 소수민족들로 하여금 감히 반역을 꿈꾸지 못하도록 그들의 역사 기록을 탄압하였다는 사실을 기억해야 합니다.

우리는 우리 역사를 지켜야 합니다. 우리가 우리 역사에 관심을 가지고 밝은 미래로 가는 길잡이로 배우고 익힐 때 우리 역사가 지켜집니다. 그런데 우리는 지금 조선의 멸망과 식민지 통치, 생명을 건 독립투쟁과 고통스러웠던 시대에 무관심합니다. 우리가 무관심하면 그 사이에 역사가 왜곡되며 사라지게 됩니다. 우리는 고구려의 역사가 중국의 역사로 편입되어 고구려의 유적들이 중국의 유적들로 등록된 것을 압니다. 아무리 있었던 역사도 지키지 못하면 사라집니다. 그러기에 우리 한국인들에게 고구려사 공부는 더욱 유별한 것이 될 수밖에 없습니다.

《뜻으로 읽는 북간도 독립운동 이야기》는 고구려 역사와 마찬 가지로 파묻히고 숨겨지고 왜곡되기 쉬운 중국의 동북지역에서 일어난 역사 이야기를 담고 있습니다. 비록 북간도가 한반도에 속하지 않지만 우리 조상들이 개척하며 독립운동으로 피 흘린 땅입니다. 우리는 우리 영토 밖에서 일어난 우리의 독립운동을 방치하지 말고 지켜내야 합니다. 이 역사를 놓치게 되면 반복되는 역사 속에서 우리는 또 다시 어려운 일에 직면할 수 있습니다. 우리는 이 책을 읽으며 북간도에서 조국의 독립을 염원하며 산화했던 우리 조상들의 역사를 가슴에 새기며 수많은 선열들의 고귀한 희생과 헌신이 조국의 광복을 가져왔다는 사실을 깨달으며 우리 역사를 지켜가게 될 것입니다.

저자가 소개해주는 1860년부터 생명을 걸고 도강한 함경도 이주민들을 생각합니다.

용정 3·13만세시위에 모인 2만 5천여 명의 조선 이주민들을 생각합니다.

용정 3·13만세시위에서 순국한 19분의 순국열사들과 유족들을 생각합니다.

15만원탈취사건을 일으킨 6명의 열혈 청년들과 전홍섭을 생각합니다.

봉오동전투와 청산리전투에 참가한 조선 이주민 2세대와 3세대들의 청장년들을 생각합니다.

경신대학살에 억울하게 죽은 6천여 명의 조선 민간인 희생자들을 생각합니다.

장암동 교회의 36명의 순교자들과 유족들을 생각합니다.

캐나다장로교회 선교사들을 생각합니다.

캐나다장로교회 지 교회들과 설립자들과 목회자들을 생각합니다.

북간도 개척과 독립운동에 생명을 바친 모든 유명, 무명의 이주민 개척자들과 순국열사와 독립군들과 순교자들 그리고 캐나다장로회 선교사들과 교회 지도자들에게 엎드려 큰 절을 올립니다. 그리고 이 분들의 조국 독립을 위한 희생과 헌신을 가슴에 새깁니다. 저 또한 이분들과 함께 타오르며 후손들에게 화산처럼 타오르는 애국애족의 열정을 심어주고 싶습니다.

다시 한 번 저자 이옥희의《뜻으로 읽는 북간도 독립운동 이야기》출판을 축하드립니다. 그리고 이 책을 읽는 모든 분들이 조선 독립운동의 현장인 북간도를 방문하여 제2, 제3의 독립운동가로, 평화 운동가로 세워지길 간절히 빕니다.

역사 전공자도 아닌 저자가 이 책을 쓸 수 있도록 물심양면으로 도와주신 모든 분들에게 지면을 통하여 깊은 감사를 드립니다. 무엇보다도 저자 이옥희가 북간도에서 만난 월강 조선 이주민들의 독립운동사를 기록할 수 있도록 뜨거운 심장을 주신 하나님께 깊은 감사를 드립니다.

감사합니다.

《뜻으로 읽는 북간도 독립운동 이야기》를 추천하며

조 태 영 (전 한신대학교 국어국문학과 교수)

대한제국의 멸망과 국권 상실 이래 우리 민족의 역사적 과제는 통일된 독립국가를 수립하는 일이 되었다. 그러나 불행하게도 어떤 국가를 세울 것인지에 대하여 우리 민족에게는 통일된 노선이 준비되어 있지 않았다. 우리 민족이 근대국가로의 노선을 선택하고 결정할 겨를도 없이 일본 제국주의의 침략을 받아 국권 자체를 상실해 버렸던 것은 우리 민족에게 너무나 뼈아픈 일이었다. 근대국가로의 노선을 결정하기 이전에 일제로부터 국권을 되찾는 일이 절대 과제가 된 상태에서 결국 독립투쟁을 하면서 독립국가의 노선을 결정해야만 하는 이중의 과업을 짊어졌던 것이 일제 식민지배 아래 우리민족의 처지였다.

독립운동 반세기 동안 민족사회는 독립국가 수립의 노선을 두고 민족주의와 사회주의로 분열된 상태에서 독립운동을 전개하였고, 2차세계대전 종전으로 일제 식민지배에서 해방되기까지 노선의 통일을 이루지 못하였다. 그 결과 동서 제국들의 냉전구도 속에서 우리 민족은 남북으로 분단되는 비극으로 내몰리고 말았다. 일제로부터의 해방은 민족이 염원

9

하였던 통일된 독립이 아니라 반쪽의 독립, 민족 분단이라는 기구한 상태를 가져다 주었다. 민족 분단은 우리 민족이 역사의 과제를 완수하지 못한 결과 생긴 불구의 상태요, 존립의 미완성 상태이다. 자주적이고 통일된 독립이라는 민족의 역사적 과제가 여전히 풀지 못한 숙제로 남아 있다.

통일은 민족이 자주적이고 독립된 인격으로 평화롭게 통합된 삶을 살게 되는 것을 의미한다. 그것은 민족의 인격적 삶을 완성하는 일이다. 민족의 분열 상태는 우리에게 끊임없이 상극의 분쟁과 충돌을 강요한다. 해방 후 숨 돌릴 겨를도 없이 골육상쟁의 전쟁을 겪었고, 아직도 전쟁은 계속되고 있다. 분단체제에서 전쟁은 끝이 없고, 비극은 계속된다. 민족 분단을 극복하고 통일을 이루는 일은 민족의 독립을 완성하는 일, 곧 반쪽의 독립을 완전한 독립으로 완성하는 일이다.

북간도지역의 독립운동은 우리 민족 독립운동사의 주축에 해당한다. 거기가 온갖 독립운동의 산실이자 요람이었고, 갖가지 독립투쟁의 갈래들이 부침했던 무대요 각축장이었다. 민족교육과 무장투쟁이 가장 활발하고 치열했던 땅, 독립국가 실현의 노선을 놓고 독립운동 세력들의 분화와 대립이 첨예하게 분출하였던 곳이 바로 간도 조선인사회였다. 이곳의 독립운동사를 깊이 들여다보지 않고는 우리 민족의 현재를 제대로 이해하는 것이 불가능하다. 그럼에도 현재 남과 북의 사회에서 이 지역의 독립운동사에 대한 인식은 각각의 이념적 정치적 편향으로 인하여 매우 빈약하고, 그나마도 굴절되고 왜곡되어 있는 형편이다.

이러한 마당에 북간도 독립운동사를 남과 북의 체제와 이념의 시각을 뛰어넘어 오롯이 간도의 자리에서, 분단 이전 북간도의 시각으로 본《뜻으로 읽는 북간도 독립운동 이야기》가 나온 것은 만시지탄이 있지만 놀랍고 고마운 일이다. 이 책의 저자는 분단체제의 일반인으로서는 여간 접하기 어려운 현지의 사료들을 풍부하게 찾아내어 소개하고 통찰력 있게 분석해 줌으로써 솔직하게 사시를 면치 못하고 살던 사람의 막혀 있던 시야를 탁 트이게 뚫어준다. 저자는 남한에서 접하기 어려운 연변 사학계의 사료와 연구서들을 폭넓게 섭렵하고, 뿐만 아니라 선교사로서 여러 해 동안 북간도 독립운동의 발자취를 샅샅이 밟으며 찾아낸 숨은 이야기들을 풍부하게 발굴한 내용들을 책에 담았다.

이 책이 가진 특별한 의의를 몇 가지 지적하자면

첫째, 몇몇 명망 있는 지도자에 과도하게 편향된 대부분의 독립운동사의 시각을 벗어나서 이념적 편향과 정치적 이유로 제대로 조명을 받지 못하였거나 소홀히 다루어졌던 인물들을 극력 재조명하여 그들의 존재와 공로를 복원한 것이다. 기독교의 십자가 신앙으로 자주독립이라는 민족의 십자가를 지고 간 사람들의 이야기, 민족주의와 사회주의를 넘나들며 양자를 관통하는 독립운동의 궤적을 그리고 간 인물들의 이야기들은 통일된 자주독립을 독립의 완성으로 내다보는 오늘의 사람들에게 깊은 울림과 영감을 준다.

둘째, 무엇보다도 이 책의 진가는 대부분의 역사서들이 "나라와 민족의 핵이요, 본질인 민초, 작은 사람들은 무시하고 영웅, 거인, 지도자들만 이야기"하는 것에 반하여 독립운동사의 근본적 주체를 민초로 보고 그들의 독립운동 이야기를 역사에 부각시킨 것이다.

셋째, 교회의 존재가 역사 속에서 시대와 민족의 과제에 응답하고 그

11

십자가를 감당하는 데 있다는 것을 보여준 북간도 교회의 모습을 생생하게 드러낸 것이다. 그리고 교회의 선교가 또한 그러한 것임을 캐나다선교부 북간도지회의 감동적인 활동을 상세하게 복원하여 드러낸 것이다.

저자가 《뜻으로 읽는 북간도 독립운동 이야기》에서 보여준 북간도의 독립운동 역사는 놀랍게 북간도 교회의 역사와 일치한다. 북간도 독립운동사는 북간도 십자가의 역사이다. 이는 오늘의 우리에게 무엇을 말하여 주는가? 이는 오늘의 우리에게 커다란 영감을 준다. 십자가는 하늘과 땅의 평등을 실현하는 자리요, 좌와 우가 소통하는 자리요, 과거와 미래가 수렴하는 자리 아닌가? 비록 통일된 자주독립을 자력으로 실현하지 못하고 외세가 강제한 분단독립을 받아들일 수밖에 없는 비극적 해방을 맞이하였지만, 북간도 독립운동사는 살아 있는 교훈으로서 통일독립을 완수해야 할 오늘의 우리 앞에 빛을 비춘다.

북간도 독립운동이 가진 뜻을 생생히 바라보고 기억할 수 있도록 심혈을 기울여 집필한 저자의 모든 노력이 바로 오늘의 독립운동이요, 북간도의 십자가를 계승하는 신앙임을 생각하며 경의를 표한다.

우리는 왜 북간도에 가는가?

나는 성경의 말씀 중에서 창세기를 가장 좋아한다.

세상에는 태초의 시간에 하나님께서 천지 창조하는 것을 본 사람이 없고 아담과 이브의 에덴동산과 선악과를 목격한 사람이 없다. 카인과 아벨을 본 사람들도 없다. 그러나 나는 창세기 말씀에서 하나님의 숨결을 느끼며 하나님의 위대하고 오묘하고 신비로운 창조의 역사를 만난다. 하나님의 사랑 에너지가 우주에 빛처럼 퍼지며 충만해지는 거룩하고 장엄한 세계를 본다. 뿐만 아니라 처음 인간인 아담과 이브의 본성, 정체성을 직시하며 21세기를 사는 현대인을 만난다. 그러기에 창세기는 과거의 이야기지만 오늘의 이야기이고 오늘의 이야기이지만 미래의 이야기이다. 하늘 아래 새 것이 없다는 현자들의 교훈에 귀를 기울이며 나는 창세기에서 이 시대, 인류 문제에 대한 하나님의 메시지를 듣는다.

북간도는 창세기처럼 나에게 국가와 국민의 의미와 역사의 원전으로서 개국의 유형들과 흥망성쇠를 보여준다.

중국의 변방에 불과하였던 북간도가 동북아 역사의 수면으로 등장한 것은 그리 오랜 역사가 아니다. 특별히 한국인들에게 북간도는 새로운 의미의 역사가 되었다.

1644년, 청나라는 8기군의 승승장구로 산해관을 넘어 중원을 제패하고 수도를 북경으로 옮기며 동북지방에 훈춘협령을 설치하고 두만강 일대를 봉금(封禁)지역으로 정하였다. 청나라의 봉금정책으로 간도는 168년 동안 무주공산이 되었다. 그러나 1850년대부터 사람들이 밀려왔다.

가장 먼저 러시아 군인들이 밀려와서 조약을 빌미 삼아 훈춘과 흑룡강성 일부를 차지하였다.

이어서 조선의 소작농과 천민들이 기아와 조선의 악정을 피해 밀려오기 시작하였다

이어서 조선의 양반, 관리, 유림 지식인 계급들이 독립운동을 위해 서북간도에 밀려 들었다.

이어서 캐나다장로회가 들어와서 복음을 전하기 시작하였다.

이어서 일본인들이 용정에 조선통감부 간도파출소를 세우며 들어왔다.

이어서 청나라가 망하고 중화민국이 세워지고 임시정부가 들어섰다.

이어서 북양정부가 들어섰다.

이어서 사회주의자들이 물밀 듯이 들어와 러시아의 10월 혁명과 레닌의 사상을 전파하였다.

이어서 사회주의 계열과 민족주의 계열의 독립운동이 치열하게 다투는 장이 되었다.

이어서 일본에 의해 만주국이 세워졌다.

이어서 민족주의 계열의 독립운동이 북간도에서 관내로 이동하였다.

이어서 사회주의 계열의 독립운동이 소련의 연해주로 이동하였다.

이어서 소련군이 해방군으로 밀려 들었다.

이어서 국민당과 중국 공산당의 내전이 일어났다.

실로 북간도는 200년도 채 되지 않는 역사 속에서 청나라와 러시아, 청과 조선, 중화민국과 일본, 중국군벌과 일본, 일본과 소련의 각축장이 되었다.

북간도 역사는 창세기처럼 나에게 많은 깨달음을 주었다.

신생 국가가 세워지고 흥하고 망하는 역사의 변수와 인간들의 군상을 보여주었다.

막연하게 희미하였던 조선왕조의 정체성과 애국, 애족을 자처하던 유림, 양반, 관료들의 탐욕과 위선을 가르쳐 주었다.

봉오동전투와 청산리전투의 주역이 망국지사들이 아니라 조선에서 온갖 천대와 억압을 받았던 천민, 생명을 걸고 도강하여 수전을 개척한 소작농과 천민들임을 드러내 주었다.

사람의 생명이 국가보다 우선이므로 백성들이 위험을 느끼면 생명이 안전한 곳을 찾아 이합집산 하는 것이 인간사임을 가르쳐 주었다.

국가도 인간처럼 생로병사가 있으므로 존립의 위기가 올 수 있고 망할 수 있는 것이었다.

영토는 주인이 고정되어 있는 것이 아니므로 지키기 위한 치열한 노력과 희생을 필요로 한다.

무엇보다 북간도는 나의 사회주의에 대한 막연한 열등감과 일말의 기대를 깨끗하게 청소해주었다. 크리스천인 나를 종종 회의와 절망에 빠트렸던 자본주의와 공산주의 담론으로부터 해방시켜 주었다. 뿐만 아니라 이념과 사상은 영원한 것도, 진리도 아니고, 단지 그 시대와 그 문명권의 문제를 해결하기 위한 철학적, 정치적, 경제적 제안이라는 사실에 눈을 뜨게 해주었다. 그리고 사회주의가 혁명으로 이루고자 하는 이상사회가 자유와 탐욕을 가진 인간들의 세계에서는 이루어질 수 없다는 사실도 알게 되었다. 종교 지도자들의 초아의 봉사와 섬김이 나라를 잃은 망국의 백성들에게 새 세상에 대한 희망과 비전이 됨을 보았다.

이렇듯이 북간도는 나의 정신세계와 역사 인식에 한 획을 그어주었으며 나에게 살아 있는 역사의 원전이 되었다.

2016년 전주 YMCA를 따라서 북간도 평화기행을 한 것이 인연이 되어서 중국에 3년을 머물렀고 그 인연으로 독립운동사를 공부하며 독립유적지를 찾아다닌 덕분에 북간도 독립운동 이야기를 쓰게 되었다. 첫 번의 책은《우리가 몰랐던 북간도 독립운동 이야기》로 2020년에 출판하였고 다시 3년 만에《뜻으로 읽는 북간도 독립운동 이야기》로 두 번째 책을 펴낸다.

1부는 함경도 조선인들의 대탈출을 다루는데 그들의 탈출이 교과서에서 배운 것과는 달리 1860년대 수해와 가뭄 그리고 조선의 관리와 양반들의 수탈 때문이라는 사실을 밝힌다. 또한 이주한 조선인들의 몸과 마음을 서로 차지하기 위해서 청나라와 일본과 조선 독립운동가인들이 벌이는 교육 주도권 다툼을 펼쳐 보인다.

2부는 용정 3·13만세시위와 북간도에서 있었던 독립무장투쟁을 기술한다. 용정 3·13만세시위 때 순국하신 19분의 이름과 그분들의 신분을 통하여 만세시위가 우연한 산물이 아니라 캐나다장로회 산하 지회 설립자들과 지도자들의 노력의 결실이었음을 밝힌다. 실패한 거사인 '철혈광복단'의 15만원탈취사건이 캐나다장로회 지교회 청년들의 비밀단체인 철혈광복단 4명의 성원이 주도하여 일으킨 거사임을 기술한다.

뿐만 아니라 봉오동전투와 청산리전투가 우리에게는 홍범도 장군, 최진동 장군 그리고 김좌진 장군의 전투로 알려졌지만 그 배후에 간도국민회가 있었음을 설파한다. 이어서 1920년 10월에 시작된 간도대토벌과 경신대학살의 참상은 2만5천 명의 정규 일본군에게 육천여 명에 이르는 조선 민간인들이 집단학살당한 것을 다루며 우리의 무관심과 이념 대립 때문에 아직도 그 실상이 제대로 밝히지 못하는 아픔을 토로한다.

3부는 숨겨진 무명의 지도자들에 대한 이야기다. 그들은 1910년대 북간도와 연해주에서 독립운동을 시작한 선구자이며 헌신적인 지도자이었음에도 여러 가지 이유로 한국사회에는 거의 숨겨진 존재가 되었다. 김치보, 김계안, 구춘선, 황병길, 이동춘을 짤막하게 다루며 끝으로 독립운동사의 자료를 학문적으로 정립해준 자이니치 강덕상의 스토리를 소개한다.

4부는 캐나다장로회 교회와 북간도 독립운동의 관계를 밝힌다. 대부분의 교회 설립자들이 독립운동가였다는 사실과 36명이 한꺼번에 불에 타죽은 장암 언덕의 대학살 이야기를 소개하고 조선독립운동을 지원한 용정 제창병원의 기여를 논한다.

이 책을 쓸 수 있도록 발걸음을 중국으로 북간도로 인도해주신 하나님의 섭리와 은혜에 무한 감사를 드린다.

사역을 감당할 수 있도록 묵묵히 도와주는 남편과 고향의 어머님과 물심양면으로 배려해주는 홍택, 원택 아우님, 순희, 명희, 경희 아우님께 깊은 감사를 드린다.

중국에서 공부하며 사역을 계속할 수 있도록 학비를 지원해준 친구 연희와 사랑하는 모든 후원자님들과 교회와 기업 그리고 비전아시아 이사장님과 이사님들에게 깊은 감사를 드린다.

독립운동 유적지 탐방에 어려움을 감수하며 함께 동행해주신 현지의 형제자매님들 모두에게 깊은 감사를 드린다.

쉽지 않은 책을 읽고 축사를 써준 이원택 의원님과 추천사를 써주신 조태영 교수님께 깊은 감사를 드린다.

정성을 다하여 책을 편집해주신 바이북스의 윤옥초 사장님과 편집부 직원들에게 감사드린다.

2023년, 경신대학살 123주년 되는 해
10월 25일 아침에 온고을에서 저자

헌사

척박한 만주 땅에서

벼농사를 일구어낸

조선의 농부들,

절망 속에서

조국의 독립을 꿈꾸었던

경신참변의 희생자들,

그리고

자유시참변의 희생자들에게

경신참변 103주년,

자유시참변 102주년 되는 해에

사모하는 마음을 작은 책에 담아 드리며

깊은 감사와 경의를 표합니다.

온고을에서 저자 바침

차례

1부 북관 조선인들의 대탈출

2부 1919년 용정 3·13만세시위와 북간도 무장독립투쟁

1부

북관
조선인들의
대탈출

1869년, 기사년이
조선족 역사의 시작이다

　대부분의 한국인들이 1910년 조선이 망하자 독립운동을 위해서 많은 사람들이 앞을 다투어 만주로 들어가 독립운동을 수행하였으며 그들이 오늘날 조선족의 기원으로 해방 후에 조국으로 돌아가지 않고 그 땅에 남은 자들이 연변의 조선족이 된 것으로 알고 있다. 그런데 연길에서 조선족 역사에 대한 많은 책을 접하면서 우리가 알고 있는 국민적 일반상식이 역사적 사실과 다름을 발견하였다.

　조선족 역사에 관한 모든 서적들이 조선족의 본격적인 역사는 1869년 기사년 자연재난 이후 당시 조선 왕조의 적지 않은 백성들이 기근을 피하여 만주지역으로 대거이주하면서 시작되었다고 밝히고 있다. 1869년에 이어서 3년 사이에 이주한 조선인은 함경도 주민 2만6천 명을 포함하여 약 6만 명이었다. 1871년 한성부의 인구가 총 20만 734명인 것을 감안할 때, 6만 명이라는 숫자는 조선 사회의 기저를 흔들 만하였지만 조선 정부 관리들은 한갓 변방에서 일어나는 자연재해로 인한 사회적 혼란으로 치부하고 적극적이고 구체적인 기민 구휼에 나서지 않았다. 오죽이나 그 피해가 컸으면 조선족의 역사기술에서 '기사년'이 일상적인 용어로 자리 잡았겠는가!

한국인들이 흔히 〈선구자〉 노래를 부르면서 선구자를 독립투사로 생각하고 있지만 독립투사들이 만주로 가기 40여 년 전에 이미 10만 명에 이르는 조선인들이 기아를 면하기 위해서 목숨을 걸고 두만강을 건넜다는 역사적 사실 앞에서 아연실색하지 않을 수 없었다.

1860년대 함경도의 자연재해가 얼마나 심각하고 비참하였는가를 모든 조선족역사 책이 다루고 있다.

김철호의《중국 조선족, 그 력사를 말하다》상권 제1장 월강곡은 아래와 같이 기재하였다.

"항간에서는 게걸스럽게 먹는 아이를 보면 "기사년에 난 애 같다"고들 한다. 1860년부터 1870년까지의 11년간, 조선 북부에는 대 한재와 대 충재가 련이어 들었다. 특히 1869년 기사년에 함경도의 종성, 온성, 회령, 경원, 경흥, 부령 등 6진에 덮쳐 온 한재는 유사 이래 겪어보지 못했던 특대 한재였다. 해동머리부터 가물이 시작되었는데 여름이 다 가도록 비 한 방울 오지 않았으니 전대미문의 왕가물이 아닐 수 없었다. 조선왕조의 부패한 관리배들의 학정으로 풍년이 들었다 해도 백성들은 굶주림에 시달려야 했는데 왕가물까지 겹쳤으니 살길이 꽉 막혀버리고 만 것이다. 굶주린 사람들은 산나물, 들나물을 캐먹고 나무껍질을 벗겨먹었다. 집집에 굶어죽고 얼어 죽은 사람들이 수두룩하였다. 길가에는 임자 없는 시체가 나딩굴기도 하였다.

(중략)

사실 두만강을 건너는 것은 북도 사람들의 유일한 삶의 길이 되고 말았

25

다. 그러나 이 길마저 순순히 열리는 것은 아니었다. 조선왕조에서는 강안에 포막을 세우고 월강을 엄금시켰으며 월강하다 잡힌 자들을 월강죄로 마구 목을 따버렸다.

(중략)

장백산지구는 이렇게 인가가 없는 황량한 곳으로 200여 년 간 비어있게 되었다. 무성한 삼림, 비옥한 땅은 조선의 가난한 사람들을 유혹하기에 너무나 충분하였다."

서봉학과 리광수의 《연변아리랑》에 의하면
"앉아서 굶어 죽으면 어떻고 월강하다 잡혀 죽으면 어떠랴. 이래도 죽고 저래도 죽을 판인데 강을 건너고 보자. 혹 성공하면 살 수도 있지 않는가. 그래서 사람들은 비밀리에 강을 건너기 시작하였다."고 기록하고 있다.

《중국조선족혁명투쟁사》 1장 2절 20쪽과 21쪽은 아래와 같이 기재하였다.

"1860년(조선 철종 11년)부터 1870년(조선 고종)까지 조선의 북부 변경지구는 련속 엄중한 자연재해를 입었다. 1860년, 1861년, 1863년, 1866년에는 홍수가 졌고 1869년, 1870년에는 련속 왕가물이 들었다. 이렇듯 엄중한 자연재해로 하여 원래 곤궁하던 민중은 설상가상이 되었는데 특히 동북지구에 있는 함경도의 6진(경원, 종성, 회령, 경흥, 온성, 부령)이 가장 엄중하였다. 이리하여 조선변민들은 봉금을 무릅쓰고 월강하여 압록강, 두만강 북안의 중국경내에 와서 농사를 지으며 살게 되었다.

《일성록》의 기재에 의하면 1860년 8월, 조선 함경도 부령 등 10개의 읍은 심한 수재를 입었다.

"북관이 큰 수재를 입어 부령 등 10읍 민가 1,225호가 무너지고 기타 읍의 무너진 민가가 수천 호에 달하는데 무산, 경성 등 백성들은 경황없이 목숨을 구하러 떠나고 늙은이를 부축하고 어린이를 이끌며 길 떠나는 사람들의 통곡소리는 차마 들을 수 없었다. 성내의 민생을 보면 금년의 수재로 인하여 실농한 자와 병에 걸려 잘못된 사람들이 부지기수로 길을 메웠으며 백성들은 목숨이 경각에 이르러 조석을 담보할 수 없게 되었다.

비록 청정부에서 동북을 봉금하고 조선에서 변계를 봉쇄했지만 조선북부변경지구가 해마다 심한 재해를 입어 살아갈 수 없게 된 조선북부변경지구의 변민들은 살길을 찾아 봉금을 무릅쓰고 도강하여 압록강, 두만강 북안의 중국경내에 와서 땅을 개간하고 거주하였는데 날이 갈수록 사람이 많아지고 엄중해져 비법개간의 고조가 이루어졌다."

《훈춘조선족 이민사》47, 48쪽에서 최석승은 아래와 같이 쓰고 있다.

"그런데 60년 후인 1869년 기사년에 북관 땅에 또 대기황이 들었다.

로인들이 전하는 말에 의하면 그 해 땅이 녹을 무렵부터 비 한 방울 내리지 않고 가물었다 한다. 비탈 밭을 갈아 간신히 파종하여 씨앗이 움터 올라왔는데 여름철에 접어들면서 우박이 퍼부었다. 우박이 어찌나 컸는지 소가 우박에 맞아 죽었다고 한다. 우박이 내린 면적도 대단히 넓어 곡식은 진창이 되어버렸다. 보종할 수도 없었다. 결국 낟알 한 톨도 거두지 못하고 한해

농사를 폐농하였다.

북관은 불모의 땅으로서 땅이 척박하고 저온냉해가 심하다. 게다가 지방 탐관오리들의 탐학하고 가혹한 정치는 승냥이나 호랑이와도 같이 사나와 천재보다 인재가 더 심하였다."

《연길변무보고》에는 아래와 같이 기재되어있다.

"동치8년(1869년), 조선에 큰 우박이 퍼부어 보기 드문 흉년이 들었다. 길에는 굶어죽는 사람들이 가득하였다. 조선 리재민들은 국금을 무릅쓰고 두만강을 건너 국경을 넘어와 처자를 팔고 류리걸식하였다. 가족을 두고 온 사람들은 그 해에 고향으로 돌아갔지만 흘몸인 사람들은 남자애들은 머슴으로 되고 여자애들은 종으로 되었다. 그 당시 길림, 훈춘 등 곳에서는 쌀 한 말로 조선 남자애 한 명이나 여자애 한 명을 바꿀 수 있었으니 제 자식을 중국 사람에게 양 아들로 파는 경우도 많았다."

《계림구문록》에는 아래와 같이 기재되어 있다.

"동치년간 조선에 대기황이 들어 들판에는 류리걸식하는 사람들이 가득했다. 이들은 집식구를 이끌고 두만강을 건너 탈주하였다. (중략) 안해와 자식들을 한 사람당 쌀 한 두 말을 받고 팔았으니 참으로 처참하였다. 이로부터 변경이 좀 열렸다."

《연변조사실록》에는 아래와 같이 기재되어있다.

"조선 함경북도 6진에 전례 없던 대기근이 들었다. 6진의 백성들은 봉금을 무릅쓰고 살길을 찾아 강북으로 왔다. 이것이 최근 60년간 조선인들이 연변에 이주해온 력사의 한 페이지이다."

《중국조선족통사》상권 제1장 제2절 28, 29쪽은 아래와 같이 쓰고 있다.

"1860년 조선 국내에서는 유사 이래 보기 드문 대수재가 발생하였다. 그런데 이 같은 재해는 그 후에도 련속 되었고 여기에 수년간 북변지역에 만연되었던 질병은 그 해를 더한층 심각하게 했다. 하여 1860년 조선의 부령 일대만 해도 1천여호의 농민들이 류랑민으로 전락했으며 길가에 식량을 구걸하며 하루하루 살아가는 사람들이 가득했다. 이러한 현상은 후에도 계속 되다가 1869년과 1870년에 또다시 흉년이 발생하자 수많은 백성들은 길가에서 굶어죽는 비참한 상황에 처하게 되었다."

이러한 정경에 대하여 윤준희는 《간도개척사》에서 다음과 같이 묘사하였다.

"갑자(1864년) 이후로 북변은 해마다 흉작으로 민생 곤란이 심하더니 경오(1870)년에는 유사 이래 전무한 대기근이 왔다. 이로 인하여 경원, 경흥, 두 군은 폐읍의 지경에 이르렀고 류리걸식하는 기민은 사람이 사람을 잡아먹는 참화와 길가에 굶어죽는 시체가 널려있어 차마 눈 뜨고 볼 수 없었다. (중략) 조정에서는 좌시할 따름으로 어떠한 구제도 하지 않았다. 하여 류리걸식하던 기민들은 월강하여 청인들의 노예로 되거나 혹은 자녀로 쌀을 바

29

꾸거나 가정부 혹은 양자로 들어가 겨우 목숨을 유지했다. 그러므로 경오년 기근은 조선백성들이 월강한 동기라 말할 수 있다."

위의 기록들을 종합해보면 중국 조선족의 북간도 역사 출현에 몇 가지 원인이 있다.

첫째는 반복되는 자연재해다.

함경북도 동북지역은 산이 많아 밭농사를 지을 수밖에 없었고 한랭하여 작물 소출이 그리 좋지 않은 곳이었다. 그런데 1860년, 1861년, 1863년, 1866년에는 대홍수가 났고 1869년, 1870년에는 연속 대가뭄이 들었다. 6년 계속된 흉년은 함경도 백성들을 도탄과 기아로 내몰아 가정과 마을 해체를 가져왔다.

둘째는 상층계급인 조선정부와 관료들의 무능과 부패 그리고 지방탐관오리들의 악정이다.

중앙정부 조정은 민생에 무관심하여 백성들의 고난을 좌시할 뿐 아무런 대책을 세우지 않았으며, 지방 탐관오리들은 관청에 있는 구휼미를 풀고 다시 거두어 가는 과정에서 가렴주구로 백성을 수탈하고 폭력을 휘둘러 승냥이나 호랑이처럼 사나와 실상 천재보다 인재가 더 심하였다.

셋째 죽음에 직면한 기민들이 살길을 찾아 강을 건너서 불법으로 중국으로 들어간 행위다.

분노와 절망에 빠진 소작농민들, 천민계급의 사람들이 '헬 조선'을 탈출하기 위하여 목숨을 걸고 두만강을 건넜다. 도강 중에 청나라 팔기군의 단속에 걸리지 않은 자들은 1865년 이후, 청조의 발상지로서 봉금으로 무인지경이 된 백두산 및 그 주변 지역으로 들어가 중국인들의 눈을 피해서 마을을 이루었다.

조선 북관의 자연재해와 탐관오리의 악정이 있다고 해서 불법이주가 가능한 것은 아니다. 그것이 가능했던 이유는 조선 주변국의 정치적인 문제와 깊은 관련이 있다.

당시 청나라는 조선인의 불법이민을 막을 수 있는 군사적 여력이 없었고 6만 명에 가까운 조선인 불법입국자를 묵인할 수밖에 없는 정치적, 경제적 상황에 직면하고 있었기에 가능하였다. 무엇보다도 청은 동북삼성의 땅을 노리는 러시아의 침략에 맞서야 했다.

러시아는 1858년 '중-로 애훈조약'을 통하여 흑룡강 이북의 60만 평방킬로미터의 땅을 빼앗고 1860년에는 '중-로 북경조약'을 통하여 우수리강 이동의 40만 평방킬로미터의 이르는 땅을 강탈하고 시베리아 개발을 위해서 조선인 노동자를 모집하였고 조선인들을 집단이주시켜서 연해주를 개발하였다. 이에 다급해진 청은 러시아의 침입을 막기 위해서 봉금령으로 황폐해진 동북삼성을 개발하고자 산해관 너머에 사는 한족들을 이주시킬 계획을 세웠지만 실패하였다. 그 후로 봉금을 해제하고 불법입주한 조선인에게 귀화 입적할 수 있는 혜택을 주면서 황무지를 개간하게 하였다.

또한 청은 아편전쟁 이후 2,3억 만냥의 배상금을 갚아야 했는데 이는 당시 청조의 연간 재정수입의 두 배에 달하였다. 뿐만 아니라 서구제국들과의 불평등조약 체결로 12억에 달하는 외채를 짊어지고 있어서 재정이 고갈되어 있었다. 당시 동북지역은 장기간의 봉금정책으로 인하여 인구가 적은 반면에 넓은 황무지가 그대로 방치되어 있었다. 따라서 동북지역

개척은 동북지역 관리실무자들에 의해서 경제위기 타개의 방안으로 제기되었다. 이런 상황에서 청조는 봉금을 폐지하고 군부제 산하에 '만인관리기관'을 설치하고 관청에 소속된 땅과 군대가 주둔하며 관리하는 땅을 일반인들이 경작할 수 있는 땅으로 전환시키는 등 일련의 조치를 통하여 동북삼성의 활성화와 황무지를 개간하는데 조선인을 이용하고자 하였다.

기사년부터 내리 3년 동안 불법으로 도강한 조선인들은 주로 압록강 북안에 정착하거나 훈춘을 지나 러시아 연해주로 가서 정착을 하였다.

압록강 북안에는 평안도 사람들이 불법 이주하여 주로 봉천(요녕)지구에서 개간하고 거주하였다. 최종범이 기록한 《강북일기》에 보면 봉천지구 혈암평에 거주한 조선인이 192호, 1,673명 있었고, 반내동에 거주한 조선인은 270여 호, 1,466명, 파저평에 거주한 사람은 400호였다. 1869년 중국 봉황성, 변문 등지에 불법으로 이주한 사람은 10만여 명이 있었고, 1870년 전후에 집안현의 조선인은 1,000여 호나 되었다.

두만강 북안은 압록강 북안과 달리 조선인에 대한 봉금이 1885년까지 유지되었고 러시아 연해주로 나가는 통로가 되었기 때문에 청의 엄한 단속이 있었다. 1870년에는 청의 대대적인 수색으로 524명이 잡혀서 조선으로 강제 축출되기도 하였다. 연변일대로 이주한 조선인들의 생활은 참으로 비참하였다. 굶주림에 시달린 조선인들은 처자식을 팔아 생계를 유지하기도 하였다. 오록정의 《연길변무보고》 의하면 연변지역으로 온 조선인들은 청인들의 종살이의 운명을 피할 길이 없었다. 연변지역도 압록강 북안지역과 마찬가지로 조선인들의 대량 이동이 있었지만 청조의 봉금정책 강화로 연해주로 이동했거나 조선으로 쇄환되어 가서 정착이주로 이어

지지 않았다. 그러나 오지에서 숨어서 정착생활을 한 몇몇 사례가 있다.

두만강 북안은 1886년에야 비로소 조선인 마을들이 형성되었다. 1886년과 1887년 사이에 형성된 마을들은 무산, 회령 대안에 휘반동, 상하연동, 소동, 상하로포, 함박동을 비롯한 6개 마을에 대략 700여 호가 정착을 하였으며 온성대안에는 마패동과 구평에 100여 호, 경원 대안에는 고이도에 7~8호, 종성대안에는 풍평, 향수고지, 자동, 제동을 비롯한 9개 마을에 740여 호가 정착을 하였다.

러시아의 연해주지역에 정착한 사람들은 〈크라뵈〉의 보고서에 의하면 1863년 13호가 포셋트에서 경작을 하였고 1868년에는 165호, 1869년에는 765호에 달했다. 1869년 11월 길림 장군이 예부에 엄저하와 길심하 지방에 조선인 수가 1,000여 명에 달한다고 보고하였다.

이상의 기록들을 통해서 우리는 조선족이 중국 역사에 본격적으로 등장하기 시작한 것은 분명 1860년대였으며 극심한 재해가 겹친 기사년, 1869년이 그 시발점이 되었음을 확인하였다. 한국인들이 낭만적으로 생각하는 것처럼 조국을 찾기 위해서 만주에 들어간 망명지사들이 선구자가 아니었으며 조선이 망한 뒤에 들어온 지사들의 후예들이 오늘날의 조선족을 형성한 것이 아님이 분명하다.

마지막으로 역사 기록에 나오는 '월강민', '류리걸식하는 기민', '도강한 조선인', '두만강을 건넌 탈주민'을 짚어보고자 한다.

과연 나라를 버리고 떠난 '탈주민', 그들은 누구인가?

모든 글들이 그들을 '농민', '소작인', '소농', '종'이라고 기술한다. 그들이 월강하기 전에 한 일도 농사일이었고, 월강해서 한 일도 농사일이었으며, 중국인 집에 머슴으로 들어가서 한 일도 농사일이었다. 소작농이었던 자작농이었든 간에 그들은 양반사대부의 천하에서 상놈으로서 세금과 국방의 무거운 짐을 졌다. 그들은 '전정'으로 세금을 내는 자였으며, 또한 '군정'으로 자식을 군대에 보내는 자였으며, '환곡'의 대상이 되어서 높은 이자율로 환곡을 되갚아 국가 재정을 충당해주는 그야말로 국가의 충성스러운 백성이었다. 그럼에도 불구하고 조선정부는 농민들이 생명의 위기에 직면했을 때 방치하였으며 환곡으로 괴롭혔고 월강하는 사람을 사형에 처하였으며, 청나라에 항의하며 도강한 자를 쇄환하는 정책을 실시하였다. 이에 나라의 보호와 혜택을 누려본 적이 없는 그들은 쇄환당하지 않으려고 자진해서 한족 지주의 종살이로 들어가거나 러시아로 도망치거나 사람이 없는 오지 산골로 들어가 숨었으며 때로는 벙어리 흉내를 내면서 지내야 했다.

그들은 조선의 일원으로서 의무는 양반 관료들의 몫까지 무겁게 다 감당하였으나 끝내는 기득권에 안주해 있는 왕족과 사대부계급으로부터 철저히 버림받은 조선의 민중, '희생양'이었다. 1800년대 초기에 홍경래의 난으로 패가망신의 초토화를 목도한 그들은 부패하고 무능한 관료, 양반사대부 사회에 구제를 호소하여 도움 받으려 하거나 또는 삼남 일대의 농부들처럼 저항하지 않았다. 힘없고 가난한 그들은 더 이상 조선 양반들의 가렴주구와 폭정의 대상이 되길 거부하고 생사를 하늘에 맡기고 차라리 강을 건너는 목숨을 건 모험을 단행하였다.

그렇게 해서 요행으로 살아남은 자들이 청나라에 귀화입적해서 맨손으로 만주의 수전을 일구었으며 오늘 조선족의 조상이 된 것이다. 아이러니하게도 훗날 그들은 지긋지긋한 조선 양반사대부를 만주 땅에서 다시 만났고 조선에서와 마찬가지로 그들의 치다꺼리를 손수 해주었다. 그들이 세운 학교에 자녀들을 보냈으며, 자녀들을 독립군으로 보내주었고 또한 그들을 위하여 독립기금을 내주었다. 또한 그들과 함께 3·13 용정만세시위와 3·20 훈춘만세시위 등에 적극 가담을 해서 항일의 기치를 높이 들었으며 그 결과로 청산리 전투 후, 경신년대학살의 고통과 고난을 단단히 치러야 했다. 그리고 해방이 되었으나 100만 명에 가까운 조선의 민초들은 꿈에도 그리운 고향으로 돌아가는 것을 포기하였다. 그리하여 그들은 자신도 모르는 사이에 연변 조선족이 되었다.

어떤 기자가 나에게 해방 후, 만주에 남은 사람들에 대하여 꼬집어 말해 주었다.

"해방 후에 떠날 사람들이 다 떠나고 단지 두 부류의 조선인들만 남았습니다. 한 부류는 사회주의에 대한 이상과 신념을 가진 사람들이었습니다. 그들은 중국 공산당에 가입하여 항일투쟁을 한 사람들이었고, 인류가 진정으로 나아갈 길이 공산사회임을 확신하는 사람들이었습니다. 다른 한 부류는 가난한 사람들이었습니다. 돌아갈 여비도 없었지만 그들이 돌아가도 남쪽 어디에도 살집과 땅이 없어 살아 길이 막막한 사람들이었습니다."

그는 조선족 기원이 조선 사회 병폐였다고 역설하였다. 결국 기사년이 '조선족'을 낳은 것이다. 이는 기사년에 기아에 직면한 백성들을 방치한 조선의 중심에 있었던 부패하고 무능한 왕과 관료와 양반사대부가 '조선족'을 낳았다는 뜻이었다.

기사년에 자연재해와 관료와 양반 사대부들의 학정에 시달린 조선의 민초들이 이국땅으로 도망쳐서 형성한 조선족 그리고 연변자치구가 참으로 가슴 저리다.

간도에도 치열한
교육주도권 쟁탈이 있었네

붕어빵 틀에서 붕어빵이 나오고 국화빵 틀에서 국화빵이 나온다.

민족교육에서 애국애족의 국민이 나오고 하나님 나라 교육에서 사랑과 정의의 일꾼이 나오듯이 식민주의 교육에서 친일주구와 식민지 치하에서 순종하며 살아갈 충량하고 소심한 백성이 나온다. 일제는 중국 동북지역에서 식민지 앞잡이와 저급 노동자를 양성하고자 동북지역의 조선인들의 교육권 쟁탈하기 위하여 1907년부터 강경과 회유의 두 가지 방법으로 중국과 조선 이주민 사회로부터 교육권을 약탈하여 갔다.

참으로 무식하고 부끄러운 이야기지만 몇 년 전까지 만 해도 나는 서간도와 북간도에서 조선 이주민들의 교육을 담당한 학교는 오직 '서전서숙', '명동학교', '은진학교'와 '신흥무관학교'뿐인 줄 알았다. 뿐만 아니라 조선인들의 만주에로의 이주도 '한일병합'이라는 망국의 뼈아픈 역사에서 비롯된 것으로 막연히 그렇게 알고 있었다.

적지 않은 한국인들 또한, 조선인들이 1860년대에 조선 북부지역에 연속된 홍수와 한재 등의 자연재해와 사대부계급들의 학대와 수탈을 피해 청조의 '봉금령'에도 불구하고 생명을 걸고 압록강과 두만강을 넘어 이주를 시작한 사실을 제대로 배우지도 못하였거니와 관심도 없기 때문에 나처럼 막연히 1910년, 일본에 의해 나라가 망하자 망국지사들이 독립운동을 위하여 만주로 떠난 것으로 오해하고 있다. 지금 그런 식의 글들을 읽게 되면 성찰이 없는 우리 역사교육의 현주소를 생각하며 쓴 웃음을 짓는다.

조선인들의 이주 역사에 대한 기록은 1860년대부터 '월강'을 통한 불법이주가 활발히 진행되었음을 말해주고 있다. 19세기 말부터 20세기 초 사이에 중국의 동북지구에 거주하는 조선 이주민들의 인구가 해마다 급속히 늘어났는데 1894년에는 20,800여 명, 1904년에는 78,000여 명, 1910년에는 160,300여 명, 1918년에는 36만여 명에 달하였고 1932년에는 62만 1천여 명에 이르렀다.

북간도라고 불리는 연변지구에만도 일본이 통감부 산하에 용정파출소를 세웠던 1907년 당시 77,000여 명에 달하였으며 이는 연변지구 총인구의 80%를 초과한 숫자였다. 그 뒤로 연변지구의 인구는 해마다 증가하였다. 1908년에는 91,000명, '한일합병' 후 1년이 지난 1911년에는 127,500명, 1912년에는 163,000명, 1916년에는 203,426명, 1918년에는 253,961명, 3.1운동이 있었던 1919년에는 279,150명, 1922년에는 323,806명, 1927년에는 368,827명이었다.

사람이 모이면 시장이 형성되고 교육의 문제가 대두되기 마련이건만 상상력이 빈곤한 나는 남한 사회에서 대표적으로 알려진 '기독교 학교'와 '민족 학교'로 익히 알려진 몇 개의 학교만이 조선 이주민 사회에서 독립을 위해 영웅적인 교육활동을 벌인 것으로 알고 오랫동안 학교를 창립한 망명 지사들과 몇 사람의 교육가를 우러러보며 숭배하였다. 훗날 깊이 반성하면서 깨닫고 보니 나의 얄팍한 인식은 기독교와 민족주의가 아니면 설 자리가 없었던 해방 이후 남한의 특수 정치지형이 만들어낸 학교교육을 통한 집단세뇌의 결과물이었다.

작년에 어느 책에서 읽은 1928년 5월에 조사된 '조선 학생들을 위한 학교 통계표'는 나의 무식과 선입관을 산산조각으로 깨주었다. 연변의 조선인 사회가 무주공산의 공간이 아니라 보다 더 사람답게 잘 살고자 하는 조선 이주민들의 욕망과 희망이 교육열로 분출되고 있는 역동적인 사회임을 깨달았다. 1928년 5월 당시 중국의 동북지구에는 조선인 학생들을 교육하는 학교가 무려 747개나 되었다. 그 중 470개는 조선인이 세운 학교였다.

그 중에는 독립운동단체인 참의부, 정의부, 신민부 등이 세운 학교가 34개, 기독교를 비롯한 각종 종교 단체나 종교인들이 세운 학교는 108개, 나머지는 도시에서 멀리 떨어진 시골과 산골 마을 사람들이 힘을 합해서 세운 서당으로 무려 328개나 되었다. 농민과 노동자들이 자각과 자력으로 힘을 모아서 서당을 포함하는 개량식 서당을 328개나 세웠다는 사실에 눈이 번쩍 뜨였다. 그들의 서당 설립이 죽음을 무릅쓰고 불법으로 이주한 그들의 치열한 개척정신, 불굴의 민족혼의 발로로 보였다. 설립자이지만 이름도 빛도 없는 그들이야말로 바로 수전을 일구어서 동북지역의 부를 일구어냈으며 조선인 마을을 세워 조선 독립운동의 기초를 닦은 진정한 선구자이어서 감동이 더욱 컸다.

중국 정부도 조선인을 위한 관립학교를 무려 174개나 세웠다.

일본도 조선인을 위한 학교를 무려 103개나 세워서 1920년대 조선인 교육을 둘러싼 주도권 싸움이 갈수록 치열해졌다. 그러나 1931년 만주국이 세워지면서 일본 주도의 식민지 교육, 황민화 교육으로 조선인들의 혼을 말살코자 하였다.

불법으로 월강한 조선 이주민들의 교육은 19세기 중엽에서 1931년 만주국이 세워지기 전까지 대략 세 단계를 거쳤다.

첫째 단계는 19세기 중엽에서 1905년까지로 이 시기는 구식봉건 교육시기로 서당이 유일한 교육기관이었다.

둘째 단계는 1906년에서 1919년 3·1운동이 일어난 시기로 서전서숙을 필두로 하여 종교단체와 망명 지사들에 의해 많은 사립학교들이 세워졌다. 사립학교는 민족의식과 신학문으로 근대적인 민족교육을 시도하며 발전시켰다. 서당들은 사립학교에 의해 도전을 받아서 개량식 서당으로 탈바꿈을 시도하였다.

셋째 단계는 1920년에서 1931년 만주국이 세워질 때까지로 사회주의 물결이 동북지역을 휩쓴 시기이다. 탈종교교육, 반제와 반봉건교육을 비롯하여 민족의 독립과 해방을 위한 사회주의적인 항일민족교육이 확립되었다.

1. 조선인에 의한 조선인 교육

중국 동북지역의 조선 이주민들은 서당과 사립학교를 통해 교육을 받왔다. 서당교육은 근대교육이 시작될 때 까지 반봉건유교사상에 근거한 구식 봉건교육이었다.《천자문》,《동몽선습》,《통감》등 유교의 교리와 윤리도덕을 가르쳐서 봉건체제를 유자하고자 하였다. 그러나 새로운 시대적 요구에 따라 변화한 개량식 서당의 목적은 망명 지사들이 세운 사립학교의 교육 목적과 동일하였다. 양자는 주권을 상실한 비참한 조국과 고통에 허덕이는 민족을 구하고 외세를 몰아내며 자주적인 독립 국가를 건설하기 위한 독립투사를 양성하는 것을 목표하였다. 그들은 근대과학 문화지식을 가르치는 한편 그것을 통하여 민족교육과 애국애족 사상을 불러일으켰다.

서당

1928년 통계에 의하면 328개 서당에서 580명의 교사가 10,499명의 학생을 가르치는 것으로 집계되어 있다. 이 수치는 당시 조선인이 있는 모든 마을에 1개 이상의 서당이 있었다는 사실을 말해주고 있다.

동북지역에 이주해온 조선인들은 기초적인 생계를 유지할 수 있게 되자 서당을 세우기 시작하였다. 서당은 조선에서 실로 오랜 역사를 가진 사설초등교육기관의 하나였고, 근대교육기관이 설립되기 전에는 향촌의 유일한 교육기관이었다. 무엇보다도 서당은 자유로이 설립 또는 폐지할 수 있어 후진 양성에 뜻을 둔 사람이면 누구나 다 서당을 꾸리고 아이들에게 계몽교육을 실시할 수 있었다.

초기 서당교육은 〈삼강오륜〉에 근거한 '충효'와 신분질서를 강조하는 유교사상과 윤리도덕을 주입하는 봉건교육이었다. 당시 서당은 대략 다섯 가지 방법으로 만들어졌다. 첫째는 훈장이 자기의 생계를 유지하거나 교육에 대한 관심으로 설립하는 것이었고, 둘째는 마을에서 부유한 가정이 자기 자녀와 친척의 자녀들을 위해 서당을 만들고 훈장을 초빙하는 것이었으며, 셋째는 뜻이 맞는 몇 사람이 서당을 만들고 훈장을 모시는 것이었으며, 넷째는 온 마을 사람들이 뜻을 모아서 서당을 꾸리고 훈장을 초빙하는 것이었고, 다섯째는 유림인사가 《사서오경》을 가르치며 반일의식으로 민족의식을 일깨우고자 설립하는 것이었다.

1905년 이후부터 조선의 문화 계몽운동의 영향으로 동북의 조선인 거주 지역에서도 항일민족계몽운동이 일어나기 시작하였고 이 운동의 실천의 장으로서 사립학교들이 많이 세워졌다. 이에 따라 봉건교육을 하던 구식서당이 근대적인 사립학교나 개량식 서당으로 개편되었다. 이 때부터 서당은 조선어, 산수, 조선역사, 조선지리 등을 가르쳐 학생들에게 민족적 긍지와 민족의식을 심어주었으며 반일사상과 독립의식을 고취하였다.

일제는 구식서당에 대해서는 경비를 지원하며 보존정책을 실시하였지만 개량식 서당에 대해서는 감시와 통제와 탄압을 일삼았다. 일제가 민족교육을 하는 사립학교 탄압을 한층 더 강화하자 독립 운동가들은 개량식 서당을 만들어서 일제의 눈을 피해 학생들에게 조선 글과 조선역사, 안중근을 비롯한 독립투사들의 전기를 가르치며 민족의식을 고취하여 역사적인 사명을 감당하였다. 서당은 만주국에서도 유일하게 존속하며 교육기능을 계승하며 발전시켰다. 서당이 이렇듯이 해방 전 까지 존속할 수 있었던 이유는

첫째, 조선인교육기관이 부족하였기 때문에 경제적으로 어려운 가정이나 오지에 사는 아이들은 서당에서 초등교육을 받을 수밖에 없었기 때문이다.

둘째, 서당의 교육 내용이 시대의 흐름에 따라 변화하였기 때문이다. 형태는 서당으로 하되 근대교육을 실시하여 현실적인 필요를 충족시켰고 일제의 억압도 피하였다.

셋째, 항일의식을 가진 조선인들이 일제가 세운 공립보통학교를 기피하였으므로 초급교육기관으로서 서당이 계속 존재할 수 있었기 때문이다.

넷째, 서당이 초등교육을 하는 민중교육기관으로서 대중적인 기반을 가지고 있었기 때문이다. 아이들이 어려서 서당교육을 받다가 정규적인 학교에 입학하는 것이 자연스러웠다.

다섯째, 서당은 시설이 간단하고 운영비가 많이 들지 않아서 설립과 관리가 쉬웠기 때문이다.

여섯째, 유교사상이 봉건사회의 지배사상이었기 때문이다. 유림인사들이 조선과 중국에 대한 일제의 침략을 반대하기 위해서 서당을 만들어서 《사서오경》을 가르치며 항일교육을 하며 독립투사들을 양성하였다. 일제 또한 만주국을 세워서 유교를 통치사상으로 삼아서 지방에 '향교'를 설치하고 농촌에서 장의, 도유사, 교감, 유사 등을 선거하여 문묘를 관리하게 하였으며 서당을 꾸리고 유교의 규칙으로 그 성원을 단속하게 만들었다.

개량식 서당은 일제의 탄압으로 사립학교가 폐교되거나 그 설립이 어려울 때, 탄압을 피하기 위한 수단으로 설립되거나 초등교육 시설이 전혀 없거나 부족한 상황에서 설립되어 조선인들의 민족의식을 불러일으키고 항일의식을 고조시켰으며 민족의 자질 향상과 문맹퇴치에 커다란 기여를 하였다.

재래식 서당도 비록 신식교육을 실시하지는 못하였지만 수많은 아동들을 교육하여 초등교육의 몫을 감당하였다는 측면에서 큰 기여를 하였다.

각종 사립학교

1928년 5월 통계에 의하면 독립운동단체와 외국인을 포함한 여러 종교단체가 세운 사립학교는 142개, 교원 수는 316명, 교육받는 학생 수는 7,648명이었다.

독립운동단체인 정의부는 화흥중학, 남만학원, 동명학교, 화성의숙 등 22개 학교를 설립하여 운영하였고, 참의부는 횡도천예비학교, 환인예비학교 2개를 운영하였으며 신민부는 개신학교, 동명학교, 신창학교, 등 10개의 학교를 설립, 운영하였다.

학교를 세운 종교는 기독교의 캐나다장로교가 44개, 남감리교가 8개, 안식교가 2개, 천주교가 6개, 불분명한 것이 4개였으며 천도교는 5개, 시천교는 8개, 원종교는 6개, 대종교는 4개, 청림교는 2개였다. 외국인 선교사가 세운 학교는 천주교가 17개, 캐나다장로교가 2개였다.

조선인이 거주하는 동북지역에서 최초로 설립된 근대학교는 1904년 기독교인들에 의해 세워진 훈춘 옥천동의 '동광학교', 1905년 세워진 화룡현 대유전동의 '동신학교', 화룡욕의 덕흥학교가 효시이다. 그러나 우리에게 잘 알려진 것은 1906년 말에 용정촌에 세워진 '서전서숙'이다. 서숙에서는 수학, 지리, 역사, 법학, 정치학, 한어문과 같은 근대과학지식 교수와 함께 철저한 항일교육을 실시하였다. 그러나 창립자 이상설의 헤이그행과 운영비 부족, 일본통감부 간도파출소의 방해와 감시로 말미암아 1907년 여름에 문을 닫았다.

'서전서숙'은 조선 이주민 사회에 세워진 첫 근대사립학교로서 근대 신교육운동의 시작이며 동시에 항일민족교육의 시작이기도 하였다. '서전서숙'의 영향으로 많은 사립학교가 세워졌다.

1907년 황병길, 김종대가 훈춘 신풍에 종명학교를 설립하였고 같은 해에 남성우, 오상근 등이 국자가 서쪽 교외에 와룡동에 창동서숙을 설립하였다. 1908년 김약연, 박무림 등이 명동촌에 명동서숙을, 같은 해 10월에 강백규, 유한풍 등이 화룡현 자동에 정동서숙을 설립하였다. 이런 학교들은 이름이 서숙이었지만 규모, 운영방식, 학과목설치, 운영방침 등에서 구식서당과 완전히 달랐으며 근대교육과 반일민족교육을 진행하였다. 신교육이 자리를 잡아감에 따라 서숙의 명칭도 학교로 바뀌었다. 일부 학교에서는 중학부와 여학생부도 설치하였다.

1920년대에 들어서 캐나다 선교부에서 '은진중학교', 천도교에서 '동흥중학교', 대성유교공교회에서 '대성중학교'를 설립하였고 용정의 캐나다 장로회 지교회에서 세운 '영신학교'가 '영신중학교'로 캐나다장로파교회에서 세운 '명신여자학교'가 '명신여자중학교'로 승격되었다.

20세기 초엽 조선 이주민 사회에 세워진 사립학교는 설립주체가 다양하고 학교 운영취지와 교육내용도 서로 다르지만 기본적으로 근대교육과 항일교육을 중심으로 하고 설립자와 교사들도 대부분 망명 지사로서 민족주의자, 종교인, 유학자 및 지방의 유지들이었다. 따라서 당시 사립학교 교육은 몇 가지 시대적인 특징을 보여주고 있다.

첫째 신학이 구학을 대체하였다. 교과목 설치에 있어서 구식 윤리교육을 완전히 배제하고 그 대신 수학, 물리, 생물, 역사. 지리, 체육 등등 근대 교육과목으로 대체를 한 것이다.

둘째 사립학교는 항일민족 교육의 요람이었다. 학교 교육은 독립운동의 일환이 되었으며 교육 그 자체가 항일운동의 일부로서 선후세대가 같은 교육을 통하여 독립의지를 확인하며 독립정신을 계승하며 독립투사를 양육하는 장이 되었다.

셋째 독립전쟁을 염두에 두고 군사교육을 중시하였다. 3·13만세시위를 비롯한 모든 비폭력만세시위에 절망한 나머지 망명 지사들과 애국청년들은 무력투쟁 없이 독립할 수 없는 현실을 뼈저리게 깨달았다. 그리하여 무장독립운동단체들을 결성하며 무관학교를 세우기 시작하였다. 북로군정서가 왕청현 십리평 잣덕에 '사관양성소'를, 서로군정서는 임시정부의 후원으로 신흥학교를 '신흥무관학교'로 확장·발전시켰다. 민족 종교단체에 의해 길림성 화전현에 '의용군강습소', 길림성 교화현 남강자에 '검성중학'이 세워졌다. 간도국민회는 연길현 숭례향 이청배에 '사관훈련소'와 '국민회' 기지를 세웠다. 이렇듯 여러 곳에 세워진 사관양성소에서는 직접 군사학과 훈련을 교수하여 독립군을 배출하여 무장투쟁 최전선에 수송하였다. 뿐만 아니라 일반학교에서도 체육을 중시하여 군사교육과 함께 결합하여 교수하였다.

넷째 학교는 종교교육을 통해서 종교전파의 장이 되었다. 1928년 통계에 의하면 당시 사립학교의 75%가 종교단체나 종교인에 의하여 세워졌다. 많은 독립투사들이 탄압을 피하고자 종교에 귀의하여 독립운동을 구축하였으며 종교가 포교활동과 독립운동을 병행하고자 학교를 세웠으므로 교육에 종교의 영향이 크지 않을 수 없었다.

다섯째 치열한 교육열과 의지로 민족교육을 통하여 민족의식을 고취시켰다. 그리하여 소수에 불과한 조선인들이지만 민족적인 자긍심을 가지고 한족들의 민족 차별과 억압에도 불구하고 살아남아서 오늘의 조선족을 이루었다.

2. 중국 정부에 의한 조선인 교육

처음에 중국은 망명 지사들에 의한 조선 이주민 민족교육을 묵인하고 지지하였다. 조선인들의 항일교육이 중국의 일제 침략 방어정책에 대한 도움이 되었기 때문이다. 그러나 일제 침략이 연변에 미치면서 일제 관할 하에 공립보통학교가 설립되고 오지의 조선 사립학교가 조선총독부의 관리를 받는 보조학교로 바뀌는 일이 점차 늘어남에 따라서 중국지방관청은 관립학교를 세워 동화정책을 추진함과 동시에 조선인을 핑계 삼은 일제의 동북침투를 저지하고자 조선 사립학교를 직접 감독과 관리하며 법을 위반하는 학교를 폐교시키는 강경정책과 교육비를 지원하는 적극적인 정책을 동시에 취하였다.

중국 정부가 세운 조선인 관립학교

1928년 5월에 나온 통계에 의하면 중국 관청이 조선인 교육을 위해 세운 관립학교가 174개, 교원 수는 190명, 학생 수는 7,810명이었다.

최초의 관립학교는 1910년에 세워진 '화룡현 관립 제2학당'이다. 이 학당은 이동춘이 광제욕 광소사 상천평에 세운 '양정학당'을 지방정부가 접수하여 관립학교로 편입하였다.

1911년 연변지역에는 조선인 학생을 전문 모집하는 중국 관립학교가 9개 있었는데 학생은 모두 1,289명이었고 그 중 조선인 학생수가 1,122명으로 87%를 차지하였다. 교원은 총 41명이었고 조선인 교원 수는 19명이었다.

일본 침투에 직면한 조선 사립학교에 대한 중국의 대응

1907년 일제는 '조선통감부간도파출소'를 설립한 날부터 보통학교와 보조학당을 세워서 조선인 교육에 침투하였다. 1908년 일제는 '통감부간도파출소' 산하에 간도보통학교를 설립하고 20여 개소의 조선인이 운영하는 서숙(서당)에 운영비를 보조하였다. 1909년 일본간도파출소가 철회되자 중국 지방정부는 일본의 보조를 받은 서숙(서당)들을 폐교 조치하였다. 그러자 일제는 방법을 바꾸어서 간도보통학교 졸업생으로 하여금 개인 명의로 서숙(서당)을 설립, 운영하도록 하였고 비밀리에 운영비를 지원하였으며 조선총독부 발행 교과서를 무상으로 제공하였다. 또한 서당에서 보통학교용 교과서를 사용하여 수신, 한문, 조선어, 산술, 일본어를 가르치게 하여 조선인 교육에 대한 일본의 침투를 강화하였다.

조선인 교육에 대한 일본의 침투를 저지하기 위하여 1912년 연길도 교육행정회의는 조선인 교육에 대하여 "교육에서는 동화를 내세워야 한다. 가장 좋기는 중국인의 자녀와 조선인의 자녀를 한 학교에서 함께 학습시키면서 똑같은 교육을 실시하는 것이다."라고 하며 동화정책을 추진하였다.

1915년 8월 연길도윤 도빈은 '획일간민교육방법'을 제정하고 조선인 사립학교를 중국 학교체제에 편입시켰다. 이 교육법 또한 동화를 강조하였다. 그 내용을 살펴보면 "제5조: 매주일에 중국어를 12시간씩 교수함으로써 동화를 촉진시켜야 한다. 이 동화는 무엇보다도 먼저 언어로부터 시작하여야 한다. 그러나 초급소학교 1학년과 2학년은 학생들이 아직 어리고 중어로 교수를 받기도 어렵기 때문에 번역하여 가르쳐야 하고 3학년부터는 전부 중어로 교수하여야 한다.", "제 8조: 각 학교는 각기 제 나름으로 하지 말고 중화민국의 5색 국기와 자기 학교의 교기를 준비하여야 한다.", "제 9조: 각 학교들에서는 개학식, 졸업식 등에서도 반드시 상술한 국기를 게양하고 중화민국의 국가와 자기 학교의 교가를 불러야 한다.", "제 13조: 사립학교는 학생이 20명 이상이 되어야 꾸릴 수 있고 교수는 학교(중국학교)와 꼭 같게 진행해야 한다.", "제 14조: 상술한 규정을 위반하면 해산시킨다." 등이다.

이와 동시에 연길도윤은 각 조선인 사립학교와 서숙(서당)에 관원을 파견하여 설립일자, 기본재산, 유지방법, 학생반급, 학생 성명, 및 연령, 학부형 성명, 교과서종류, 교육방법, 교원성명, 교원 노임 등을 조사하였다. 교육방법을 관철시키기 위해서 연길도윤은 각 현의 권학소에 "일방으로는 국어를 가르쳐 동화의 효과를 기하는 한편 타방으로는 암중 감시함으로써 외인의 간섭을 차단하여야 한다."고 훈시하였다.

또한 중국 지방정부는 적극적으로 조선인 교육비를 지원하였다. 1917년에 연길, 훈춘, 왕청, 화룡 등 4개현에 지불한 연길도서의 조선인 교육보조금은 2,700원이었는데 1919년 11월에는 1만 원으로 증가하였다. 1921년에는 경신대토벌로 일제 군경에게 무참히 파괴된 많은 조선 학교의 사정을 감안하여 길림성공서는 '간민교육비보조방법'을 제정하고 연변의 4개현에 2만 원에 달하는 교육보조비를 지원하였다.

중국 지방정부는 조선인 교원양성을 중시하여 1915년부터 여러 차례 교원 양성반을 기획하여 조선인 교원을 양성하였으며, 1918년에 지방당국은 연길 도립사범학교에 개척민 정교원강습과를 부설하여 개척민 부교원을 모집하여 교육시켰다.

'획일간민교육방법'의 제정은 일관적으로 민족교육, 항일교육을 견지

해온 조선인 사립학교에 적지 않은 타격을 주었다. 위기를 감지한 사립학교 교원들이 모여서 협의하며 대응책을 세웠다. 큰 물의가 없는 한 중국의 학제에 동조하기로 의견일치를 보았고 몇 가지 요구사항을 올려 중국 측과 교섭하기로 하였다. 요구사항은 '관청에서 지정한 학교구역 내에 있는 사람은 누구나 다 자녀를 소속관할학교에 입학시키게 만들 것', '학교에 소요되는 경비는 지정된 구역 내에 거주하는 사람이 부담하도록 할 것', '교과서는 전부 조선어로 번역하여 교수하게 할 것', '중국어의 교수 시간은 매주 6시간씩 할 것', '관청에서 중국인 교원을 파견하는 경우 그 경비를 전부 관청에서 부담할 것' 등과 조선역사와 조선지리 수업에 대한 것이었다.

중국관청은 모든 요구사항을 승인하면서 조선역사와 조선지리 교수에 대해서는 공공연히 승인하지는 않으나 적당히 교수하는 것은 묵인하기로 하였다.

일제가 유인, 매수, 탄압 등의 방법으로 조선인 사립학교를 친일교육의 보루로 만들려고 하자 조선인 사립학교를 둘러싼 중일 두 나라 관청 사이에 알력과 갈등이 첨예해졌다.

1917년 훈춘현지사가 쓴 〈간민학교와 간민의 실태에 대한 조사보고〉는 그런 일본의 교육침투를 잘 보여준다. "최근 일본영사관은 간민교육을 극력 유인, 매수, 파괴하려 하고 있다. 그자들이 하는 대로 놓아둔다면 간민의 마음이 우리 쪽으로 쏠리지 않을 뿐 아니라 정중한 교육의 목표를 그르치게 될 것이다.".

1921년 길림성교육청은 일제의 조선인에 대한 교육 침투를 막기 위하여 조선인 학교를 증설하는 적극적인 대책과 조선 사립학교에 경비를 보조해주고 장려하여 회유하는 양면책을 실시하여 학급을 증가시키고 학교를 증설하나 중국의 교육정책을 따라오지 못하는 조선인 사립학교는 정돈하기로 하였다.

1924년 6월 봉천성 정부는 〈동변도 소속 각 현 조선인학교 폐지조례〉를 공포하고 각 지방의 현 지사들에게 조선 사립학교를 폐쇄하라고 명령하였다. 1925년 2월에 유하현 경찰서와 교육분소에서 삼원포의 동명중학교 폐쇄를 명령하였다. 1925년 말에는 한족 교장을 세울 것, 자비로 한족 교원을 채용하라는 요구를 지키지 못한 홍경현의 12개 사립학교가 강제로 문을 닫았으며 통화, 무순, 안동, 개원 등지에서도 유사한 사건들이 발생하였다. 연길도윤은 연변 4개 현에 조선 사립학교의 문을 일제히 닫을 것과 조선 학생들을 한족 학교로 보내어 공부시킬 것을 강요하였다. 개척민교육회는 조선 사립학교에 한족교원 초빙, 중국교재 채용과 당국의 교육 감독을 따를 것을 엄히 경고하였으며 그 결과 적지 않은 조선 사립학교가 문을 닫게 되었다.

중국과 일제의 쟁탈 대상이 된 조선 사립학교는 항일의 기치를 버리지 않고 존속하기 위하여 '획일간민교육방법'의 명시된 대로 중국인 교원을 초빙하고 중국 정부가 편찬한 교재를 사용하며 조선인 교육독찰원을 두고 학교를 공립 방향으로 고칠 수밖에 없었다.

중국은 조선 사립학교가 사활에 직면하여 '획일간민교육방법'을 수용하자 새로운 교육정책을 수립하였다.

1930년 8월 길림성정부 교육청에서 작성한 '연변간민교육통방법'은 조선인들의 특수교육을 보장하고 조선 아동들에게 알맞은 교과서 편찬을 허락하였다.

조선인 사립학교는 매주마다 하급학년에서는 조선어를 정규수업시간에 4시간씩 가르치고 상급학년에서는 조선역사와 조선지리를 정규수업시간에 매주 2시간씩 가르치도록 허락하였다. 공립학교는 하급학년에서는 매주에 조선어를 과외로 4시간 가르치고 상급학년에서는 조선역사와 조선지리를 과외로 2시간씩 가르치는 것을 인정하였으며, 연변 4개현의 교육국에 중국인 교육위원이 없을 때, 그 자격에 맞는 조선인을 선발하여 조선인 학교를 독찰할 임무를 주었다. 이런 조선인들의 특수성에 대한 배려로 말미암아 조선 청소년 중에는 중국 정부가 세워서 운영하는 관립, 현립, 향립 등의 학교에 입학하는 자가 급증하였다. 그러나 1년 후, 만주국이 세워지면서 동북지역 내 모든 교육 주권이 일제에게 넘어가서 조선인의 민족교육은 식민지 백성의 황민화 교육에게 자리를 내주게 되었다.

3. 일본에 의한 조선인 교육

일제의 교육 목적은 식민지 백성들을 우매한 노예로 만들려는 황민화 정책으로서 일본인과 식민지 백성의 차별성과 동화를 목표하였다. 1911년에 발표된 '조선교육령'은 식민지 교육의 본질이 일본어 중심의 실업교육과 보통교육으로서 통치와 침략을 위한 충직한 앞잡이, 친일주구의 양성임을 천명하였다.

일제가 용정에 최초로 '간도보통학교'를 설립하여 조선인 교육에 침투의 손길을 뻗치기 시작한데는 정치적인 계산과 이유가 있었다.

첫째 일본은 연변의 지리적 위치와 특수한 주민구성으로 볼 때 연변지역의 조선인을 회유하고 동화시켜야 할 절대적 필요성을 느꼈다. 그들은 침략의 야욕으로 동북지역의 조선인이 일본의 '신민'임을 강조하여 중국 경내의 조선인 사무에 적극적으로 간섭하였고 조선인에 대하여 교육을 포함하는 여러 가지 회유책을 세워 많은 혜택을 줌으로써 조선인을 일본 인으로 동화시켜서 중국 침략에 최대한 이용하고자 하였다.

둘째 일본은 중국경내에 있는 조선족의 민족교육을 억제하고 말살하고자 하였다. 나라가 망하자 많은 지사들이 동북경내로 이주하여 학교를 설립하고 교회를 세우고 항일단체를 결성하며 민족교육과 근대교육을 전개하였다. 그리하여 동북지역이 독립운동의 근거지로 부상하였으며 그들의 눈에 '불령선인의 소굴'이 되었으므로 일제는 만주 진출의 걸림돌이 되는 조선 사립학교와 독립의지를 가진 투사들의 싹을 자르고자 하였다.

셋째 중국 정부의 조선인 교육을 억제하고 중국으로부터 조선인 교육 권을 박탈하기 위하여 일제는 학교 설립과 조선인 사립학교에 대한 회유를 시작하고자 하였다. 그들은 조선인에 대한 중국의 동화정책을 미연에 차단하고 중국으로부터 조선인 교육권을 빼앗아 자신들을 위한 충량한 식민지 백성을 양산하여 만주와 중국침략에서 최대한으로 활용하려고 했던 것이다.

일본인이 세운 조선인 학교

1928년 5월 통계에 보면 공립보통학교가 5개, 만철회사가 세운 학교가 12개, 보조학교가 82개, 이민회사가 세운 학교가 4개로 총 103개 학교가 있었으며 교원 수는 365명, 학생 수는 11,493명이었다.

간도공립보통학교 설립

일본 식민주의 교육은 1908년 용정에 간도보통학교를 효시로 중국경내에 첫 발을 내디뎠다. '충량한 국민의 양성'에서 교육의 중점은 동화교육이었으며 동화교육의 핵심은 일본어 교육이었다. 조선 학생의 민족의식을 근절시키고 친일감정을 일으켜 일본인화를 꾀하기 위하여 일본어교육에 주력하였으며 1910년 후부터는 일본어를 국어로 조선어를 외국어로 취급하여 공개적인 동화교육을 추진하였다.

1909년 간도협약 체결 후 중국 동북지역에서의 일제의 침략세력의 확대와 더불어 일제는 조선인에 대한 식민주의교육의 범위를 점차 일본영사관 및 영사 분관의 관할 범위인 연변 전체 지역으로 확장시켰다. 1915년 9월에 연길 국자가 상업지역에 간도보통학교 국자가 분교를 설치하였고 1916년에는 화룡현 두도구 상업지역에 두도구 분교를 설치하였고 1917년에는 왕청현 배초구 상업지역에 배초구 분교를, 1918년에는 훈춘 상업지역에 훈춘 분교를 설립하였다. 이로써 연변지역의 일본의 식민주의 교육은 그 범위와 체계, 시설과 설비 면에서 일정한 규모를 갖추게 되었다.

일반적으로 볼 때 일제의 공립보통학교의 설비와 교원의 조건은 조선인 학교 가운데서 가장 우월하였다. 일제는 훌륭한 건물과 시설로서 조선인 청소년들을 유인하였을 뿐만 아니라 학생들에게 매달 용돈 지급, 교과서와 기숙사 무료 제공과 졸업 후에 취업을 알선하는 것을 입학조건으로 걸었다. 그럼에도 불구하고 일본의 조선인 교육은 학생의 부족과 조선 사회로부터 오는 반발심에 직면하지 않을 수 없었다. 연변지역은 망명 지사들이 운집한 곳이었고 항일민족주의 교육이 제일 먼저 시작된 곳으로서 보편적으로 항일 분위기가 고조되어 있어서 일본의 식민주의교육에 냉담하였다.

연변지역 내의 상술한 5개 보통학교는 조선총독부에서 직접 경영을 맡고 학제, 과정설치, 교과서, 등 모든 교육과정과 활동은 모두 조선 국내의 교육제도를 기준으로 하였으며 학교 운영비는 함경북도 지방경비로 충당하였고 교원은 조선국내에서 친일교원을 파견하였으나 반드시 일본인을 소학교에는 교감으로 중학교에는 학감으로 밀어 넣어 감시와 통제를 꾀하였다. 일제는 간도보통학교의 우월한 교육시설과 다양한 혜택으로 동북조선인에 대한 회유와 동화로 조선인들을 일본식민통치의 노예로 만들어 연변지역을 일본의 식민지로 만들고자 하였다.

조선총독부에서 경비를 보조한 보조학교

간도협약에 따라 일본은 상업지역 외에 일반주민지역에서는 공립학교를 세울 수 없었다. 그러나 일본은 일반지역에 사는 조선인 교육을 결코 포기하지 않았다.

그들은 비밀리에 동북 각 지역에 퍼져 있는 조선인 서당과 사립학교를 포섭하여 교사를 파견하거나 보조금을 지불하여 간접적인 간섭과 통제를 시도하였다. 1908년에 이미 20여 개소의 조선인 서당에 보조금을 지불하였으며 보조금 수령사실이 드러나서 서당들이 폐교를 당하자 간도보통학교 졸업생들로 하여금 서당을 설립하여 운영하도록 사주하였다. 일제는 그들에게 무료 교과서 제공과 보조금지원을 통해서 조선인의 항일민족교육을 해제시키고 사회주의 사상의 전파를 막음으로써 일반인 거주 지역에서의 식민주의 친일교육의 침투를 꾀하였다.

1913년 11월부터 1914년 11월 까지 1년 사이에 연변지역에 신흥평서

당, 배초구서당, 두도구서당, 하천평서당 등 보조를 받는 9개의 부속서당
(학교)이 설립되었다. 1917년에는 부속서당이 21개로 증가하였으며 1928
년에는 82개로 확장되었다.

1920년대 오지에 거주하는 조선인들은 생활형편이 어려워져 서당(서
숙) 만들 수가 없었고 게다가 교원도 부족하여 어쩔 수 없이 보조학교에
자녀를 보내지 않을 수 없었다. 또한 오지의 사립학교도 존폐의 위기에서
일제의 보조를 받았다. 일제는 이를 미끼로 삼아서 조선 사립학교를 병탄
하여 식민주의 친일교육의 장으로 만들었다.

조선인 사립학교에 대한 일본의 통제와 탄압

일본은 사립학교 대부분이 일본을 배척하는 항일민족주의교육을 목적
으로 하고 있기 때문에 연변지구 조선인 사립학교에 대한 감독과 간섭을
강화하기 위하여 1909년 '간도사립학교에 대한 내부규칙'을 만들어 조선
인 사립학교에 적용하였다. 학교의 운영취지, 학교위치, 교원대오, 운영방
법, 경비, 수업연수에 대하여 관할 파출소 소장에게 보고를 하고 비준을
받도록 엄격히 통제했을 뿐만 아니라 반드시 조선총독부에서 발행한 교
과서를 써야 한다고 규정하였다. 일본의 회유와 통제에도 불구하고 조선
인 사립학교들은 처음부터 항일독립운동의 일환으로 설립되었고 또한 설
립자 대부분이 독립운동에 뜻을 둔 민족주의자들이었기 때문에 각 사립
학교는 신교육 전수와 동시에 민족의식 고취에 주력하여 독립운동의 근
거지가 되었다.

1919년 3·13 항일만세시위에 명동, 정동학교의 교원과 학생들로 구
성된 300여 명의 대오가 시위에 앞장을 서서 "일제의 침략을 반대한다!",

"친일주구를 타도하자!"라는 구호를 외친 일로 인하여 사립학교에 대한 탄압이 강화되었다. 1919년 5월 27일에 간도총영사관에서 독립혐의가 있다는 이유로 18명의 무장경찰이 명동학교에 와서 학교시설을 파괴하고 4명의 학생을 체포하여 회령으로 압송하였다.

1920년《경신대학살》에서 조선인사립학교는 또 다시 일제의 토벌목표가 되었다. 일본토벌대는 훈춘현 회룡봉 현립 8소 교원 김홍석, 박현규 등 7명을 금당촌 숭실학교에 가두어 놓고 불태워 죽였다. 명동, 창동, 정동, 길동, 신동 등 쟁쟁한 사립학교들이 불에 탔으며 체포되거나 살해당한 사람들 중에는 사립학교의 진보적인 교원과 사생들이 상당한 비중을 차지하였다.

1920년 10월 20일 오전, 명동촌에는 일본군소대장이 22명의 군인들을 거느리고 들어와서 명동학교와 민가를 수색하였으며 수사에 응하지 않는 10명을 그 자리에서 참혹하게 살해하였다. 명동학교를 소각하였을 뿐 만 아니라 교원과 학생 및 마을 주민들을 마음대로 검거하고 학살하였다. 그 당시 체포를 당한 사람이 90명이 넘었다. 국자가에서는 길동학교와 창동학교를 소각하였으며, 166명의 사생과 무고한 조선인들을 마음대로 학살하였다. 훈춘현의 신풍학교와 북일학교도 이 때 소각되었으며 교원과 교장 등이 사살 또는 체포당하였다.

경신대학살에 불에 탄 학교는 조선 측의 통계자료에 의하면 북간도만 59개이며 3,664명이 피살되었고 155명이 감옥에 갇혔다.

일본의 사립학교에 대한 탄압과 통제, 회유와 보조에도 불구하고 동북지역에서의 일본의 식민주의 교육은 조선인 사회에 광범위하게 침투하지 못하였다.

1920년대에 들어서 일본의 조선인 교육기관은 숫자적으로 증가하였으며 식민주의 교육도 가속화되었다. 그들은 공개적으로 황민화에 목적을 둔 동화교육과 저급노동력 공급을 목표로 하는 실업교육을 실시하였으며 학제와 과목설치에 있어서 '일본어'를 중심으로 한 적나라한 동화교육을 추진하였다. 또한 교육체계와 수준에 있어서도 의도적으로 조선인의 중등교육에 대한 욕구를 묵살하였으며 제한하였다. 식민지 통치자들은 중등이상의 교육을 실시할 경우 조선인의 민족자각을 계몽하게 되며 결국 간접적인 반일인재의 양성을 부추겨서 스스로 식민 통치의 무덤을 파게 될 것임을 알고 조선인으로 하여금 농업, 상업, 공업 등 실업교육을 최선으로 간주하게끔 만들었다. 조선총독부와 만철이 조선인에게 실시한 교육은 기초교육보다 오히려 직업 교육에 편중되었다. 그들은 조선 학생들의 교육 정도를 초등단계에 국한시키고 중등학교나 고등학교로 갈 수 있는 기회를 완전히 차단하여 조선 학생들이 초보적인 노동기능을 가진 일제의 식민지 통치에 순응하는 '충량국민'으로 양성하고자 하였다.

에필로그

　결국 중국 동북지역 조선인 교육사는 일본의 식민지 교육권 장악을 막으려는 망국 백성인 조선인 민족주의자들과 중국 정부의 동상이몽의 치열한 싸움이었다.

　동북지역의 이주조선인들의 교육권을 지키고자 하는 조선의 망명 지사 및 민족주의자들 몸부림과 희생, 절망과 희망이 눈에 보이고 가슴에 절절하게 느꼈다.

　자신들에게 유익한 대로 조선인들을 배려하다가도 결정적인 순간에 칼을 들어 조선 사립학교를 탄압하는 중국이 일제와 직접 대립, 갈등하게 되었을 때 조선인을 자기편으로 동화시켜 동북지역을 파수하고자 하는 치밀하고 신중한 노력과 계획으로 조선인을 이용함이 예리하게 가슴을 찔렀다.

　동북조선인을 보호한다는 빌미로 연변에 들어와서 민족교육과 독립운동의 본산인 조선인 사립학교를 강경과 회유의 방법으로 파괴하며, 학생과 교사들을 마구 살상하며 음모와 술수로 동북지역에 식민주의 교육을 확장시켜 가는 일본의 권모술수와 비열한 악랄함에 소름이 돋았다.

　독재자들이 권력을 잡으면 바로 교육을 틀어쥐는 이유를 일본의 식민주의 교육을 통해서 다시 한 번 깊이 깨달았다. 독재정권과 친일파들이 자기들의 독재와 친일 오명을 합리화하기 위해서 과거 역사를 장악하고자 하는 근본 이유와 목적도 적나라하게 보았다. 독재정권이 역사왜곡과 날조에 많은 학자를 동원하고 언론이 거기에 가세하는지도 분명하게 보았다.

　평화로 가는 물꼬를 트기 위해서 몸부림치고 있는 우리 앞에 그 당시처럼 중국과 일본이 도사리고 있다. 우리의 길을 방해하고 권모술수로 우리를 남북대립의 역사적인 올가미, 함정에서 영원히 빠져나오지 못하도록 훼방하는 세력들이 나라 안과 밖에 가득하다.

어떻게 위기와 난관을 극복하고 새 역사의 물꼬를 틀 것인가?

연변의 조선 이주민 역사에서 그 해법을 본다.

참고서적

- 강영덕, 남일성 외 5인, 《중국조선족교육사》, 동북조선민족교육사, 1990년

- 김춘선, 김철수 외 10인, 《중국조선족통사 상권》, 연변인민출판사, 2009년

- 최석승, 《훈춘조선족이민사》, 연변교육출판사, 2015년

- 조룡호, 박문일 외 다수, 《21세기로 매진하는 중국조선족 발전방략연구》, 료녕민족출판사, 1997년

- 김택, 김인철 외 6인, 《길림조선족》, 연변인민출판사, 1995년

- 심여추, 심극추, 《20세기 중국조섭력사자료선집》, 연변인민출판사, 2002년

- 김영만, 리송영 외 다수, 《연변조선족사상》, 연변인민출판사, 2010년

2부

1919년
용정 3·13
만세시위와
북간도
무장독립투쟁

용정 3·13만세시위를 일으킨
조선인디아스포라와 순국열사들

5·18민주화운동 기념일!

6백여 명에 가까운 사망자, 3천백여 명이 넘는 부상자, 1천백여 명에 이르는 구속 및 고문 피해자들을 낸 광주 5·18민주화 운동의 피 끓었던 날로 말미암아 한국의 자유민주주가 후진하지 않고 꽃 피어 오늘에 이르렀다. 시뻘건 고통과 한으로 민주주의를 지켜낸 피의 절규를 토하며 쓰러진 임들을 생각하며 하루 앞선 17일에 국립 5·18민주묘지에 들러 참배하였다.

사진과 출생년도를 일일이 읽으며 300여기의 5·18영령들의 묘를 바라보는 마음에 눈물이 출렁거렸다. 꽃잎처럼 스러진 임들의 이름과 나이를 헤아리며 감동과 송구함으로 옷깃을 여몄다. 그러나 깨끗이 관리되고 있는 묘역과 조형물과 주변 경관과 코로나 거리두기와 우중에도 불구하고 발길이 끊이지 않는 참배객들을 보며 큰 위로를 받았다.

같은 순국열사라 해도 속해 있는 지역과 나라, 시대에 따라 국민적 관심이 다른 것은 어쩔 수 없는 처사이련만 지난 주간 내내 북간도 용정 합성리 야트막한 언덕 끝자락에 자리 잡고 있는 잡초가 무성한 3·13 순국열사 묘역을 떠올리며 혼자 가슴앓이를 하였다.

1919년 당시는 여러 신문이 용정 3·13만세시위를 조선의 독립운동으로 크게 기사를 다루었는데 지금은 그 독립운동이 어디에 속하는지 경계도 애매하다. 중국은 자국에서 일어난 모든 항일운동을 자국의 독립운동이라고 말하지만 엄밀히 말하면 조선족의 독립운동이기에 무관심의 관심으로 일관하고 있는 듯이 보인다. 북한의 용정 3·13만세시위에 대한 인식과 관심이 어느 정도인지 알 길이 없으나 한국은 '청산리전투'와 '봉오동전투'는 기념하면서도 북간도 무장독립운동의 시원이 되는 용정[1] 3·13만세시위에는 그리 관심이 없어 보인다.

시간이 주어질 때마다 '3·13'반일의사릉[2]을 찾았는데 갈 때마다 마음이 안타까웠다.

묘역 바로 앞의 밭에 폐허가 된 거대한 비닐하우스 한 동의 쇠파이프가 뼈대를 앙상히 드러내고 찢어진 비닐 넝마들이 마구 방치되어 있어 시대와 사회가 능을 능멸하는 것처럼 보였다. 뿐만 아니라 봉분의 잔디가 죽어 흙이 드러나 있고 봉분과 봉분 사이에 잡초들이 무성하여 주인 없는 능처럼 보였다.

그러나 이나마 묘소가 유지된 것은 70년 동안 방치되었던 것을 독립운동사에 관심을 가진 몇 분이 고증을 통하여 겨우 찾아내어 개보수한 결과라고 하였다. 그분들의 헌신적인 노력으로 1999년에 3·13만세시위 80주년 기념행사를 성대하게 치르며 묘소가 성역화 되었고 3·13만세시위의 의미가 재조명되었다니 참으로 다행스러운 일이라 아니할 수 없다.

하루는 동행하는 분께 아래 한족의 밭을 사서 방치된 쇠파이프도 없애고 좀 엄숙하게 단장도 하고 좀 더 많은 사람이 모일 수 있도록 묘역을 넓히면 좋겠다는 말을 넌지시 꺼냈다.

그 분이 천천히 자조하듯이 던진 말이 소수민족으로 사는 조선족의 위치를 그대로 보여주었다.

"이 곳이 중국 한족(漢族) 열사들의 묘역이면 이대로 두었겠습니까? 벌써 화려한 치장을 했을 겁니다."

"그렇지요. 맞아요. 그래도 항일 투쟁을 한 분들을 기념하는 일이니 땅을 구입할 방법이 있지 않겠어요?"

그 분이 멈칫거리며 대답하였다.

"우리 같은 사람들은 못합니다. 정치적으로 풀어야 합니다. 그러면 하루 아침에도 해결될 겁니다."

정치(政治)의 정(政)자도 모르는 나에게 그분의 대답은 '당신처럼 마음만 가지고는 안 됩니다. 정치적으로 힘이 있는 분이 힘으로 접근해야만 풀어갈 수 있을 겁니다.'라고 충고하는 말로 들렸다. 그 때부터 정치적인 파워를 가진 사람이 묘역의 문제를 풀어주길 꿈을 꾸었으나 지금은 코로나로 가는 길이 열린 듯 닫혀 있어 묘역에 가서 넋두리하던 일마저도 못하게 되어 송구한 마음이다. 조선의 무장 독립운동의 밑거름이 되어준 분들을 경외하는 마음으로 오늘도 3·13만세시위에 참여한 분들의 뒤를 따라가며 순국한 열사들의 이름을 불러 본다.

최근갑은 《시련의 열매》, 139쪽에서 3·13용정시위 참여자와 규모에 대하여 말한다.

　　이날 3만여 명 동포들이 운집했던 것이다. 멀리는 200리 넘는 벽촌에서 하루 전에 룡정촌을 바라고 출발했고 80리 밖에 있는 소학교, 중학교 학생들도 밤을 지새우며 룡정촌에 다 달았다. 30리 밖에 있는 명동학교 300여 명[3) 학생들은 군악대를 선두로 보무당당히 대회장에 들어서고 두만강 기슭의 정동중학교 사생들은 아침 일찍 떠나 제 시간에 대회장에 도착했다. 그때 북간도 지역 거류 조선인은 27만 9,150명이었는데 그 가운데서 3만 명이나 룡정에 모여 이 운동에 참가했다.

김규철은《길림조선족》, 239쪽에서 용정시위에 참여한 사람들에 대하여 자세히 설명한다.

　　3월 13일, 날이 밝자마자 룡정촌은 들끓었다. 룡정, 연길과 원근 농촌의 반일군중과 학생들이 사면팔방에서 조수 마냥 룡정촌에 모여들었다. 덕신사, 지신사 등 각지의 수천 명의 군중들은 명동학교에 모인 후 이 학교 학생들을 선두로 호호탕탕하게 룡정으로 진출하였다. (중략) 개산툰 정동학교의 사생 100여 명이 굉장한 악대를 무어가지고 일제히 대고, 소고를 두드리고 "대한독립만세!", "일본 침략자는 물러가라!" 등 구호를 높이 부르며 하루 밤을 꼬박 걸어 아침 8시 남짓하여 룡정 대회장에 이르렀다. 대회장은 룡정촌 북쪽(지금의 기차역 남쪽)의 평탄하고 넓은 조밭에 설정되었다. 대회장은 벌써 인산인해를 이루었는데 그야말로 류례 없는 성황이었다. 달라자, 장인강, 동성용, 동불사, 의란구, 월청구, 화첨자, 위자구, 석현, 연길 등지에서 모여온

학생과 농민 3만여 명이 대회장에 운집하였는바 당시 룡정촌의 총인구를
훨씬 초과하였다.

장문호는 《중국조선민족발자취총서 1 개척》, 470쪽에서 3·13에 모인
군중에 대하여 설명한다.

> 3월 13일은 룡정에 장이 서는 날이었다. 룡정시의 조선족들은 물론 국자
> 가, 투도구, 대립자 등지의 남녀 학생들, 늙은이들, 어린이들까지 회장에 모
> 여들었다. (중략)
>
> 맹부덕[4]은 그 13일 새벽부터 룡정의 거리마다 보초를 세우고 순라대를
> 조직하여 집집에 걸어놓은 태극기를 뽑아버리고 행인을 수색하였으며 룡정
> 으로 들어가는 네 갈래의 대통로를 다 차단하여 군중들이 대회장으로 들어
> 가지 못하게 하였다. 그러나 반일 격정에 들끓는 군중들은 군경들의 총칼에
> 도 협박에도 굴하지 않고 물밀 듯이 룡정촌에 밀려들었다. 정오가 가까워오
> 자 회장에 모인 군중이 무려 2만여 명에 달했다. 그들 중에는 화룡현 명동학
> 교, 정동학교의 교원과 학생을 중심으로 하여 조직된 320명의 '충렬대' 대
> 원들과 국자가 도립중학의 조선족 학생들을 중심으로 조직된 1,000여 명의
> 자위단원들이 있었으며 훈춘과 안도지방에서 하루 앞당겨 룡정에 온 용사
> 들도 있었다. 회의 장소는 상부지의 영신학교의 앞 공지였다.

김동섭과 임종섭은 《일송정》 제7호에 게재한 〈유서 깊은 혁명의 마을
-금곡〉 66쪽에서 3·13만세시위에 참여하기 위해 종성 대안의 북쪽에
위치한 지신사, 덕신사, 용지사에 속한 마을에서 모인 사람들에 대하여 적

고 있다.

　　3월 13일, 이날은 룡정촌의 장날이었다. 금곡사립원동(元東)학교 3학년
이상 학생들과 장동(長洞)의 창동(彰東)학교 3학년 이상 학생들은 명동학교
에 집합하였다. 금곡, 영동, 장동 등 여러 마을의 청장년, 부녀들[5]은 날이 밝
기 전부터 떠날 준비를 하였다. 그들은 장꾼으로 가장하고 마을을 나섰다.
덕신사와 지신사의 수천 명 군중은 명동학교, 원동학교, 창동학교[6] 학생들
의 대열을 따라 호호탕탕하게 룡정으로 출발하였다. 그 대오는 룡정에 이르
자 평강방면에서 온 수천 명 대오와 회합해서 대회장으로 들어갔다. 회장은
룡정촌 천주교회당[7] 광장에다 정했는데 학생과 군중 3만여 명이 회장에 운
집하였다.

　　양소전 외 3인은 《중국조선족혁명투쟁사》, 165쪽에서 3월 13일에 모
인 군중에 대하여 말하고 있다.

　　날이 밝기 전에 룡정은 사람들로 들끓었다. 룡정, 연길과 원근 여러 향촌
의 조선족 민중과 학생들이 사면팔방에서 조수마냥 룡정촌으로 밀려들었
다. 덕신사와 지신사 등지의 조선족 민중들은 명동학교 학생들을 선두로 하
고 룡정으로 출발하였으며 룡정에서 평강으로 온 민중들과 회합하였다. 개
산툰 정동학교의 교원들과 학생들도 악대를 선두로 주악을 울리고 반일구
호를 높이 부르면서 장밤을 걸어서 아침 8시에 룡정에 당도하였다. 같은 시
각에 대랍자, 장인강, 동성용, 동불사, 조양천, 차조구, 로두구, 명월구, 두도
구, 의란구, 월청촌, 화첨자, 위자구, 석현, 연길 등지의 학생들과 군중들도

대열을 지어 룡정으로 들어왔다.

원 모임의 장소는 상부지 밖의 캐나다장로회에 속한 영신학교 앞마당이었으나 11시 30분경에 두도구에서 오는 민중들이 대대적으로 밀려와 사람들은 원 자리에서 밀리고 밀려 500여 미터 떨어진 서전대야에서 모이게 되었다.

정오를 알리는 종소리와 함께 조선독립축하식이 대회장인 국자가교회 김영학목사[8])의 사회로 거행되었다. 그가 '간도거류조선민족 일동'의 이름으로 '독립선언포고문'과 '공약삼장'을 읽고 나자 유인물이 대회장 상공에 뿌려졌고 만세소리가 천지를 진동하였다. 이어서 류례군(조선독립운동의사부 팔도구지역 책임자. 철혈광복단 회원, 한족독립기성총회 의사부원), 배형식(조선독립축하식 부대회장, 한족독립기성총회 의사부원), 서성권(창동학교 교사, 한족독립기성총회 재무부원), 고동환(조선독립운동의사부 평강지역 책임자, 철혈광복단 회원)과 황지영 씨가 차례로 일본제국주의 만행을 고발하여 규탄하였다.

축하식 행사가 끝난 후, 시위대는 오장기를 앞세우고 출발하였다. 그 뒤를 정동과 명동학교 학생들과 교원으로 구성된 300여 명의 충렬대가 따랐다. 박문호, 채창헌, 최익선은 충렬대 지도자로 학생들을 보호하며 측면에서 지도하였다. 시위 대오는 "일제의 침략을 반대한다!", "친일주구를 타도하자!"를 외치며 일본 간도총영사관으로 향하였다. 용정 상부지로 조수처럼 밀려오는 시위행렬에 아연실색한 중국군 맹부덕 퇀장은 발포명령을 내렸다. 오장기 기수였던 공덕흡이 쓰러지자 깃발을 박상진, 김태균, 박문호, 채창헌, 최익선이 차례로 오장기를 일으켜 세우며 총탄에 쓰러졌다. 그 자리에서 10명의 열사가 순국하였고 3월 17일 장례식 전에 제창병원에서 4분이 순국하였다. 나머지 5분은 장례식 후에 순국하여서 3·13시위로 총 19

분의 열사가 순국하셨다. 뿐만 아니라 48명이 부상을 당하였고 94명이 체포되었다.

이로 말미암아 인구 28만 명에 가까운 북간도 조선인 사회는 비탄과 분노에 잠겼으며 무장 투쟁 없이 조선독립이 불가하다는 의식이 공유되고 확산되기 시작하였다. 조선독립축하식으로 3·13모임을 주도했던 '조선독립운동의사부'가 그날로 '조선독립기성총회'로 이름을 바꾸며 희생된 열사들을 위하여 17일에 장례식을 거행하였다. 4천여 명의 조선인들의 애도와 비분 속에서 열사들은 용정의 동남교외에 자리 잡고 있는 합성리 공동묘지에 안장되었으며 묘 앞에는 '충렬자제공지묘'(忠烈者諸公至墓)라고 새긴 비석이 세워졌다.

연변에서 발행된 독립신문에 장례식이 아래와 같이 보도되었다.

합성리에 공동묘지를 정하고 제창병원으로 발인하야 나아갈 제 혹은 담군(擔軍)이 되고 혹은 집불하야 14의사의 소여는 천흡귀곡 중에 차제로 행진한다. 묘지에 지하야 야소교 례식9)을 집행할 새 상장(喪章)을 전한 우리 남녀는 4,000여 명이오. 또 차석에 래참한 영국인 남녀는 더욱 충혼의백을 조위하야 한감의 정을 크게 표한다. 14의사의 부형은 일국(一掬)의 루(淚)도 하(下)치 아니하고 회중에게 향하여 크게 말한다. 그네들의 말이 "나의 자제가 한국을 위해 낫다가 한국을 위해 죽었으니 가한(可恨)이 있으리오" 한다. 회중은 큰 감동을 수(受)했다.10)

3·13만세시위가 도화선이 되어 독립만세시위의 불길이 전 간도에 들

불처럼 퍼져나갔고 3월 13일부터 5월 1일까지 간도의 조선인들은 15개 현에서 73차례의 항일집회와 시위를 벌였으며 참가자 수는 무려 10만 5,850명이나 된다. 3월 13일부터 5월 중순까지 북간도에서만 54차의 집회와 시위가 있었으며 참가인원은 7만 6천여 명에 달하였는데 이는 당시 연변 거주 디아스포라 조선인구 25만4천여 명의 36.6%에 해당된다.

그 후 북간도에는 '대한국민회', '대한독립군', '북로군정서', '의민단' 등의 30개에 이르는 무장독립단체가 조직되어 활발하게 국내 침공 작전을 벌이며 무장독립투쟁의 시대를 꽃피웠다.

3·13만세시위에 순국하신 열사들의 이름을 찾으며 '조국을 찾겠노라 말 달리던 선구자'가 정식 군사훈련을 받은 군인 집단이 아니라는 사실을 깨달았다. 그들은 일송정 푸른 솔이 있는 비암산 서쪽의 평강벌을 일구고 해란강변의 서전벌과 북쪽의 구수하벌을 목숨 걸고 일군 농부들이었으며 그 농부들의 자식들이었다. 실제로 당시 희생하신 19분 중에 농부로 기록된 분이 10분이 나온다. 실로 선구자는 농부였으며 순국열사의 절반이 넘는 숫자였다.

또한 간도국민회 회장이었던 구춘선이 지방회장에게 보낸 문건에 의하면 순국자 17분 중에 15분이 크리스천으로 간도국민회 지방회에 속한 회원들로 나온다. 말 달리던 선구자는 조국의 독립을 위해 눈물로 기도하던 크리스천이었으며 그들은 농부로서 농사를 지으며 간도국민회의 회원이 되어 몸소 독립운동에 참여하였으며 자녀들을 독립군으로 바쳤다.

3월 14일 발행된 연변 〈조선독립신문〉 2호, 김정규의 일기, 계봉우의 기록, '간도국민회' 구춘선의 공문서신, 룡정 3·13기념사업회 회장이신 최근갑의 기록을 살펴 19분의 이름과 면모를 살펴보기로 한다.

연변 〈조선독립신문〉 2호는 순국열사들에 대하여 공적으로 가장 먼저 기록을 남겼다. 1919년 3월 14일에 발행된 신문은 순국열사들을 15분으로 밝히고 있는데 두 분은 신원이 불명하다고 하였다.

순국열사는 현봉률(모아산), 김승록(봉림동), 박상진(걸만동), 정시익(라자구), 리균필(로투구), 현상로(대불동), 공덕흡(명월구), 최익선(와룡동학교 교원), 박문호(남구학교 교원), 김태균(불명), 김흥식(서울), 리유주(토성보), 장학관(의란구) 그리고 이름과 주소불명의 두 분이다.

이어서 제창병원에 입원한 중상자는 18분으로 한부삼(모아산), 리도한(봉산동), 김원칠(불동), 김성무(로투구), 한원오(대모록구), 김종묵(구천하), 리용진(모아산 앞), 차정원(대허문), 림봉섭(투도구), 김진서(국자가), 송병식(남양동), 채민섭(모아산 수남), 리경찬(호천포), 김병영(명동학생), 채창헌(대오도구), 원용서(룡정), 공자인(명월구), 허준언(불명) 등이다.

연변 〈조선독립신문〉이 중상자로 밝힌 분들 중에 제창병원에서 또는 퇴원 후에 순국하신 분들로 언급되는 분들이 김종묵, 차정원, 김진서, 김병영, 채창헌, 원용서, 허준언[11] 등 7분이다. 연변 〈조선독립신문〉 2호의 기록대로라고 하면 순국열사가 22분이 되는데 이는 룡정 3·13기념사업회가 최종적으로 확정한 19분보다 3분이 더 많은 숫자이다. 그러나 신원불명의 두 분을 제외하면 20분이 됨으로 오버되는 한 분에 대한 검토를 다른 기록과 대조해보면 자연스럽게 정리가 된다.[12]

김정규의 일기는 현장에서 순국하신 열사는 9분으로 김상진[13], 김홍식, 정시익, 박문호, 공덕흡, 리효섭, 김태균, 장학관, 김승록 등이다. 중상자는 최익선, 현남로, 차정룡, 리유주이며, 경상자는 김병영, 림봉섭, 허준언, 한윤삼, 리도한, 원룡서, 채창헌, 리정찬, 채민섭, 송장석, 한원오, 김성모, 김원칠, 김진세, 김종묵이라고 하였다. 그리고 중상자 가운데 최익선, 현남로, 차정룡, 리유주 등이 병원에서 숨져 순국열사가 총 13분이라고 하였다.[14]

계봉우는《북간도 그 과거와 현재》에서 순국열사를 19분이라고 하였으나 17분의 이름만 적었다.

현봉률, 김승록, 공덕흡, 김태균, 장학관, 김종묵, 허준언, 김병영, 박상진, 채창헌, 박문호, 최익선, 정시익, 현상로, 김홍식, 리유주, 차정룡 제씨로 순국한 장사 19인 중에 14분만 먼저 합성리 공동묘지에 안장하였다고 하였다.[15]

간도국민회 회장 구춘선은 1920년 7월 14일 지방회장에게 보낸 〈포충장을 전달할 데 관한 문건〉에서 순국열사 17분의 이름을 밝히고 있다.

"작년 3월 13일 룡정에서 진행된 독립축하식 때 순국한 의사들에 대하여 우리 림시정부에서 포충장을 하달하였다. 이 의사들의 유족에게는 지방회에 전달하여 의사유족들에게 시달하여 의사유족과 지방유지인사들이 모여 전달식을 거행하기 바란다. 의사유족의 과계지방과 의사들의 명단은 다음과 같다.

제1중지방 : 김종묵, 최익선, 공덕흡, 정시익, 김승록, 리균필, 현봉률(7인)

제2중지방 : 장학관, 김태균(2인)

제1남지방 : 이유주, 차정룡, 현상로(3인)

서지방 : 박문호, 채창헌(2인)

동지방 : 박상진(1인)

로 령 : 김병영(1인)

서 울 : 김홍식(1인)

그러나 리균필의 이름은 틀렸으므로 정부를 향하여 정정을 요구하였다.[16]

'간도국민회'의 명단에는 원용서와 김진세 두 분이 누락되어 있는데 이는 그분들이 '간도국민회'가 임시정부에 순국열사 명단을 제출할 때 까지 살아 있었던 것이거나 아니면 국민회의 실수로 파악이 된다. 국민회 문건에 부상자 명단이 없으므로 두 분에 대하여 알려면 다른 기록들을 의지할 수밖에 없다.

구춘선이 회장으로 있었던 '간도국민회'는 3·13 만세시위 후에 만들어진 북간도 최대의 무장독립운동단체였다. 국민회는 3·13만세시위를 주도하였던 '독립운동의사부'를 계승한 '조선독립기성총회'를 이어받아 캐나다장로회 선교부 산하의 지 교회들을 근간으로 하여 북간도를 동부, 서부, 남부, 북부와 중부의 5개의 구역 분할을 하여 조직을 강화하였다. 지교회 목회자들이 지회장이 되었으며 지교회 교우들이 회원으로 활동하였으며 청년들은 '국민회군'이나 '경호대'에 가입하여 독립군이 되거나 자위대로서 마을을 지켰다. 제1중지방은 '간도국민회' 중부지방회 제1지방회에 소속된 회원이며 재 1지방회 안에 있는 교회의 교우라는 뜻이다. 이는 순국하신 분들의 소속 지역과 교회를 밝혀준다.

제1중지방의 최익선, 서지방의 순국열사는 채창헌(충렬대 지휘자), 박문호는 크리스천 청년 중심으로 만들어진 '철혈광복단'의 일원이었으며 동지방의 박상진은 걸만동교회 청년이었다.

순국열사 9분이 중부지방회에서 나온 것은 결코 우연이 아니다. 지리적으로 중부지방회가 용정에서 가까운 연길현 팔도구, 태양동, 조양천과 삼봉, 와룡동, 국자가 일대이고 캐나다장로회 지 교회가 많은 지역이어서 교우들 동원이 비교적 쉬웠을 것으로 보인다. 뿐만 아니라 중부지방회에는 당시 4대 사립명문으로 유명하였던 캐나다장로회 산하의 와룡동의 창동중학교와 국자가 소영자의 광성중학교가 있어 학교와 교회를 통한 독립운동이 활발하였다. 실제로 1920년 10월 일본군의 대만행인 '경신대학살'에 두 학교가 불에 탔으며 중부지방회 산하의 많은 교회들이 대박해를 받았다.

장문호는 늦어도 1989년 초에 썼을 〈룡정촌의 3 · 13 반일시위운동〉라는 에세이에서 3 · 13만세시위에서 19분이 희생되었는데 5분은 장례식 이후에 사망하였다고 하였다.

순국열사는 채창헌 (충렬대의 지휘자), 공덕흡 (충렬대의 기수), 박문호, 김홍식, 정시익, 현봉률, 김승록, 김태균, 장학관, 김종묵, 허준언, 김병영, 박상진, 최익선, 현상로, 리유주, 차정룡, 원인선, 리균섭 등이라고 하였다.[17]

그는 장례식 후에 사망한 자 5분에서 김진세를 빼고 허준언을 넣었다. 이는 그가 계봉우의 기록을 참고하였기 때문으로 보인다.

1990년에 설립된 '룡정 3·13기념사업회' 회장 최근갑은《시련의 열매》
에서 순국열사들 19분으로 정리하였다.

현장에서 순국한 열사는 10분으로

박상진 (교구장, 걸만동 사람)

정시익 (상인, 명월구 사람)

공덕흡 (농민, 명월구 사람)

김태균 (농민, 의란구 사람)

김승록 (학생, 봉림동 사람)

현봉률 (농민, 모아산 사람)

리균필 (농민, 로투구 사람)

박문호 (교원, 이도남구 사람)

김흥식 (상인, 한국 서울 사람)

장학관 (농민, 의란구 사람) 등이다.

3월 13일 밤 제창병원에서 순국한 열사는 3분으로

최익선 (교원, 와룡동)

현상로 (농민, 대교동)

이유주 (농민, 토성포) 등이다.

3월 14일에서 17일 사이에 제창병원에서 순국한 열사는

차정룡 (농민, 대허문) 1분이다.

3월 17일 장례식 이후 순국한 열사는 5분으로

김종묵 (농민, 구수하 사람)

채창헌 (교원, 대오도구 사람)

김병영 (학생, 명동촌 사람)

원용서 (상인, 동성용 사람)

김진세 (농민, 국자가 사람) 등이다.[18]

최근갑이 밝힌 19분의 순국열사는 구춘선의 문건에 나오는 17분에 원용서와 김진세를 더하였다. 그러나 장문호가 정리한 19분과는 한 분이 다르다. 그는 허준언 열사 대신에 김진세 열사를 넣었다.

허준언 열사는 최근갑과 윤병석의 명단에는 빠져 있고, 계봉우의 명단에는 순국열사로 나타나며 연변 〈조선독립신문〉에는 중상자로, 룡정상부국 보고서에는 부상자로 기록되었으며 김정규의 일기에는 경상자로 장문호의 기록에는 순국열사로 나온다.

김진세 열사는 최근갑의 기록에는 순국열사로, 윤병석의 명단에는 부상자로, 계봉우의 명단에는 없으며, 연변 〈조선독립신문〉에는 중상자로, 룡정상부국 보고서에는 부상자로 기록되었으며 김정규의 일기에는 경상자로, 장문호의 명단에는 빠져 있다.

모든 기록들이 근거 없이 기록되지 않는다는 사실을 생각하면 허준언도, 김진세도 순국열사로 보는 것이 맞을 듯싶다. 그러나 가장 최근에 3·13만세시위에 관한 모든 것을 학술적으로 종합하며 정리한 최근갑의 명단이 맞을 것 같다. 그러나 만에 하나 아닐 수 있는 가능성을 생각하며 허준언 열사를 19인의 명단에서 완전히 지워낼 수는 없다.

현재 시점에서 최후의 정리자라고 할 수 있는 최근갑은 1989년에 10월에 '3·13 반일독립운동순난자묘소' 발굴조사팀을 만들어서 32명의 노인들을 방문하여 증언을 들었고 다섯 차례의 현지답사를 통하여 연변대학

교의 역사학자들과 교수, 룡정시 관계자들과 함께 합성리 공동묘지에서 3
·13반일의사들의 묘소를 확인하였다. 그는 3·13수난추념준비위원회를
설립하여 묘소를 수선하고 '3·13반일의사릉'이란 비석을 세우고 첫 추모
식을 가졌다. 그 후로 '룡정3·13기념사업회' 회장직을 맡아 80주년 행사
등을 통해 3·13만세시위 역사적 역할과 의미를 세상에 널리 알렸다.[19]

한 세기 전에 그것도 한반도가 아닌 북간도 용정 땅에서 일어난 역사를
기억하며 순국열사들의 이름을 부르는 것은 왜 그 때에 조선의 아들들이
두만강 넘어 땅에 있게 되었는가에 대한 준엄한 질문이며, 조선이라는 나
라로부터 차별과 천대, 굶주림과 헐벗음 외에는 받은 것이 없는 천민들이
망국의 역사 앞에 보여준 희생과 헌신을 소중하게 기억하기 위함이며 조
선의 민초들이 온갖 고난을 감수하며 독립에의 꿈을 꾼 역사적 사건을 길
이 되새기면서 자주 독립과 평화의 문제에 대한 해법을 찾고 싶어서이다.
순국열사들의 이름을 부르며 묘역이 새롭게 정리되는 꿈을 꾼다. 그리
고 허락이 되면 3·13순국열사들의 유족모임에 참여하여 그들의 이야기
를 시름없이 듣고 싶다.
조선 망국이 낳은 중국의 조선족, 일본의 재일동포, 러시아 그리고 우
즈베키스탄과 카자흐스탄의 고려인과 남북한의 8천만이 만남과 소통의
해법을 독립운동에서 찾으며 미래의 대화합을 부단히 추구해가길 두 손
모아 빈다.

미주

1) 용정과 룡정 : 한국 측의 기록은 '용정'이지만 중국 조선족 측의 기록은 '룡정'이다. 본
   글에서는 중국 자료를 그대로 인용할 때는 존중하는 의미에서 그대로 '룡정'으로 쓴다.

2) 3 · 13반일의사릉 : 중국 역사가들은 민족주의자들의 저항운동은 반일운동으로, 공산
   주의자들의 저항운동은 항일운동으로 기록한다.

3) 300명의 숫자는 명동학교와 정동중학교 학생들을 합한 숫자이며 두 학교는 함께 "충
   렬대"를 조직하였다.《룩도하》, 123쪽,

4) 맹부덕 : 당시 맹부덕은 길림 육군 2려 10퇀 퇀장으로 3 · 13만세시위를 저지하라는
   지시를 받았다.

5) 1919년 3 · 13만세시위 당시 부녀들을 대대적으로 동원할 수 있는 곳은 교회 밖에 없
   었다. 그러나 20세기 처음 20여 년 동안 교회가 북간도 독립운동을 주도한 것을 인정
   하지 않으려고 하는 연변의 학계는 교회의 활동과 영향력에 대하여 일체 침묵하며 그
   빈자리를 메꾸기 위하여 그 공로와 업적을 소수의 사립학교 설립자들과 조기 공산주
   의자들에게 돌리 고자 그들의 공로를 지나치게 과장하였으며 어떤 경우에는 실제 년
   도를 일체 무시하는 방법으로 기술하고 있다.

6) 3 · 13만세시위에 참여한 창동학교가 2개다. 여기서 말하는 창동학교는 장동(長洞)의
   창동(彰東)학교이고, 다른 창동학교는 와룡동에 있는 창동(昌東)학교이다.

7) 대회장소는 영신학교 앞마당이었다.

8) 김영학 목사 : 연변지역 크리스천들 1919년 독립운동을 모색하기 위해 2월 18일과 20
   일에 걸쳐 모인 회합에서 연변지역을 5개구로 나누었으며 김영학 목사는 리홍준, 박
   동원, 리성금과 함께 연길 책임자가 되었다. 그는 3월 13일 조선독립축하식의 대회장
   을 맡아 행사의 사회를 진행하였다. 철혈광복단의 회원이기도 하였다

9) 당시 캐나다장로회 선교병원인 제창병원에 순국자들과 부상자들을 모셨다. 대부분의
   순국자들이 크리스천이었으며 장례예배는 캐나다장로회 교회가 주관하였다.

10) 최근갑,《시련의 열매》, 145, 146쪽

11) 허준언 열사에 대한 기록이 연변 〈조선독립신문〉 2호에서는 중상으로 나오나 사방

자, 계봉우는 순국으로 기록하고 있다. 구춘선의 공문서신에는 어급되지 않고 있으며 김정규의 일기에는 경상으로 기록되고 있다.

12) 김철수 저, 《연변항일사적지연구》, 162,163,164쪽

13) 김상진은 박상진의 오기나 오해로 본다. 다른 기록들은 다 박상진으로 나온다.

14) 김철수 저, 《연변항일사적지연구》, 164,165쪽

15) 김철수 저, 《연변항일사적지연구》, 162쪽

16) 김철수 저, 《연변항일사적지연구》, 161,162쪽

17) 《중국조선족발자취》 총서 편집위원회 편 《개척》, 장문호 저 《룡정촌의 3·13 반일시위운동》, 472쪽

18) 최근갑, 《시련의 열매》, 141, 142쪽

19) 리광평 외, 《륙도하》, 125, 126쪽

참고서적

• 김철수 저, 《연변항일사적지연구》, 연변인민출판사, 2001년

• 중국조선민족발자취총서 편집위원회, 《개척》, 민족출판사, 1989년

• 최근갑, 《시련의 열매》, 료녕민족출판사, 2011년

• 리광평 외, 《륙도하》, 연변인민출판사, 2013년

• 양소전 외, 《중국조선족혁명투쟁사》, 연변인민출판사, 2005년

• 김택 주필 외, 《길림조선족》, 연변인민출판사, 1995년

• 연변조선족사집필소조 편, 《연변조선족사 상》, 연변인민출판사, 2011년

• 룡정3·13기념사업회 외, 《룡정3·13반일운동80돐 기념문집》, 연변인민출판사, 1999년

• 양전백, 함태영 원저, 《조선예수교장로회사기 하》, 한국기독교사연구소, 2017년

• 차재명 원저, 《조선예수교장로회사기 상》, 한국기독교사연구소, 2018년

- 류연산,《혈연의 강들 상》, 연변인민출판사, 2001년

- 룡정시조선족문화발전추진회 문화총서 편집부 김재권외 4인,《일송정 제 7기》, 연변 인민출판사, 2003년

- 허청선, 강영덕 주편,《중국조선민족교육사료집 1》, 연변교육출판사, 2002년

실패한 거사
철혈광복단의 15만원탈취사건

무기를 위하여!

전쟁은 무기이고 무기는 총알이다.

갑오농민군이 우금치에서 대패를 한 것도 무기의 부족과 화력의 차이 때문이었다.

1908년 3차 거병을 하고 삼수와 갑산 그리고 함흥 등지에서 일본군과 싸워 연전 대승을 거두었던 홍범도가 그 해 가을에 압록강을 건너 중국으로 망명을 하게 된 구체적인 이유도 탄환 부족 때문이었다. 탄환이 부족해서 총을 버려야 할 절박한 상황에 이르자 그는 "약철(총알)이 없어 일병과 쌈도 못하고 일본이 온다면 도망하여 매 본 꿩 숨듯이 죽을 지경으로 고생하다가 할 수 없어 외국 중국 땅 탕해로 10월 9일에 암녹강(압록강)을 건너"[1] 망명을 결정하였다고 그의 일지에 쓰고 있다.

1920년 10월 하순 봉오동전투와 청산리전투에서 대승을 거둔 후에 홍범도와 독립군들이 1921년 초에 러시아 영토로 이동을 하게 된 것은 일본군과 싸우고 있는 러시아 혁명군과 협동하여 일본군과 싸우려는 일말의 희망도 없지 않았지만 무엇보다 가장 큰 이유는 탄약이 거의 사진(射盡) 되었고 중국내에서는 보충할 가능성이 전혀 없는 절망적인 상황 때문이었다. 그와 김좌진이 공동명의로 발표한 흩어진 군사들의 집결을 촉구하는 포고문의 내용에 "노농정부와 약정하여 군수충분하게 또 무기탄약은 제한 없이 무료로 공급받을 것"[2]이라는 표현에서 당시 독립군이 처한 곤궁한 상황과 러시아행의 이유를 알 수 있다.

홍범도는 전쟁이 곧 무기라는 사실을 누구보다도 잘 알고 있었다. 그는 1908년 중국을 거쳐 러시아로 망명한 후에 무기 마련을 위해 블라디보스토크 부두에서 짐꾼으로, 아무르강 유역 암군의 금광 땅꾼으로 일하였으며 추풍 당어재골에서 아편농사를 짓기도 하였다. 45세에는 니항의 어장에서 1년간 노동하였으며 1차세계대전이 일어난 시기에는 크로바트, 퉁구스크, 비얀코, 얀드리스크 등지의 금광에서 노동하며 모은 돈으로 이만으로 나와 오연발총(17개)과 탄환(17,000개) 등 무기를 구입하고 의병을 모집하여 제1차세계대전의 발발이라는 국제적 상황에 대응하여 향후의 무장투쟁을 준비하였다.[3]

홍범도 장군의 40대 10년의 행보는 그야말로 독립전쟁에 필요한 무기 마련을 위한 고뇌와 피눈물로 점철되어 있다.

홍범도처럼 무기 없이 전쟁 없고 전쟁 없이 독립이 없다는 사실을 일찍이 깨달은 열혈청년들이 있었다. 그들은 무저항 비폭력의 만세시위로 친구들이 죽고 부상을 당하는 피비린내 나는 죽음의 현실을 목도하였으며, 파리강화회의에 제출하고자 했던 독립청원이 강대국들의 힘의 논리에 짓밟히는 약소국 국민의 비애와 절망을 깊이 맛보았다.

게다가 3·1운동의 결과로 민족의 염원 속에서 출범한 상해 임시정부가 개조파와 창조파로 분열하고 연해주에서 대한국민의회가 재출범을 선언하는 등의 일로 북간도와 연해주의 독립운동이 표류하고 있었다. 이 때 조국의 독립을 원하는 청년들의 가슴은 화산처럼 뜨거웠고 의기는 하늘을 찔렀지만 그들에게는 전쟁을 수행할 능력이 없었다. 그들은 파리강화회의의 종료와 함께 독립의 문이 영원히 닫혀진 것 같은 상황에서 한없이 절망하며 분노하였다. 그러나 그들은 젊음을 조선독립의 제단에 받치기로 결의하고 전쟁 수행에 필요한 자금을 만들기 위해 거사를 도모하기로 하였다.

와룡동 그리고 와룡동교회와 창동(昌東)학교

북간도의 독립운동 유적지 중에 연길에서 시내버스를 타고 갈 수 있는 곳은 연길 중심지에서 애단로를 따라 동쪽으로 십 리 남짓 떨어진 곳에 있는 소영자의 길동기독학당의 후신인 광성학교 옛터와 연길시에서 서북쪽으로 십여 리 남짓에 있는 와룡동의 옛 창동학교 터와 15만 원 탈취의 거사의 도모지인 최봉설의 집이 있다.

연변에서 독립운동 유적지를 혼자 찾아다니는 일은 거의 불가능하므로 조선족 형제들의 도움을 자주 받았다. 그 분들의 도움으로 조금 익숙해지면 혼자서 탐방을 시도하였고 그런 덕분에 머무는 곳에서 가장 가까이에 있는 와룡동에 여러 번 다녀왔다. 와룡동을 자주 찾아다닌 것은 그곳에 1907년에 세워진 와룡동교회와 창동학교 그리고 최봉설의 생가 유지가 있기 때문이다.

와룡동은 지금도 그다지 개발되지 않은 산 아래에 길게 늘어진 마을이다. 상발원에서 하차하여 북쪽으로 개울을 따라 20여 분 걸으며 민흥촌 제3,4촌민 소조마을을 지나게 되고 마지막에 길이 하얀 고층 건물에 의하여 막히는 곳이 나오는데 그곳이 바로 원래의 와룡동교회 터이다.

와룡동은, 1860년대 북간도(연변)는 북관에 연이어 있었던 자연재해로 말미암은 대기근과 조선 관료의 가혹한 수탈을 피해 두만강을 건너 도망쳐 나온 조선 상민과 천민들의 피난처였다. 그들은 엄한 봉금령에도 불구하고 생존을 위하여 무인지대, 원시림이 무성한 간도의 산골짜기로 숨어들어와 화전을 일구었다. 그 시기에 함경북도 회령의 농민인 최종석은 아버지의 손을 잡고 와룡동 골짜기에 들어와 터를 잡고 살기 시작한 최초의 개척자 중의 한 사람이었다.[4] 그는 15만원탈취사건으로 알려진 최봉설의 할아버지이기도 하다.[5] 1869년 기사년에 대흉년으로 이주민들이 무리를 지어 들어왔고 사람들은 마을 서쪽 산이 마치 용이 누워있는 것처럼 보인다 하여 와룡동이라고 이름을 지었다.[6] 1883년에 이르러 와룡동은 80여 세대가 사는 마을이 되었다.

1902년에 캐나다장로교의 선교사 그리어슨과 조사 홍순국이 북간도에 다녀간 뒤, 1906년에 용정시교회를 세웠고 이어서 양무정자교회와 광제암교회를 설립하였다. 1907년에는 남감리회의 선교사 하디와 이화춘이 와룡동교회를, 이응현과 이병춘이 모아산교회를 세웠다. 그러나 두 교회는 1909년 장로교와 감리교의 선교지역 분할에 의하여 캐나다장로교로 소속으로 이전되었다. 그리하여 와룡동교회는 북간도 최초의 용정 상주 전도사인 김계안의 보살핌을 받았을 것으로 추측된다. 1912년 용정에 선교부를 세우기로 결정한 이후로 와룡동교회는 선교사 부두일(W. R. Footel) 과 목사 김영제의 섬김과 지도를 받았다.[7]

교회의 처음 위치는 마을 초입 서쪽 기슭에 있는 1935년 9월 12일에 졸업생 200여 명이 선생님들을 기념하여 세운 '사은기념비'에서 멀리 마주 보는 언덕에 있었으나 경신대학살 후에 '사은기념비' 아래 마을 길 앞 평지에 길게 자리 잡은 창동학교 뒤편 북쪽 평지로 이전하여 재건축 되었다.[8]

와룡동교회는 3·13용정 만세시위에 참여한 것과 와룡동출신 최익선이 순국한 것, 일제가 조사한 항일 선인 마을에 포함된 점, 경신년에 토벌을 당한 점,[9] 국민회 지회가 세워진 점,[10] 그리고 창동학교 교사 면면을 보면 캐나다장로교의 지도급 인사들과 국민회 회원들이 적지 않은 것으로 보아 한 손엔 성경을 들고 한 손엔 조국독립의 기치를 높이든 교회였음이 분명하다. 정기영, 정기선, 오상근, 이병휘, 남성우, 신홍남, 김종만, 홍우만, 이진호, 김이택, 송창희, 서성권, 문경이 그러하였고 '철혈광복단'의 최봉설, 한상호, 임국정이 그러하였다.

창동(昌東)학교는 1908년 4월[11]에 남성우, 이병희, 오상근 등이 와룡동 주민 최병균(최봉설 부친), 최종환, 최병규, 오상인, 김성옥, 정지형, 지병학, 라시영, 전윤민, 정종현, 오관준, 한영운(한상호 부친) 등 12명의 학교후원회원과 함께 소학교로 설립되었다. 창동(昌東)에는 동쪽 조선의 창성을 염원하는 의미가 담겨 있으며 1912년에는 중학부를 증설하고 이름을 창동(昌東)학원으로 개칭하였다. 당시 원장은 오상근, 부원장은 이병휘와 남성우가 맡았고 교사로는 신홍남을 비롯한 7명이 있었으며 중학부 학생은 80여 명에 이르렀다. 북간도 각지와 남, 북만과 연해주에서 유학 온 학생들도 있었으며 학생들은 다 기숙사에 입사하였고 일체 학비는 학교후원회에서 부담하였다.[12]

당시 학교에 설치한 학과목은 성경, 수신, 국어, 한문, 내외역사, 내외지리, 외국어, 산술, 대수, 기하, 생리, 식물, 동물, 물리, 화학, 법제, 경제, 창가, 체조 등 28개 과목들이 있었다.[13] 창동학원의 지도자들과 교사들은 민족문화와 역사를 가르쳤으며 항일정신을 고취시켰다. 중학부에서는 항일무장투쟁을 위하여 군사훈련과를 설치하여 항일투사들을 양성하였으며 1925년에는 중학부를 졸업한 학생들이 200여 명이 훨씬 넘었다. 학생들 가운데는 1915년과 16년에 왕청현 라자구 동림무관학교(라자구사관학교)에 가서 계속 군사 훈련을 받은 자들이 있었고[14] 최봉설도 그런 분위기 속에서 1916년에 라자구에 가서 8개월 동안 군사훈련을 받았다.[15]

1919년 3월 13일, 19년 동안 숨죽이고 살았던 3만여 북간도 간민들이 용정 서전대야에 모여서 만세시위를 통하여 독립 열기를 마음껏 발산하였다. 와룡동에서도 교인들과 창동학교 전체 교사들과 학생들이 대대적으로 참여하였다. 시위행진의 대오를 앞장서서 지휘하는 중에 총탄에 맞아 순국한 박문호는 창동학교에서 교편을 잡았던 전임 교사였고[16] 역시 순국한 최익선은 와룡동 출신으로 창동학원의 현직 교사였다.[17] 최봉설 등 많은 창동학교의 교원과 학생 및 졸업생들은 '철혈광복단'에 혈서를 쓰고 가입하여 3·13만세시위에 앞장 섰으며 일제와 맹부덕 부대의 발포로 말미암아 유혈사태가 발생하여 19명[18]이 순식간에 희생당하고 40여 명이 중경상을 입으며 94명이 체포를 당하는 피비린내 나는 현실을 목도하였다.

만세시위가 끝나고 간도 조선인 사회는 공포와 흥분, 절망과 비탄에 잠겼다. 모두들 행동하지 않으면 안 된다는 위기의식을 가지게 되었고 변화를 갈망하였다. 자유와 독립을 위하여 무력은 무력으로 싸워 이겨야 한다는 사실을 인식한 것이다. 독립 운동가들과 청년들은 독립전쟁을 염두에 두고 미친 듯이 무장독립운동단체들을 결성하기 시작하였으며 전쟁을 수행에 필요한 군자금 모금에 의논이 분분하였다. 그리하여 3월 13일 직후부터 30여 개나 되는 많은 무장독립우동단체들이 우후죽순으로 만들어졌다. 창동학원에 '간도국민회'의 외곽단체인 창동학교 교사인 서성권을 회장으로 하는 '간도대한청년회'는 본부가 세워졌고[19] 와룡동교회가 국민회 지회가 됨으로 신도들은 자연스럽게 국민회 지회 회원이 되었으며 정기영과 정기선은 연락부의 주요성원이 되었다.

독립전쟁을 위하여 일어서는 북간도의 무장독립운동 단체들

3·13만세시위 후 북간도의 조선인들은 비분강개로 몸서리쳤으며 화산처럼 부글부글 끓어올랐다. 교회지도자들과 망명 지사들은 말할 것도 없고 학생들, 청년들 할 것 없이 독립을 위하여 복수를 위하여 총칼을 들고 일어서는 무장독립운동 단체를 만들기에 정신이 없었다. 순전히 학생들로 이루어진 무장단체만 해도 충렬대, 암살대, 자위단, 맹호단을 비롯하여 10개의 단체들이 있었고[20] 각 종교단체들의 지도자들이나 독립 운동

가들의 주도로 설립된 단체만 해도 30여 개에 이르렀다.[21] 그 중에 간도국민회, 북로군정서, 대한독립군, 군무도독부, 훈춘한민회, 의군부등이 대표적인 단체들이다.

간도국민회는 구춘선을 회장으로, 강구우를 부회장으로 하여 간민교육회와 간민회의 전통과 역사를 이어받은 단체이다. 시위 후에 당시 3·13 만세시위를 위해 만들었던 협의체인 독립운동의사부를 해체하고 사상자 피해 대책을 위해 조선독립기성회를 결성한 것이 3월 25일에 간도국민회로 재창립되었다.[22] 본부는 연길현 하마탕의 교회에 두었으며 중요한 일과 사무는 용정의 치외법권 지역에 있는 용정 제창병원 지하실에서 처리하였다. 국민회는 본부 아래 5개 지방총회와 13개의 지방회와 70여 개의 지회로 구성되었다.

이는 캐나다장로교 지교회에 근거한 것으로 간도 북시찰회는 하마탕 중심의 북부총회와 국자가 중심의 중부총회가 되었고, 간도 서시찰회는 명월구 중심의 서부총회로, 간도 동시찰회는 용정무산간도 중심의 남부총회와 남양촌, 종성간도 중심의 동부총회가 되었고 시찰 아래 지역교회들이 묶여져 13개 지방회가 되었으며 72개의 교회는 그대로 국민회 지회가 되었다.[23] 1920년에는 지회가 133개로 크게 증가하였다. 그리고 관할 영역도 전 연변지역으로 크게 확장되었으며 지방총회와 지방회의 회장이 30여 명이나 되었다. 이외에도 국민회는 대동단, 충렬대, 철혈광복단, 대한간도청년회를 외곽조직으로 가지고 있었다.

특별히 간도청년회는 1919년 11월 1일 국자가에서 간도 청년들의 정신과 의지를 통일하여 비상한 수단과 위대한 능력을 훈련시켜 독립역량을 집결하려는 목적으로 서성권, 강백규, 김정, 조경환 등 22명에 의해 발기되었고 본부는 와룡동에 있는 창동학교에 두었다. 발기인에는 15만 원탈취사건의 주동자인 임국정과 신한촌에서 체포된 나일도 포함되었다.(강덕상,《현대사자료》27권, 8, 9쪽)[24]

국민회는 무장투쟁을 위하여 군무위원회를 설립하였다. 군무위원회에서는 무장부대를 조직하기 위하여 징병제를 실시하였는데 매 가정에서 18세 이상, 40세 이하의 장정 1명씩 모집하여 지방총회에 보내 훈련을 받게 하였다. 이 기초 위에 1920년 초에 경호대와 국민회군이 결성되었으며 경호대 총사령은 이용이 국민회군의 사령관은 안무가 맡았다. 경호대는 각 지방총회와 지방회에 분산되어 지역의 안전을 돌보았고 국민회군은 항일무장투쟁을 준비하고 결사대를 조직하여 훈련시킨 후 군대에 편입시켰다.[25] 그해 6월에 국민회군은 450명의 군인, 보총 40자루, 권총 150자루, 탄약 7,000발, 수류탄 120개 소유한 막강한 무장부대로 발전하였다. 국민회는 군사인재를 양성하기 위해 연길현 숭례향 이청배에 사관훈련소와 국민회 기지를 건립하기에 힘썼다. 그 결과로 국민회군은 봉오동전투와 청산리전투에 참여하여 독립전쟁의 서두를 승리로 크게 장식하였다.

국민회는 각종 무장부대의 연합을 위해 끊임없이 노력하였으며 봉오동전투 전에 4단 연합을 이루어서 북로독군부를 결성시켰으며 청산리전투에서는 7단 연합의 홍범도연합군을 결성하여 청산리전투를 승리로 이끄는 결정적인 영향을 주었다.

북로군정서는 대한군정서로도 알려져 있으며 1911년 3월에 대종교 신도들이 덕원리에서 만든 중광단을 모체로 하여 만들었다. 서일은 1911년 초에 경성에서 왕청현 덕원리로 망명하여 대종교를 포교하며 무장독립운동을 지향하였다. 그러나 무기가 없었으므로 민족교육과 항일의식을 고취시키는 일에 전념하였다. 그는 3·13용정만세시위 후에 중광단을 기초로 하여 공교회(유림)등 다른 종교인들과 연합하여 대한정의단을 설립하였다. 정의단은 5개 분단과 70여개 지단으로 확대되어 대한군정회로 조직되었다가 다시 대한군정부로 개편하고 독립군사정부임을 자처하였다. 그러나 12월에 임시정부의 요청으로 대한군정부는 이름을 대한군정서로 되돌리었다. 대한군정서는 총재부와 사령부로 나뉘었으며 총재부는 단체 내부의 민정 및 민사를 담당하였고 사령부는 군사를 전담하였다. 대한군정서의 총재는 서일. 부총재는 현천묵, 사령부의 사령관은 김좌진이었다.

대한군정서는 1920년 7월에 본부를 덕원리에서 서대파 십리평으로 옮겨 사관연성소를 설립하였으며 30호를 1구로 하고 18세부터 35세까지의 장정 중에서 15~25명을 선발하여 무장부대에 편입시키고 건강한 사람들을 뽑아 사관연성소에 입학시켰다. 1920년 8월 북로군정서는 군인 1,200명, 소총 1,200정, 탄약 24만 발, 권총 150정, 수류탄 780발, 기관총 7문을 보유한[26] 북간도의 최대 무장부대가 되었다. 그들은 9월 9일 그들은 사관연성소 1기생의 졸업식과 함께 일제의 토벌에 효과적으로 대응하기 위해 동전선과 서부전선으로 군대가 나뉘어 십리평에서 떠났다. 사령관 김좌진과 교성대장 라중소, 중대장 이범석이 이끈 부대는 서쪽으로 와서 청산리전투에 참여하여 승리의 기쁜 소식을 조선인들에게 희망으로 안겨주었다.

대한독립군은 1919년 3·13만세시위 후에 러시아의 추풍당어재골에서 조직한 무장독립운동단체이다.[27] 홍범도는 사령관, 주건은 부사령관, 참모장은 박경철이었다. 홍범도는 독립전쟁을 위하여 병력 3개 중대 300명을 이끌고 1919년 8월에 백두산으로 이동하였다. 그는 혜산진의 일본수비대를 습격하였으며 9월에 갑산군으로 진공하여 동인면 금정주재소 등 일제 식민지 기관을 공격하였다. 10월에는 평안북도 강계와 만포진을 점령하였으며 자성으로 진출하여 일본군 70여 명을 사살하였다. 대한독립군의 눈부신 활동은 망국 백성들에게 희망이 되었으며 항일무장단체들에게 격려와 고무가 되었다. 일본 측 자료에 의하면 1920년 1월부터 3월까지 항일무장부대의 조선 진공작전은 무려 24차례나 되었고 또 다른 통계에 의하면 3월부터 6월까지 항일무장부대의 조선 진입은 32차례였으며 일제 식민기관과 경찰주재소를 파괴한 곳이 34개소나 달했다.[28] 그러나 신화와 전설에 가까운 영웅적인 전투력을 발휘하던 대한독립군이 무기와 군량의 부족으로 수세에 몰리기 시작하였다. 홍범도 부대는 러시아에서 조직되었으므로 국민회나 북로군정서처럼 간도에 근거지와 지방조직이 없었기 때문에 지속적인 무기와 군량 보급이 어려웠던 것이다. 국민회는 1919년 겨울 대한독립군을 지원하여 병력을 400명, 소총을 200정, 권총 약 30정, 탄약을 매 총마다 1,200정, 기관총과 수류탄들을 증강시켜 주었다.[29] 또한 홍범도로 하여금 무장독립운동단체들이 연합하도록 주선하여 최진동의 도독부, 안무의 국민회군, 김규면의 신민단을 하나로 묶어 정규 일본군과의 최초의 전투인 봉오동전투에서 대승을 거두게 하였다. 홍범도는 청산리전투에서도 북로군정서를 제외한 무장독립단체들과 연합부대를 편성하여 사령관으로서 독립운동사에 길이 남는 전투를 치웠다. 청산리전투는 조선인의 독립에 열망과 기개를 세계에 널리 알려주었다.

훈춘한민회는 1919년 4월 13일 전후에 설립되었는데 훈춘대한국민회 또는 훈춘대한국민의회 또는 대한국민의회 훈춘지회로 알려졌다. 본부는 훈춘현 사도구 소황구였다. 1920년 훈춘한민회로 개칭하였으며 회장은 이명순이고 황병길은 교통부장과 경호대장을 맡았다. 훈춘한민회의 전신은 기독교교우회였으며 캐나다장로교 지회와 교우들이 회원으로 활동하였다. 1919년 7월 황병길은 급진단을 조직하여 강병일의 의사단, 최경천의 포수단과 연합하여 훈춘한민회 군사부를 정식으로 편성하였다. 한민회군은 군인 250여 명, 소총 300정, 기관총 3문이 있었으며 1920년 1월 15일 경원 고건원전투를 비롯하여 온성군 월파도, 미산, 장덕, 심청동, 하탄동 등지의 일본군의 거점을 습격하였다. 1920년 10월 홍범도의 지휘하에 7단 연합(국민회군, 의군부군, 신민단, 대한독립군, 광복단, 의민단)에 참여하여 청산리전투 승리에 크게 기여하였다. 30)

대한신민단은 1919년 3월 12일 김규면을 단장으로 하여 훈춘현 초모정자에서 기독교 성리교 신도들 위주로 설립되었다. 후기에는 본부를 러시아 연해주 신한촌으로 옮겼다. 군인은 200여 명으로 훈춘현 리수구와 왕청현 장동에 주둔하며 활동하였고, 1920년 초에는 두만강 남안 국내에 진출하여 군자금을 모금하며 일본군초소를 습격하였다. 5월에는 북로독군부 제4대대에 편입되어 6월 4일, 박승길 등 30여 명이 남양군 강양동 일본인 초소를 습격하여 수 명을 사살하여 봉오동전투의 서막을 올렸으며 삼둔자, 후안산, 봉오동전투에 참여하였다. 10월에는 홍범도의 7단 연합에 참여하여 청산리전투에 참여하였다.31)

도독부는 1919년 3·13이후 최진동(최명록)이 자신이 거느렸던 자위대를 기초로 하여 왕청현 봉오동에서 조직한 항일무장단체이다. 설립 초기에 도독부는 200명밖에 되지 않았으나 조직 기반이 든든하고 보급이 충분하였다. 1920년 5월 4단 연합으로 북로독군부를 편성하여 부장이 되었으며 봉오동전투를 승리로 이끌었다. 1920년 8월 독군부의 병력은 일제 자료에 의하면 최진동 부하 약 670명, 홍범도 부하 약 550명 도합 1,200명으로서 보총 900자루, 권총 200자루, 기관총 2정, 폭탄 약 100개, 망원경 7개, 탄약 총 한 자루에 150발이라고 하였다.32) 봉오동전투 이후, 각 무장부대들이 서부지역으로 떠나자 최진동의 잔여부대는 동부로 이동하여 라자구를 거쳐 동녕현으로 갔다.

의민단은 1919년 3월 23일, 방우룡을 단장으로 하여 연길현 차조구 천주교교회당에서 천주교 신도들을 위주로 하여 설립되었다. 1920년 8월 300명의 군인, 400자루의 소총, 4만발의 탄약, 50자루의 권총, 480개의 수류탄을 가지고 있었다. 10월에 7단 연합에 가입하여 청산리 전투에 참여하였다.

이외에도 임창세의 야단, 이범윤의 의군부, 김성극의 대한광복단, 이춘범의 대의전의사회 등이 떨치고 일어나서 항일무장투쟁을 위한 기지를 건설하며 군인을 모집하였다. 이 같은 무장단체들의 설립과 유지, 항쟁과 전투에는 거액의 군자금이 뒷받침되어야 하였다. 훈련된 군인 양성과 소모품인 총탄, 수류탄 등의 충족한 보급 없이는 독립전쟁은 가능하지 않기 때문에 각 무장단체들은 군자금 확보에 최선을 다하였다.

1920년 5월, 일제의 정보자료에 의하면 북간도 일대 항일무장단체는 대원은 4,241명, 기관총 18정, 보총 1,871자루, 탄약 271,800여 발, 권총 255자루, 수류탄 265개를 갖춘 병력이었다.[33] 이 모든 것들이 모금된 군자금으로 세워지고 유지되는 것이나 각 2~3개 부대를 제외하고는 넉넉하지 않았다.

모금을 위하여, 독립을 위하여

1919년 초 파리강화회의에 파견할 대표를 위해 시작된 모금의 열망이 무장단체 결성과 함께 북간도 하늘을 덮었다. 모금은 군자금이고 군자금은 전쟁이고 전쟁은 곧 독립을 의미하기 때문이었다. 조선인들의 독립에의 열망이 하늘을 찔렀다.

3·13 시위 직후 국민회 구춘선과 청년회 이익찬, 윤준희, 방원성의 주간으로 제창병원 지하실에서 발간된《대한독립신문》6월 5일자 논설에〈근고해외동포형제〉라는 제목 아래 조국광복을 기원하는 애끓는 기도가 나온다.

> "하나님이시여 우리에게도 남과 같은 자유와 행복을 허락하여 주시옵소서. 또 이것을 얻을 만한 혈성(血誠)을 주시옵소서. 아멘. 정의 인도를 무시하는 저 무도막지한 원수의 총검에 맞고 찔려 목숨을 희생한 이가 기만(幾萬)이며 부상한 이가 기십만(幾十萬)이며 감옥 중에 피수(被囚)된 이가 기백만인지 기수(基數)를 가히 헤아릴 수 없으며 …경술수치(庚戌羞恥)를 …주혈복익(主血伏翼)[34] 하나이다."[35]

독립을 열망하는 북간도 조선인들에게 독립전쟁에 필요한 무기를 대량으로 저렴하게 구입할 수 있는 좋은 기회가 주어졌다. 1차 세계대전에 출전하여 러시아에서 연합군으로 싸웠던 6만여 명이 넘는 체코 군인이 블라디보스토크에서 자국으로 귀국하게 되어 소장하고 있는 무기를 무더기로 싸게 파는 것이었다. 북간도의 모든 무장단체들은 체코군의 무기구입을 위하여 모금에 열중하였다. 그리하여 무장단체 간에 겹치는 모금지역과 모금 대상으로 인한 갈등과 분쟁이 발생하였다.

1920년 1월 홍범도 부대가 군자금 부족으로 북간도로 철수하자 국민회는 국민회군과 홍범도 부대를 합병하여 행정과 재정은 국민회가 관리하고 군무는 홍범도와 안무가 책임지도록 하였으며 작전 시에는 홍범도가 '정일(征日)제일사령관'으로 전군을 통솔하도록 하였다.[36]

1920년 5월 7일, 북간도의 간도국민회, 대한신민단, 북로군정서, 군무도독부, 대한광복단, 대한의군부 등 6개 단체 대표들이 봉오동에 모여 연석회의를 개최하였다. 그들은 북간도 협의회를 조직하기로 하고 그날 연합회에서 결의한 11개의 협의안에 서명을 하였다. 그날 협의된 주된 내용은 모금과 대원 모집과 관리에 관한 것이었다. 그 중 세 가지 사항이 모금에 관련된 것이었다, 첫 번째 협의 사항은 "각 단체는 5월 11일까지 모연대를 취소한다." 세 번째는 "금후 지방기관(단체의 지회)설립과 인원 모집은 민의에 복종해야 한다." 네 번째는 "각 단체에서 금후 군자금 모집이 필요할 시에는 협의회의 협의에 좇아야 한다."[37] 그러나 연석회의에서 결정한 사항은 준수되지 않고 유야무야 되었다.

그 후, 5월 27일 북로군정서와 대한신민단을 제외한 단체들이 모여서 각 단체들은 군사훈련과 관리만 책임지고 기타 지방행정사무는 국민회가 책임을 지기로 결정하였다. 그러나 여전히 단체들 간에 군자금 모금과 대원 모집은 뜨거운 쟁점이 되었다.

당시 항일무장단체들의 군자금 확보는 다섯 가지 방법으로 진행되었다. 첫째는 토지 소유에 따라 의무금을 징수하는 것, 둘째는 모연대를 편성하여 모금하는 것, 셋째는 부호와 기업인들에게 일정금액을 징수하는 것, 넷째는 친일파와 일본인들을 협박해서 탈취하는 것, 다섯째 지방조직을 통하여 회비를 징수하는 것 등이었다. 1920년 일제가 수집한 정보에 의하면 이런 방법을 다 동원해서 북간도 항일무장단체들이 모금한 금액은 50만 원으로 간도국민회 17만 원, 북로군정서 13만 원, 군무도독부 6만 원, 대한의군단 7만 원, 대한신민단 3만 원, 대한광복단 4만 원이었다.[38]

1920년 7월 11일 국민회 회장 구춘선은 동부지방회에 무기 구매에 대한 공문을 발송하였다.

"훈춘지역에 파견된 이광 씨의 통신에 의하면 금(金) 만5천 원의 총 300
정과 탄환 총 매정에 1,200발을 노국인(露國人)으로부터 직접 매수할 수 있
다 하니 동부지방회에서 협의하여 지하(知何)한 일이 있어도 꼭 구입하도록
하라."[39]

일개 독립운동단체의 회장이 군자금을 주지 않고 자체 모금하여 무기를 구입하라고 독려하는 공문이 저항 없이 받아들여지는 것은 당시 북간도사회와 교회가 독립을 지상명령으로 받아들였기 때문이었다. 학생들도 모금에 앞장서 명동학교 학생들은 2만 루블이 넘는 군자금을 모금하였고 국민회 지회(캐나다장로교 소속교회들)와 학교들도 앞을 다투어 참여하였다.

같은 해 7월 23일 국민회 제1중부 지방회는 무기구입을 위해 박호일을 노령 포염지방에 파견하여 장총 100정을 매정 35원씩(총, 혁대, 탄환은 1정 100발 첨부) 구입하였다.[40)]

도독부의 최진동은 3·13 시위 후 도독부를 창설하고 11명의 대원을 거느리고 직접 대황구, 태평구 등지에서 총기를 구입하였다. 그는 소총 50정. 탄약 1,200발, 기관총 1정을 부하들과 함께 봉오동으로 운반하였다. 그 후에도 그는 그의 동생 최운산, 최명순과 함께 더 많은 무기를 구입하기 위하여 가산을 털어 군자금으로 충당하였다. 도독부가 모금한 6만 원의 모금액의 대부분은 형제들의 헌납금이었다.[41)]

북로군정서는 3·13 시위 후에 무기 구입을 시작하였다. 1차 구입시 총 98자루와 탄알 8상자(1만발)를 구입하였다.[42)] 서일은 군자금 모금과 함께 무기 확보를 위해 재무담당 계화와 함께 무기운반부대를 거느리고 1920년 6월, 7월, 9월 사이에 수차례 러시아 연해주를 드나들며 많은 무기를 구입하였다.[43)] 일제가 파악한 북로군정서의 무기는 총 1,300자루, 권총 150자루 기관총 7정이었다.

모든 무장독립단체들이 군자금 확보로 고투하였지만 국민회는 북간도 전역의 중요 도시에 거점을 가지고 있었으므로 다른 단체보다 군자금 모금이 유리하였다. 그럼에도 불구하고 지방회의 대부분이 농촌지역이었고, 또 약 2/3가 소작농이었으므로 처음부터 모금이 용이한 것만은 아니었다. 도시 실업인과 재산가를 대상으로 모금을 시작하였으나 순순히 납부하지 않으므로 통첩하여 강제 징수를 하게 되는 불편한 경우도 왕왕 발생하였다. 실제로 가슴 아프게도 생활이 어려운 소작농들의 소액 연납이 많았다.

독립운동단체들이 필사적으로 노력하여 모금한 50만 원[44])은 거액임에도 불구하고 항일무장부대들의 필요를 절대적으로 채워주지 못하였다. 독립전쟁에의 첫 단추인 모금을 하면서 북간도의 청년들은 망국 백성, 북간도 그리고 이주민이라는 한계에 부딪히며 잠을 이루지 못하였다.

철혈광복단과 15만원탈취사건

국민회 외관단체의 성원으로 모금과 자위활동과 신문발행을 하면서 북간도 이주민이라는 한계를 비상한 방법으로 뛰어넘고자하는 청년들이 있었다. 그들은 단체들의 군자금 난을 해결해주고 싶었고, 모든 간도의 청년들과 함께 무기를 들고 조선에 진공하여 하루아침에 일본군을 몰아내는 해방과 독립에의 꿈을 꾸었다. 그들은 압록강과 두만강 일대에서 진공하여 경찰지소와 관청을 파괴하고 돌아오는 식의 전투가 아니라 탱크를 앞세우고 우르르 쾅쾅 들어가서 영토를 회복하는 꿈을 꾸었다. 마침내 그들은 군자금을 마련하기 위해서 은행을 습격할 계획을 세웠다. 그들은 임국정(1894년생), 한상호(1899년생), 최봉설(1899년생), 윤준희(1892년생), 박웅세, 김준으로 국민회 외곽단체인 '철혈광복단'의 단원들이었다.

그러나 철혈광복단은 아직까지 건립 시기와 구체적인 조직기구가 자료상에 나타나지 않고 있어서 일반적으로 말하기 어려운 부분이 있다.

반병률은 그의 논문 《간도(間島)15만원사건에 대한 재해석》에서 철혈광복단은 1911년 초 이동휘가 간도에 왔을 때 조직한 광복단과 이후 노령지역에서 1917년 혁명 이전에 조직된 전투적인 청년비밀결사인 철혈단이 1918년 가을에 통합하여 조직된 것으로 폭력, 즉 무장투쟁으로 독립을 달성하려는 청년단체로 간도지역과 노령 연해주지역에서 활동하였다고 한다.[45] 그는 철혈광복단의 중심을 노령에 두고 15만원탈취사건을 파악하고자 하였으며 그 사건이 6명의 애국청년들이 단독으로 추진한 것이 아니라, 블라디보스토크에 본부를 두고 있는 상위조직의 지도에 따른 것이며, 그 지도자는 철혈광복단의 핵심간부이자 국민의회의 군무부장 대리이기도 한 김하석이라고 하였다.[46]

그러나 연변에서 기록된 글에 의하면 철혈광복단은 1914년에 라자구 무관학교 관계자들인 남공선, 김립, 장기영, 김하석, 오영선 등이 설립을 주도하였고, 당시 창동학교 중학생인 최봉설, 임국정, 한상호 등 수십 명이 가입한 비밀결사단체로 나타난다. 그러나 수년 동안 그 본체가 나타나지 않았다.[47]

1919년 2월 18일 간민회 계통의 독립투사들이 박동원의 집에 모여서 조선독립의사회를 건립하고 3·13만세시위를 모의하면서 일제의 무력간섭에 대처하기 위하여 시위운동에서 일본과 중국 군경에게 체포될 경우 희생할 각오를 가진 사람들로 결사대를 조직하였다. 그 때 결사대원들은 혈서로써 사인을 하였고 결사대의 명칭을 광복단이라 칭하였다.[48] 이와 같은 광복단은 미국, 북경, 서울 평양, 천진, 러시아 등지에도 그 단원이 수천 명에 달하였으며 북간도 광복단의 경우 캐나다장로교 각 교회의 지도층 인물로 구성되었다. 그 가맹자는 "①국자가에 이홍준, 이성근, 박동원, 김영학 ②용정촌의 김정 ③종성간도 자동 백유정 ④팔도구 유예균, ⑤평강 고동환 ⑥그 외로도 박경철, 김순문, 구춘선, 이성호. 고평, 최봉렬, 박정훈, 이동식 등이었다."[49]

여기까지 살펴본 바로는 광복단과 철혈광복단을 직접 대입하여 연결시키는 것이 쉽지 않다.

전자는 이동휘가 지휘하는 청년단체이고 후자는 용정 3·13시위를 준비하는 과정에서 결사를 각오한 사람들이 가입한 단체로 한인들이 있는 곳마다 세워진 비밀결사단체이기 때문이다. 이에 대하여 최봉설(최이붕, 최계립)의 증언을 들어보기로 한다. 최봉설은 1920년 1월에 와룡동을 떠난 후 30여 년이 지난 1956년에 고향에 와서 3개월간 체류하였다. 그 때 그는 맏아들 최동현에게 철혈광복단과 15만원탈취사건의 전모를 들려주었다.

> "나의 부친은 최봉설은 1899년 11월 27일, 와룡동에서 출생했다. 어려서 사숙에 다니다가 창동학원의 소학과 중학을 졸업했다. 창동학원을 다니던 1914년 8월 14일, 조국 광복을 위해 몸 바칠 뜻으로 '철혈광복단'에 가입하였다. 이 단체의 본부는 명동에 있었고 단장은 김국보였다. 아버지의 입단 의식은 우리 집에서 간단히 거행되었는데 아버지는 왼손무명지를 베어 혈서를 쓰고 맹세를 하였다고 한다. 그 후 아버지는 최이붕, 최일류, 최계랍 등 가명을 두루 썼다."[50]

최봉설(1899-1973)의 회고대로 그가 가입했던 단체 이름이 '철혈광복단'이고 본부가 명동에 있었으며 단장이 연해주의 인사들처럼 널리 알려진 독립운동가가 아닌 김국보라는 점 그리고 최봉설과 한상호의 입단 시 나이가 15살인 점을 감안할 때 철혈광복단이 캐나다장로교 산하 지교회 청소년들의 비밀결사였을 가능성이 높아 보인다.

최봉설은 1916년 창동학원을 졸업한 이후로 라자구군관학교에서 8개월 학습한 외에는 출생지인 와룡동을 거의 떠나지 않았다. 그는 적안평 기독소학교에서 체육교사로 일하면서 아이들에게 군사훈련을 시키며 독립운동에 참여하였다.

1919년 그의 나이 20세에 그는 파리강화회의에 파견할 대표들을 위한 북간도 모금위원인사들 선정 시 정기영과 함께 와룡동 지역의 대표로 뽑혔다. 그리고 그 후로 3·13만세시위에 결사대로 참여를 하였다. 3·13시위 후 그를 비롯한 철혈광복단의 윤준희, 임국정, 한상호는 일제와 무장투쟁을 해야 한다는 생각을 공유하게 되었다. 그 중 연해주에 다녀온 경험이 있는 임국정은 체코 군인들이 헐값으로 무기를 판매하고 있는 사실을 알리며 그들에게 군자금 마련을 제안하였고 그들은 거사를 위해 자주 모이게 되었다.[51]

3·13시위 후, 윤준희(1892-1921)는 용정에서 국민회 회장인 구춘선의 지도로 이익찬, 방원성과 함께 제창병원 지하실에서 대한독립신문을 발간에 참여하였다.[52]

임국정은 캐나다장로교 북간도 기독청년회 일원으로 활동하며 기독동지청년회에 가입하여 청년회 대표로 노령독립회의에 참여하였다.[53] 뿐만 아니라 서성권과 강백규가 만든 간도청년회 발기인 중의한 명으로 활약하였다.

한상호(1899-1921)는 와룡동 창동학교 출신이었으며 최봉설과 연배의 친구였다.[54] 그는 거사를 위한 권총과 수류탄을 구입하기 위해 윤준희,임국정, 최봉설과 함께 연해주에 다녀왔다.[55]

임국정(1895-1921), 최봉설, 한상호는 와룡동 창동학교 출신이며 최봉설과 한상호의 아버지는 창동학교 설립발기인이었고 학교 후원 회원이었다. 그들은 모두 창동교회 청년들이며 독립운동에 뜻을 둔 동지이었다.

박웅세와 김준이 명동 출신이고 윤준희가 명동학교 출신으로 언급되는 면면을 살펴 볼 때[56] 철혈광복단은 캐나다장로교 산하의 청소년 단체임이 분명하고 1919년 2월 18일 박동원의 집에서 있었던 광복단의 입단식도 그런 맥락에서 볼 때 자연스런 흐름으로 보인다.

15만원탈취사건을 일으킨 철혈광복단은 1914년에 캐나다장로교 산하의 청소년비밀결사체로 조직되었으나 1919년 2월 18일 조선독립의사회를 건립하고 만세시위를 모의하면서 일제의 무력 간섭에 대처하기 위하여 시위운동에서 일본과 중국 군경에게 체포될 경우 희생할 각오를 가진 사람들이 결사대로 가입하면서 확대되었다. 결사대원들은 혈서로써 사인을 하였고 결사대의 명칭을 광복단이라 칭하였다. 이와 같은 광복단이 미국, 북경, 서울, 평양, 천진, 러시아 등지에도 그 단원이 수천 명에 달하였다고 하나 이는 역사적인 검증이 필요한 대목이다. 그러나 북간도 광복단의 경우 캐나다장로교 각 교회의 지도층 인물과 청년들로 구성되었으므로 간도국민회가 결성되자마자 자연스럽게 국민회 외곽 단체가 되었다. 그러나 철혈광복단은 1920년 1월 4일, 열혈청년들에 의한 15만원탈취사건이 일어난 후에야 비로소 세상에 알려졌다.

반병률은 그의 논문《간도(間島)15만원사건에 대한 재해석》에서 임국정의 상고문과 조선총독부 고등법원의 상고기각 판결문과 당시 상해파 고려공산당의 핵심간부였던 장도정이 15만원탈취사건에 대한 비난과 책임을 국민의회 당국자와 김하석에게 한 것으로 보아 사건의 기획자가 로령 국민의회 김하석이며 간도의 철혈광복단의 소수의 정예들이 그의 지시를 받아 이행한 것으로 본다.[57] 그러나 기록되거나 기록되지 않은 많은 정황들이 국민회 산하의 철혈광복단 소수의 멤버가 은밀히 기획하고 주도한 사건임을 드러낸다. 그들이 김하석의 편지를 받고 김하석을 만난 것은 1919년 12월 초와 12월 23일의 일이고[58] 그들은 3·13시위 후부터 무장 투쟁을 결의하며 거사 계획을 세우고 일정을 만들고 있었으므로 상부 지도자 김하석의 지시에 따라 행동했다고 주장하기에는 많은 무리가 있다.

15만원탈취사건은 1920년 1월 4일에 철혈광복단 단원인 윤준희, 임국정, 한상호, 최봉설, 박웅세, 김준 등 6명이 승지촌과 동량리 어구에서 조선은행 회령지점에서 용정출장소로 보내는 길회선 철도 부설기금 15만 원을 탈취한 대사건으로 무려 10개월에 걸쳐서 준비되었다. 3·13 이후, 무장투쟁에 의기투합한 그들은 국민회군의 무장화를 위한 군자금 모금에 대하여 협의를 하였다.[59] 일본인 상점을 습격하자는 것과 의연금 모금을 하자는 의견을 있었지만 전자는 너무 위험하고 후자는 가난한 동포들에게 너무 부담을 주어 무리라고 판단을 하였다. 그들은 고심 끝에 은행털이를 합의를 하고 조선은행 회령지점에 근무하는 전홍섭을 끌어들였다. 그리고 한상호, 윤준희, 임국정, 최봉설은 은행털이에 필요한 무기를 구입하기 위해 최봉설과 한상호 아버지에게 송아지 판돈을 받아서 비밀리에 연해주에 다녀왔다. 그들은 권총 6자루와 수류탄 6개를 구입하였고 9월에 박웅세와 김준을 끌어 들여 부족한 인원을 채웠다.[60]

그들은 1월 1일에 전홍섭을 통해 1월 휴가 중(1월 4일과 5일 경)에 회령으로부터 조선은행 용정출장소에 현금수송이 있다는 정보를 받았다. 그들은 거사지점과 행동노선 등에 대하여 치밀한 계획을 세웠다. 그들은 거사지점을 물색한 끝에 비교적 안전하고 퇴로도 용이한 용정에 서남쪽으로 20리 정도 되는 재바위골, 승지촌에서 가까운 동량리 입구로 결정하였다.

1월 4일 운명의 날에 그들은 권총과 기타 장비를 휴대하고 습격지점으로 갔다. 그들은 성공적인 전투를 위해 만전을 기하였다. 우선 역할 분담을 위하여 팀을 매복조와 습격조로 나누었다. 매복조는 윤준희, 박웅세, 김준이었고 습격조는 임국정, 한상호, 최봉설 이었다.[61] 그들은 아침부터 나와서 매복하였고 5시경 중국인 식당에서 식사를 마치고 나와서 다시 길옆 버드나무 방천에 매복하였다. 한 시간 동안 기다리던 윤준희 조가 장재방향으로 정찰을 떠났다. 반 시간 후에 그들은 동량어구에서 수송대를 발견하였다. 윤준희와 박웅세는 수송대를 감시하기 위해 매복하였고 김준은 다른 조에게 전당하기 위하여 달려갔다. 최봉설은 전투태세를 갖추고 수송대가 있는 방향으로 달려갔다.

현금을 실은 말이 앞서고 우편물을 실은 말이 뒤따르고 있었다. 수송대원은 용정출장소 직원인 하루구찌, 회령은행출장소 서기 김용억, 일본인 순사 나가도모, 조선순사 박연흡 그리고 도중에 합류한 조선 상인 진길풍, 일본인 우편수송인 가시하라이었다.[62] 최봉설은 두 사람을 총으로 쓰러뜨리고 말 두 필을 낚아채어 앞으로 달렸다. 윤준희도 두 사람을 쏘아 떨어뜨렸다. 최봉설은 퇴로 시 1차 모임장소로 정했던 곳으로 가서 일행을 기다렸다. 임국정과 윤준희가 걸어서 왔다. 마지막으로 한상호가 왔다. 박웅세는 며칠 후 결혼식을 올리므로 친구인 김준과 함께 명동으로 돌아갔다. 그들은 소팔포강 동쪽 골짜기에서 15만 원을 확인하고 해란강을 건너

백석구를 지나 다음 날 새벽(5일)에 와룡동 최봉설의 집으로 갔다. 최봉설과 한상호의 부친이 그들을 기다리고 있었다. 그들은 5일 밤에 와룡동을 떠나 왕청현 이판구유채 거점에서 일주일 동안 머물렀다.[63] 최봉설의 기록에 의하면 그들은 5일에 의란구 유채구에서 김하석을 만났으며 블라디보스토크까지 함께 동행하였다.[64] 12일에 다시 길을 떠나 4일 만에 러시아 국경 너머에 있는 모커우에 이르러 일주일을 보낸 후 23일에 배를 타서 24일에 최종 목적지인 블라디보스토크 신한촌에 도착하였다. 그들은 김하석의 안내로 신한촌의 독립운동가 채성하 집에 머물다가 신한촌 하바롭스까야 거리 5호에 있는 박참봉의 집으로 숙소를 옮겼다. 그들은 성공한 거사를 자축하며 독립전쟁을 수행하기 위하여 두만강과 압록강을 건너는 조선청년 독립군의 꿈으로 가슴이 부풀었다.

용정주재 일본영사관에서는 5일 사건이 보고된 첫날에 사건의 가장 유력한 용의자인 회령의 조선은행 직원 전홍섭을 체포하였다. 그리고 윤준희 일행의 이동한 흔적을 추적하여 오도구, 세린하, 조양천 등지를 샅샅이 수색하는 한편 수백 명의 중국과 일본의 경찰을 풀어 평강일대의 조선 간민들을 체포하였다. 1월 6일에는 100여 명의 경찰들을 명동에 파견하여 조선 간민들을 사납게 검거하며 체포하였다. 그들은 첩자를 통하여 윤준희와 최봉설이 제창병원에서 몇 차례 접촉했던 사실을 알아냈고 10일에는 중일공동수색대 90명을 와룡동에 파견하여 최봉설의 부친 최병국(최병균)과 동생 최봉준을 체포하였다. 일제는 심문 끝에 철혈광복단의 거사를 파악하고 하얼빈과 러시아 블라디보스토크 영사관에 15만원탈취사건을 통보하였다. 그리고 연길도윤에게 혐의자 색출에 협조할 것을 요청하였다. 연길도윤공서에서는 '포고 제2호'를 반포하여 15만원탈취사건의 혐의자를 신고한 자에게 포상을 한다는 현상문을 내걸었으며 상인들에게 는 5원과 10원 지폐 사용자를 즉시 관서에 보고할 것을 훈시하였다.[65]

그들은 마지막 관문 통과를 앞두고 의견이 분분하였다. 무기를 사자는 의견과 홍범도에게 넘겨주어 무기를 사자는 의견 대립으로 결론을 내리지 못하고 임국정의 의형제인 엄인섭에게 상의하기로 하였다. 엄인섭이 선뜻 무기구매 알선을 해주겠다고 하여 그들은 기꺼운 마음으로 교섭 선불금으로 1만원을 그에게 주었다.[66] 그리고 그들은 엄인섭의 밀고로[67] 1월 31일 새벽에 불시의 습격을 당하여 윤준희, 임국정, 한상호는 체포를 당하였고 최봉설만 뒷문으로 가까스로 도망치는 중에 왼쪽 어깨에 관통상을 입었으나 추격을 피하여 러시아인의 집에 숨어서 치료를 받아 회복하였다. 그러나 그는 그 후로 영원히 고향을 등지고 연해주 그리고 서만주와 중앙아시아를 떠돌며 사는 인생이 되었다.

그들이 탈취한 15만 원 중 군사학교 부지 구입을 위해 지출한 외 나머지 12만 8천여 원은 안타깝게도 현장에서 그대로 일경에 압수를 당하였다. 인터넷 사전이나 개인의 글들에 회자되고 있는 '탈취한 거금이 북로군정서의 군자금으로 귀속되었다거나 그들이 무기를 사서 북로군정서에 기증했다'는 말은 낭설에 불과할 따름이다.

윤준희, 임국정, 한상호는 살인약탈 죄로 사형을 언도받았으나 기개를 굽히지 않고 "조선인으로 정의 인도에 근거한 의사발동이므로 범죄가 아니다"고 주장하면서 일제를 규탄하였다.[68] 30세 윤준희, 27세 임국정, 22세 한상호는 독립전쟁에의 소명을 받고 조국독립을 화산처럼 뜨겁게 사

모한 죗값으로 1921년 8월 25일 서울 서대문 감옥에서 교수형을 당하였다.[69)]

최봉설, 박웅세, 김준은 궐석재판으로 사형언도를 받았다. 정보를 전달한 전홍섭은 15년 형을 언도받고 옥고를 치렀다.

15만원탈취사건의 의미를 찾아서

연길에서 처음으로 15만원탈취사건이라는 팩트를 접하며 적지 않은 혼란과 빚진 자 의식과 부담감을 느꼈다. 더 자세히 알고 싶어 여러 책을 뒤졌지만 그 글이 다 그 글이어서 진척이 없었다. 그러나 거사 모의장소 중에 하나였던 최봉설네 집의 흔적이 가까운 와룡동에 남아 있다는 말을 듣고 유적지 탐방에 일가견이 있는 조선족 형제의 안내를 받아 방문하였다. 집은 나무 울타리로 빙 둘러 담이 쳐졌고 집터 자리에는 마른 옥수수대가 널려 있었으며 마당에는 김장배추가 심겨져 있었다. 최봉설의 아들이 연길로 이사를 나가며 집을 팔았고 현재 주인은 최봉설의 아들에게 집을 구매한 사람에게 집을 구입하여 집을 헐고 밭으로 만들었다고 하였다. 집터 위에 가까스로 남아있는 주춧돌의 흔적들을 살피며 만져보았다. 마당을 거닐며 앞문과 뒷문으로 나가서 고샅길을 찬찬히 바라보았다. 그리고 최봉설이 9살 되던 해에 세워진 와룡동교회와 창동소학교를 떠올렸다. 또한 1910년에 세워진 창동중학교를 떠올렸다. 몇 차례 다니는 동안에 용정 3·13만세시위와 순국한 최익선, 창동학교 은사로 이름이 남은 분들과 정기영, 정기선이 모자이크 조각처럼 떠올랐다. 그러나 조각뿐 큰 그림이 그려지지 않았다. 글을 쓰고 싶었지만 조각으로 글을 쓸 수가 없어서 봉오동전투, 청산리전투, 경신대학살 그리고 자유시참변까지는 글을 썼다. 그러나 15만원탈취사건에 대해서는 글을 쓸 엄두를 내지 못하였다. 그러나 다행스럽게도 그들이 간도국민회 외곽단체에서 활동을 하였다는 기록에서 힌트를 받아 큰 그림을 그릴 수가 있었다. 그림을 그리면서 1910년대 북간도 사회 무드와 수많은 열혈청년들과 학생들을 만날 수가 있었고 그들의 순수한 에너지가 1910년대와 20년대 만주독립운동의 밑거름이었음을 깨달았다. 그들은 그 많은 무명의 투사들의 열기를 모아 목숨을 걸고 중국 땅에서 독립전쟁의 화살을 쏜 용사들이었다. 그들의 거사는 많은 것을 말해 주었다.

첫째 그들의 거사는 철저히 준비된 거사였다.

그들의 거사는 우발적인 거사가 아니었다. 3·13만세시위 후에 최봉설, 임국정, 한상호 그리고 윤준희는 독립은 무장투쟁으로만 가능하다는 사실을 깨닫고 의기투합을 하였다. 그들은 일정과 방법을 논의하기 위해 와룡동과 제창병원 지하실에서 자주 만났다. 당시 윤준희는 간도국민회의 신문 중의 하나인 대한독립신문을 구춘선의 지도로 발간하는 책임자로 일하고 있었기 때문에 그들은 제창병원에서 자연스럽게 만날 수 있었다. 그 후 그들은 최봉설과 한상호 부친이 송아지를 팔은 돈으로 1919년 9월에 거사를 위한 무기를 구하기 위해 블라디보스토크에 다녀왔다. 그들은 당시 무기 구입을 했을 뿐만 아니라 반병률이 쓴 홍범도 연보에 의하면 추풍 당어재골로 홍범도를 찾아가 15만 원 탈취계획과 무기구입 문제를 논의하였다.[70] 그들이 회령지점의 조선은행 직원인 전홍섭을 포섭하는 것도 용의주도하였으며 수개월의 시간이 걸렸다. 그들은 전홍섭이 3·13만세시위 때 부상자를 업어서 제창병원에 나른 것을 확인하였고 여러 차례 걸쳐서 그를 설득하여 거사에 참여시켰다. 그들은 거사에 필요한 나머지 두 명의 동지를 10월에야 확보하였다. 회령에서 용정에 오는 루트를 잘 아는 명동의 박웅세와 그의 친구 김준을 가담시킨 것이다. 당시 박웅세는 1월 초에 결혼식 일정이 잡힌 청년이었음에도 불구하고 그들의 거사 계획에 기꺼이 참여하였다. 그들은 만반의 준비를 하고 대기하고 있었지만 성공을 위해서 철도부설자금이 회령에서 용정으로 오는 1920년 1월 4일까지 인내심을 가지고 기다렸다.

둘째 그들의 거사는 범 단체적인 것이 아니었다.

이 말은 그들이 러시아나 간도의 단체들의 권유나 지시와 명령으로 거사를 도모하지 않았다는 뜻이다. 어떤 글에는 그들이 러시아 국민의회 군사부장 김하석의 지시로 거사를 도모하였다고 한다. 만약에 그들이 국민의회 김하석의 사주로 거사를 도모하였다면, 김하석이 거사에 필요한 장비를 공급해야 한다. 그러나 그들은 장비를 구입하러 부친에게 돈을 받아서 블라디보스크로 직접 다녀오는 수고를 감당하였다. 뿐만 아니라 5일 의란구 유채구에서 보스인 김하석을 만났을 때 그에게 탈취금의 권리를 넘겨주지 않았다. 그들은 일본법정의 판결문과 다르게 실제로 무기구입에 대하여서도 그에게 자문을 구하지 않았다. 단원들 사이에 블라디보스크에서 무기구입 건으로 의견이 분분하였는데 최봉설의 회고에 의하면 홍범도에게 돈을 넘겨주어 무기를 사자는 의견과 자발적으로 무기구입을 하자는 의견으로 나뉘었다고 한다. 결국 그들은 임국정의 의형제인 엄인섭을 통해 무기를 구입하기로 합의하고 그에게 선불금까지 주었으나 그의 밀고로 일경에게 붙잡히게 되었던 것이다. 만약에 러시아의 국민의회나 기타 단체의 지시나 배후 협력이나 지원이 있었다면 블라디보스토크에서 무기 구입을 위해 엄인섭에게 의뢰하는 일이 발생하지 않았을 것이다. 그리고 그 지역의 독립투사들의 현황과 일제의 경찰과 군부대 상황에 그렇게 무지하지는 않았을 것이므로 일제 간섭군이 주둔하고 있는 지역에서, 역할을 분담하여 일을 신속하게 처리하지 않고 7,8일이라는 긴 시간을 그 곳에서 죽치고 앉아 있지 않았을 것이다. 이런 사실들로 미루어 짐작하건대 그들이 비록 김하석의 편지와 권면을 받았다할지라도, 거사의 주체가 철혈광복단의 이름으로 알려졌다 할지라도 그들의 거사는 간도국민회 외곽단체인 철혈광복단의 단원인 윤준희를 비롯한 7명 청년들의 거사였다. 그들의 순수한 자발성은 당시 북간도 청년들의 독립전쟁에의 열망과 환상, 순수와 고뇌를 말해준다.

셋째 그들의 거사는 가족, 교회, 학교와 와룡동 국민회의 총체적인 신앙고백이다.

최봉설의 할아버지는 1869년 기사년에 생명을 걸고 자유와 인간다운 삶을 찾아 무인지경인 와룡동 오지로 들어와서 개척을 시작하였다.

최봉설의 아버지는 1907년에 창립소학교 발기인의 한 사람이 되었고 학부모위원회 한 멤버로 후원 회비를 내어 창동학교를 학비가 없어도 공부하고자 하는 학생들을 다 받아 주는 학교로 만들었다. 그는 창동학교 교가 후렴 구절 가사대로 "참스럽다 착하다 아름다워라 정신은 자유요, 이상은 독립"71)에 뜻을 둔 아들을 키워 독립운동의 제단에 관제처럼 부었다.

1907년에 세워진 와룡동교회는 한 손에 성경을 들고 한 손에 조선독립이라는 시대적 사명을 안고 출범하였고 와룡동 청소년들에게 조선독립에의 꿈을 심어주었다. 3·13만세시위에 거교회적으로 신도들이 참여하였고 시위 후에는 간도국민회 와룡동지회 거점이 되었다. 신도인 정기영과 정기선 그리고 청년 최봉설이 간도국민회와 간도국민회 외곽단체에서 지도자로 활동하였다. 그리하여 와룡동은 경신대학살에 토벌의 대상이 되었다. 그러므로 거사는 그들의 거사이면서 와룡동을 만든 모든 사람들의 총체적인 신앙고백이며 와룡동 사람들의 거사이다.

넷째 그들의 거사는 중국 영토에서 벌인 일본에 대한 최초의 대담한 선전포고였다.

3·13시위 후에 결성된 독립운동 단체들은 두만강과 압록강을 건너서 조선 땅에 진공하는 일에 심혈을 기울었다. 중국 영토 내에서는 학생들이나 청년들의 자위단과 암살대가 조선인 첩자와 일경에 대한 암살과 습격하는 것이 주를 이루었다. 일제는 독립군의 조선 진입과 암살대의 저격은 예상하고 있는 일로 반격과 추격, 검문과 체포, 구속으로 대응하였다. 그러나 15만원탈취사건은 무장 호위 군인이 2명, 동행자가 4명이 있는 호송단체의 거금을 목표하고 있었으므로 일제로서는 경악하지 않을 수 없었다. 그때까지 조선 독립군은 일제의 군인과 경찰을 상대로 전투를 벌였지만 1920년 정초의 독립군은 그전과 차원이 다르게 거액의 자금을 노렸다는 측면에서 일제의 신경을 크게 건드렸다. 그리하여 일제는 두만강 연안, 전 만주와 연해주에 비상경계망을 펼쳤으며 1월 31일 그들이 잡힐 때까지 삼

엄한 경계를 폈다. 그리고 그 사실을 외부에 알리지 않기 위하여 언론보도를 막았으며 아무 일이 없었던 것처럼 위장하였다. 그리고 그들은 재판정에서 투사들이 자신들의 거사가 조선인의 대의이며 일본에 대한 선전포고라고 주장에도 불구하고 그들을 살인약탈죄로 사형을 언도하였다.

그리하여 15만원탈취사건은 북간도의 독립운동이 평화적인 시위를 종료하고 무력투쟁으로 전환하였다는 선언이 되었다. 그리고 북간도 사회는 열혈청년들의 죽음에 자극을 받아 독립전쟁무드로 들어갔다. 모연대들이 포고문과 군자금 청구서약서를 휴대하고 권총으로 무장하고 북간도 어디를 가서든지 모금을 하여도 통하는 사회가 되었다. 일제의 감시와 탄압, 이간질에도 불구하고 군자금 모금이 활성화되어 1920년 각 단체가 모금한 금액이 50만 원이었다. 이는 당시 북간도 조선인 1인당 1원 73전을 군자금으로 납부했다는 놀라운 통계이다. 사건 후, 더 많은 청년들이 독립군에 지원을 하였다. 그 당시 북간도 인구가 28만 9천여 명이었는데 독립군의 숫자가 4,241명이었으니 69명에 1명꼴로 독립군에 지원했다는 말이 된다. 그들의 실패한 거사는 실로 일제에 대한 선전포고였으며 봉오동전투와 청산리전투의 선봉전이 되었다.

그들이 생명을 걸고 탈취한 15만 원의 가치를 알고 싶어서 가이드를 해주시는 형제분께 물었다. 그분은 선뜻 당시 그 돈이면 일개 사단을 무장을 시킬 수 있었다고 대답하였다. 사단의 구성인수를 사전에서 찾아보니 사단의 숫자 규모가 나라마다 달랐다. 3천 명에서 무려 2만 명까지 편차가 커서 금액을 종잡기가 어려웠다. 어떤 연변의 기록은 그 돈이 '3만여 자루의 총을 구입할 수 있는 돈'이라고 하였다. 인터넷 어느 글들에 260여

억 원, 150여억 원으로 추산된다는 내용이 있었다. 그들의 주장도 너무 편차가 커서 신뢰하기 어려웠다. 어쨌든 15만 원이면 대대적으로 독립전쟁을 일으킬 수 있는 무기를 구입할 수 있는 돈이었음에 분명하다. 만약에 마지막 관문에서 그들이 무기 구입에 성공했으면 우리 민족의 독립이 앞당겨지고 동북아의 운명이 바뀌어질 수 있었을지도 모른다는 생각을 하니 안타깝고 애석하였다.

가만히 통큰 사람들의 이름을 불러본다. 1920년도 북간도 독립운동의 무드를 결정한 순수한 열혈청년 윤준희, 임국정, 한상호, 전홍섭, 최봉설, 박웅세. 김준의 피 묻은 이름! 북간도 하늘에서 별이 된 이름이다.

아! 아! 북간도 하늘에 뜬 검은 구름에 가려진 맑고 아름다운 별들을 본 나는 얼마나 복이 많은 사람인가!

미주

1) 반병률 저, 《홍범도 장군》, 117쪽, 한울 아카데미, 2019

2) 같은 책, 174쪽

3) 같은 책, 247쪽

4) 김택, 김해진 주필, 《연변문사자료 제 5집 교육사료전집》, 24쪽, 연변정협문사자료위원회, 1988

5) 김철수 저, 《연변항일사적지 연구》, 51쪽, 연변인민출판사, 2002

6) 김호림 저, 《연변 100년 역사의 비밀이 풀린다》, 171쪽, 글누림, 2013

7) 차재명 원저, 《조선예수교장로회사기 상》, 381, 382쪽, 한국기독교사연구소, 2018

8) 김호림 저, 《연변 100년 역사의 비밀이 풀린다》, 175쪽, 글누림, 2013
   * 2019년 10월 방문 시, 마을주민 공씨의 증언을 직접 들었다. 그 분이 처음 터와 마지막 터를 알려 주었는데 두 번째 교회 터의 위치는 김호림 저 《연변 100년 역사의 비밀이 풀린다》, 175쪽에 나오는 장소와 일치하였다.

9) 김철수 저, 《연변항일사적지 연구》, 57쪽, 연변인민출판사,

10) 서굉일 저, 《일제하 북간도 기독교 민족운동사》, 184쪽, 185쪽, 한신대학교출판부, 2008

11) 허청선, 강영덕 주편, 《중국조선민족교육사료집 1》, 468쪽, 연변교육출판사, 2000
    1907년 4월 설립설도 있다.(김철수 저 《연변항일사적지 연구》, 52쪽)

12) 김택, 김해진 주필, 《연변문사자료 제 5집 교육사료전집》, 26쪽, 연변정협문사자료위원회, 1988

13) 김철수 저, 《연변항일사적지 연구》, 52쪽, 연변인민출판사, 2002

14) 김택, 김해진 주필, 《연변문사자료 제 5집 교육사료전집》, 27쪽, 연변정협문사자료위원회, 198

15) 최삼룡 편, 《승리의 기록》, 54쪽, 연변인민출판사, 2015

16) 김철수 저, 《연변항일사적지 연구》, 55쪽, 연변인민출판사, 2002

17) 앞의 책, 163쪽

18) 용정기념사업회 외, 《룡정3 · 13반일운동 80돐 기념문집》, 94쪽, 연변인민출판사, 1999

  * 현장에서 순국한 분은 10인으로 박상진, 정시익, 공덕흡, 갬태균, 김승록, 현봉률, 리균필, 박문호, 김홍식, 장학관이고 제창병원에서 순국한 분들은 4명으로 최익선, 현상로, 리유주, 차정룡이며 장례식 후에 순국하신 분은 5명으로 김병영, 채창헌, 김종묵, 원용서, 허준언이다.

19) 김철수 저, 《연변항일사적지 연구》, 56쪽, 연변인민출판사, 2002

20) 허청선, 강영덕 편저, 《중국조선족민족교육사료집 1》 462, 463, 464쪽, 연변교육출판사, 2002

21) 용정기념사업회 외, 《룡정3 · 13반일운동 80돐 기념문집》, 239, 240, 241쪽, 연변인민출판사, 1999

22) 김철수 저, 《연변항일사적지 연구》, 192쪽, 연변인민출판사, 2002

23) 서굉일 저, 《일제하 북간도 기독교 민족운동사》, 184쪽, 185쪽, 한신대학교출판부, 2008

24) 《1910~1930년대 조선민족 반일무장투쟁사 재조명》, 반병률 논문 《간도15만원사건에 대한 재해석》, 109, 110쪽

25) 양소전, 차철구 외, 《중국조선족혁명투쟁사》, 185쪽, 연변인민출판사, 2009

26) 조영진 외 편저, 《항일무장독립투쟁사 1》, 228쪽 도서출판 일원, 2000

27) 반병률 저, 《홍범도 장군》, 121, 248쪽, 한울 아카데미, 2019

28) 양소전, 차철구 외, 《중국조선족혁명투쟁사》, 187쪽, 연변인민출판사, 2009

29) 양소전, 차철구 외, 《중국조선족혁명투쟁사》, 187쪽, 연변인민출판사, 2009

30) 김택, 김인철 주필 외, 《홍범도 장군》, 183쪽, 연변인민출판사, 1991

  대한독립군, 국민회군, 의군부군, 한민회군, 광복단군, 의민단, 신민단군 등

31) 김춘선 주필, 《항일전쟁과 중국조선족》, 70, 71쪽, 연변인민출판사, 2015

32). 김철수 저,《연변항일사적지 연구》, 282쪽, 연변인민출판사, 2002

33) 김춘선 주필,《항일전쟁과 중국조선족》, 98쪽, 연변인민출판사, 2015

34) 주혈복익(主血伏翼)-주님의 보혈 앞에 엎드리나이다. 독립을 위해서 기도한다는 뜻이다.

35) 서굉일 저,《일제하 북간도 기독교 민족운동사》, 229쪽, 한신대학교출판부, 2008

36) 양소전, 차철구 외,《중국조선족혁명투쟁사》, 189쪽, 연변인민출판사, 2009

37) 양소전, 차철구 외,《중국조선족혁명투쟁사》, 190쪽, 연변인민출판사, 2009

38) 양소전, 차철구 외,《중국조선족혁명투쟁사》, 188쪽, 연변인민출판사, 2009

39) 서굉일 저,《일제하 북간도 기독교 민족운동사》, 230쪽, 한신대학교출판부, 2008

40) 서굉일 저,《일제하 북간도 기독교 민족운동사》, 230쪽, 한신대학교출판부, 2008

41) 김춘선, 안화춘, 허영길 저,《최진동장군》, 91,92,93쪽, 흑룡강조선민족출판사, 2006

42) 리광인, 김송죽 저,《백포 서일장군》, 278쪽, 민족출판사, 연변인민출판사, 2015

43) 리광인, 김송죽 저,《백포 서일장군》, 324쪽, 민족출판사, 연변인민출판사, 2015

44) 당시 길회선(용정~ 회령의 철도 노선) 총공사비가 15만 원이었다고 한다. 50만 원은 그 3배가 넘는 돈으로 1920년 당시 북간도 인구 289,000여 명(《항일전쟁과 중국조선족》, 45쪽, 김춘선 주필, 연변인민출판사)인 것을 감안할 때 성공적인 모금으로 평가할 수 있다.

45) 박창욱, 반병률 외,《1910~1930년대 조선민족 반일무장투쟁사 재조명》, 108,109쪽, 연변대학민족연구원, 2000년

46) 박창욱, 반병률 외,《1910~1930년대 조선민족 반일무장투쟁사 재조명》, 109쪽, 연변대학민족연구원, 2000년

47) 용정기념사업회 외,《룡정3 · 13반일운동 80돐 기념문집》, 241쪽, 연변인민출판사, 1999

48) 서굉일 저,《일제하 북간도 기독교 민족운동사》, 208쪽, 한신대학교출판부, 2008

49) 서굉일 저,《일제하 북간도 기독교 민족운동사》, 208, 209쪽, 한신대학교출판부, 2008
  * 용정기념사업회 외《룡정3 · 13반일운동 80돐 기념문집》, 242쪽에서 김춘선은 광복단을 철혈광복단으로 기록하고 있다.

*《중국조선족혁명투쟁사》, 163, 164쪽은 광복단으로 기록하고 있다.

50) 최삼룡 편,《승리의 기록》, 54쪽, 연변인민출판사, 2015

51) 최삼룡 편,《승리의 기록》, 54쪽, 연변인민출판사, 2015

52) 서굉일 저,《일제하 북간도 기독교 민족운동사》, 229쪽, 한신대학교출판부, 2008

53) 서굉일 저,《일제하 북간도 기독교 민족운동사》, 209쪽, 한신대학교출판부, 2008

54) 김호림 저,《연변 100년 역사의 비밀이 풀린다》, 174쪽, 글누림, 2013
　　한상호는 1899년생, 교수형을 당한 1922년에 23살이었다.

55) 최삼룡 편,《승리의 기록》, 55쪽, 연변인민출판사, 2015

56) 김준과 박웅세는 명동 출신이라는 기록이 나오고 윤준희에 대해서는 두루뭉술하게
　　표현되었는데 인터넷 사전인 나무위키에는 용정 영신학교 교원이라고 나온다. 그러
　　나 확실하지 않으며 검토가 필요하다. 명동학교 출신일 가능성은 있다. 임국정을 명
　　동학교 출신이라고 하는 책들이 있는데 김철수와 김호림은 임국정이 창동 출신임을
　　그들이 가지고 있는 자료로 분명하게 밝히고 있다.

57) 박창욱, 반병률 외,《1910~1930년대 조선민족 반일무장투쟁사 재조명》, 110~112쪽,
　　연변대학민족연구원, 2000년

58) 박창욱, 반병률 외,《1910~1930년대 조선민족 반일무장투쟁사 재조명》, 111쪽, 연
　　변대학민족연구원, 2000년

59) 김삼룡은《승리의 기록》54, 55쪽에서 최봉설의 회고대로 그들의 거사 행위를 청년
　　들의 무장투쟁의 필요성에 의한 자각 때문이라고 밝히고 있다. 서굉일은《일제하 북
　　간도 기독교 민족운동사》, 233쪽에서 국민회군의 무장화를 위해서라고 적고 있다.
　　그러나 김춘선은 러시아 국민의회 군사부장 김하석의 사주로 말하고 있다. 김하석이
　　연변 독립운동단체들의 부탁으로 무기를 구입해서 배편으로 보냈는데 배가 좌초하
　　여 무기가 수장되어 자신의 입장이 곤란하게 되자 철혈광복단 후배동료들에게 단기
　　간에 군자금을 만들어 보내라고 하명하였다고 한다. 그러나 그들이 탈취사건을 일으
　　키게 된 것은 블라디보스토크에서 일어난 일련의 사건들과 최봉설의 회고에 의하면
　　독립을 열망하는 그들의 자발적인 결정으로 보인다.

60) 최삼룡 편,《승리의 기록》, 55쪽, 연변인민출판사, 2015

61) 김철수 저,《연변항일사적지 연구》, 311쪽, 연변인민출판사, 2002

62) 중국조선민족발자취총서 편집《개벽》, 김춘선 저《15만원 탈취기》, 486, 487쪽, 민족출판사, 1999

63) 최삼룡 편,《승리의 기록》, 56쪽, 연변인민출판사, 2015

64) 박창욱, 반병률 외,《1910~1930년대 조선민족 반일무장투쟁사 재조명》, 111쪽, 연변대학민족연구원, 2000년

65) 용정기념사업회 외,《룡정3 · 13반일운동 80돐 기념문집》, 247, 248쪽, 연변인민출판사, 1999

66) 최삼룡 편,《승리의 기록》, 57쪽, 연변인민출판사, 2015

 * 탈취한 자금 관리에 대한 다른 주장들이 있다.

   반병률은 그의 논문《간도 15만원사건에 대한 재해석》112쪽에서 일제의 판결문에 따라 김하석이 관리와 사용을 결정하였다고 주장한다.

   그들은 블라디보스토크 신한촌에 도착한 후에 김하석의 주도로 자금 배분을 결정하였다. 김하석이 탈취한 자금을 러시아 돈으로 교환하였고, 윤준희에게 최의수를 소개하여 그에 게 매일 1, 2만 원을 주라고 명령하였다. 그 후 교환한 금액의 가운데 5만 루블은 임국정이 가져갔고 25만 루블은 김하석이 가져갔으며, 일화 5천 엔 또한 김하석이 가옥비로 가져 갔다. 나머지 강탈금은 윤준희에게 맡기고 떠났다.

   최봉설은 그의 회상록에서 다른 주장을 하고 있다.

   그들이 신한촌에 도착한 후에 철혈광복단의 단장인 전일을 비롯하여 단원들 30명 정도가 모였고 이동휘가 자금 사용을 결정하였다고 했는데 당시 이동휘는 신한촌에 있지 않고 중국에 있었다.

67) 밀고자에 대하여 강덕상의《현대사자료》에는 일본영사관측에 정보를 제공한 인물이 누구인지 밝히고 있지 않다고 한다. 1920년 4월 10일자 상해의 독립신문은 밀고자를 블라디보스토크 주재 일본영사관의 사환 김모라고 밝힌바 있다. 최봉설은 그의 책《독립군의 수기》엄인섭과 김하석을 밀고자로 지목하고 있다. 엄인섭의 경우 당시 독립운동자 사이에서 밀정으로 지목되고 있어서 밀고자일 가능성이 전혀 없는 것은 아니지만 김하석의 경우에는 그리 쉽게 단정할 수가 없다.

   박창욱, 반병률 외《1910~1930년대 조선민족 반일무장투쟁사 재조명》, 113, 114쪽,

연변대학민족연구원, 2000년

68) 용정기념사업회 외,《룡정3·13반일운동 80돐 기념문집》, 250쪽, 연변인민출판사, 1999

69) 최삼룡 편,《승리의 기록》, 58쪽, 연변인민출판사, 2015

70) 반병률 저,《홍범도 장군》, 248쪽, 한울 아카데미, 2019

71) 김택, 김해진 주필,《연변문사자료 제 5집 교육사료전집》, 26쪽, 연변정협문사자료위원회, 1988

참고서적

• 반병률 저,《홍범도 장군》, 한울 아카데미, 2019

• 김택, 김해진 주필,《연변문사자료 제 5집 교육사료전집》, 연변정협문사자료위원회, 1988

• 김철수 저,《연변항일사적지 연구》, 연변인민출판사, 2002

• 김호림 저,《연변 100년 역사의 비밀이 풀린다》, 글누림, 2013

• 차재명 원저,《조선예수교장로회사기 상》, 한국기독교사연구소, 2018

• 서굉일 저,《일제하 북간도 기독교 민족운동사》, 한신대학교출판부, 2008

• 허청선, 강영덕 주편,《중국조선민족교육사료집 1》, 연변교육출판사, 2000

• 최삼룡 편,《승리의 기록》, 연변인민출판사, 2015

• 용정기념사업회 외,《룡정3·13반일운동 80돐 기념문집》, 연변인민출판사, 1999

• 양소전, 차철구 외,《중국조선족혁명투쟁사》, 연변인민출판사, 2009

• 조영진 외 편저,《항일무장독립투쟁사 1》, 도서출판 일원, 2000

• 김택, 김인철 주필 외,《홍범도 장군》, 연변인민출판사, 1991

- 김춘선 주필,《항일전쟁과 중국조선족》, 연변인민출판사, 2015

- 김춘선, 안화춘, 허열길 저,《최진동장군》, 흑룡강조선민족출판사, 2006

- 리광인, 김송죽 저,《백포 서일장군》, 민족출판사, 연변인민출판사, 2015

- 중국조선민족발자취총서 편집,《개벽》, 김춘선 저《15만원 탈취기》, 민족출판사, 1999

- 박규찬, 꿘영하 주필,《중국조선족교육사》, 동북조선민족교육출판사, 1991

- 호이전, 문홍복 주필,《연변문사자료 제 8집 종교사료전집》, 연변정협무사자료위원회, 1997

- 현룡순, 리정문, 허룡구 편저,《조선족백년사화》, 료녕인민출판사, 1982

- 장세윤 저,《봉오동 · 청산리전투의 영웅 홍범도》, 역사공간, 2017

- 서굉일, 김재홍 저,《규암 김약연 선생》, 고려글방, 1997

- 심영숙 저,《중국조선족 력사독본》, 민족출판사, 2016

- 양전백, 함태영, 김영훈 원저,《조선예수교장로회사기 하 》, 한국기독교사연구소, 2017

- 박창욱, 반병률 외《1910~1930년대 조선민족 반일무장투쟁사 재조명》, 연변대학민족연구원, 2000년

신민단, 도독부, 간도국민회, 대한독립단의 봉오동전투

실제 봉오동전투는 1920년 6월 4일에 일어난 강양동 초소 습격사건에서 시작되어 6월 7일 봉오동 상촌 전투를 끝으로 끝이 난다. 그러나 봉오동전투는 하루아침에 우연히 이루어진 전투가 아니다. 간도 조선인들에 의해서 20년 이상 준비된 전투였다. 20년 동안의 준비는 학교 설립, 교회 및 간민 종교단체의 활동, 간민교육회와 간민회 활동 등을 통해서 서서히 이루어졌으며 일본과 중국이 맺은 조약과 세계정세가 긍정적으로든 부정적으로든 기폭제가 되었다. 무엇보다 봉오동전투에 가장 큰 영향을 준 것은 1919년 용정 3·13만세시위였다. 만세시위가 무력으로 진압을 당하자 간도의 조선 간민들은 무력투쟁을 결심하였고 무장투쟁 단체를 만들어 일본의 군사시설, 공관과 파출소 등의 시설을 파괴하는 국내진공작전을 펼치기 시작하였다. 그리하여 일본 제국주의는 만주를 발판 삼아서 중국 침략을 하고 대동아제국을 세우기 위하여 무엇보다 먼저 간도의 조선 독립군을 섬멸하지 않으면 안 되었다.

봉오동전투는 4일간의 전투였지만 실제로는 1900년대 초부터 꾸준히 준비된 전투였다. 봉오동전투를 제대로 이해하려면 전투의 서막이 된 용정 3·13만세시위와 그 배경을 먼저 이해해야 한다.

용정의 3·13만세시위는 준비된 시위였다!

**첫째, 고난과 시련 속에서 자치에 대한 의지와 독립에의 욕구가 충만
해졌다.**

대부분의 조선 이주민들은 1885년 청의 이민실변 정책으로 귀화하여
합법적인 중국인이 되었으며 20년 세월동안 피땀 흘려서 명실공히 간도
를 개척하였다. 그러나 1907년에 일제가 간도를 조선의 연장으로 주장하
며 조선 교민 보호를 핑계 삼아 용정에 통감부 간도파출소를 세움으로써
새 땅을 찾아서 만주로 나온 그들의 고난이 시작되었다.

1909년 일제는 청나라와 '간도협약'을 맺으며 남만주철도부설권과 무
순 탄광 채굴권을 얻는 대가로 간도를 청의 국토로 인정하였으며 "두만강
북쪽의 잡거구내에 거주하는 조선인은 중국의 법권에 복종하며 중국 지
방관리의 관할과 재판을 받아야 한다."고 하였다. 그러나 통상도시에 사는
조선인에 대해서는 일본이 영사재판권을 가진다고 하여 대다수의 조선인
들을 자신들의 관리 하에 두었다. 1910년 한일늑탈 후 일제는 망국의 조
선인들은 일률적으로 '일본신민'이라고 주장하면서 동북삼성내의 조선인
을 통치하려 하였다. 1915년 일제가 원세개 정부와 '21개 조약'을 체결한
후에는 동북의 조선인에 대하여 중국 귀화여부를 막론하고 일본인으로서
'치외법권'을 가진다고 주장하였다. 중화민국 정부는 일제가 조선인들을
통하여 침략의 마수를 뻗치는 것을 방지하기 위하여 동북의 조선인들에

게 귀화입적을 강제하였으며 귀화입적하지 않으면 조선인으로 취급하여 토지소유권을 주지 않았다. 민국의 귀화입적 정책은 민족동화정책이었으며 일제의 핍박을 피하기 위해서 귀화입적한 자에 대하여 아무런 보호조치가 없었다. 그런 가운데 동북의 조선인들은 중국 정부에 의거하여 일제의 통치를 벗어나려고 간민교육회, 간민회 등을 조직하여 조선인의 자치를 실시하려 하였으나 민국정부는 조선인의 자치를 허용하지 않았을 뿐만 아니라 오히려 일제의 종용으로 조선인들의 독립운동을 탄압하였다. 망국민으로서 조선 이주민은 10여 년 동안 중국과 일본 사이에서 침략과 방어의 도구로 이용당하며 고통과 고난, 차별과 학대에 치를 떨며 자치와 독립에의 염원으로 불타오르고 있었다.

둘째, 교육을 통한 민족의식과 항일정신이 고조되었다.

조선인들이 정착하여 마을을 이루고 생계가 펴지자 마을마다 서당(서숙)을 꾸리기 시작하였다. 서당은 〈삼강오륜〉 등 봉건유교사상과 윤리도덕을 가르치면서 동시에 민족의식과 항일의식을 심어주었다.

1905년 이후부터 조선의 애국문화 계몽운동의 영향으로 조선 이주민들 사이에서도 민족계몽운동과 항일교육이 시작되었다. 이 운동의 중요한 거점으로서 사립학교들이 흥기하였다. 이에 따라 구식서당은 민족사립학교나 개량식 서당으로 바뀌어서 대중과 청소년들에게 민족정신을 일깨워주었다. 1928년 통계에 의하면 민족교육을 한 개량식 서당이 328개나 된다.

1906년에 문을 연 '서전서숙'이 근대민족교육을 시작한 이래로 훈춘의 신풍학교, 와룡동의 창동학교, 명동촌의 명동학교, 광개사 후저동의 정동학교가 속속 들어서면서 항일민족의식에 근거한 교육을 통하여 조선 이주민들의 민족의식을 일깨웠다.

1910년 3월, 간민교육회는 학교교육을 주도하여 학생들에게 근대교육과 항일교육을 실시하여 간도를 독립운동의 기지로 건설할 것을 목적하여 세워졌다. 〈월보〉를 발행하며 회원들을 각지에 파견하여 간민교육회 취지를 홍보하였으며 기금을 모아서 학교교육을 발전시키기 위해 힘썼으며 역사 교과서 등을 집필하여 편찬하였다. 간민교육회의 활동으로 소영자의 길동기독학당, 길신여학교가 설립되었으며, 길동학당 중학부가 속성사범으로 개칭되어 교원 양성에 힘을 기울였다.

간민교육회 뒤를 이은 간민회도 사립학교 설립운동을 계속 추진하였다. 회원들은 교육비로 회비 30전씩 납부하였으며 학교들이 근대교육과 항일교육을 하도록 지도, 격려하였으며, 구식서당을 개량시키는 데 앞장을 섰다. 간민회가 중국 정부에 의해 해산된 이후에도 간민회 회원들은 '간민교육연구회' 이름으로 사립학교 운동을 추진시켜 근대문화와 항일교육을 견지하였다.

1916년 통계에 따르면 연변 4개현의 사립학교 총수는 156개, 학생 수는 3,700명이나 되었다. 대부분의 학교들이 근대학문과 민족교육을 실시하여 1919년에 이르렀을 때, 연변은 민족의식과 독립운동에 대한 희망과 기대로 청년들의 가슴이 용광로처럼 끓고 있었다.

1920년 일제의 '경신대학살' 때 이른바 '불령선인들의 소굴'로 지목되어 토벌대상이 된 사립학교만 하여도 41개나 되었다. 사립학교의 발전은 연변 조선인들이 민족의식으로 하나가 되어 항일운동으로 무장투쟁을 전개할 수 있는 정신적, 조직적인 토대를 만들어 주었다.

셋째, 기독교를 통하여 간민들의 민족의식과 항일정신이 고양되었다.

캐나다 장로교회는 1898년에 연변을 선교구로 정하였고, 1903년에 조선의 이민을 따라서 연변에 들어왔으며, 1912년에는 용정에 선교부를 세웠다. 캐나다장로교회 선교사들은 조선 간민들의 반일감정과 독립운동을 지지하며 격려하였으므로 많은 독립투사들이 선교사들과 함께 복음을 전하며 교육과 계몽운동에 참여하였다. 대표적인 인물로 황병길, 오병묵, 남공선, 박무림, 정재면, 강백규, 김약연 등이 있다.

캐나다장로회는 1906년에 용정교회, 양목정자교회, 광제욕교회를 설립하기 시작하여 1921년에는 63개의 교회를 개척하였다. 작은 기도처를 포함하면 100여 개에 가까운 교회들이 세워졌다. 대부분의 교회 설립자들이 독립정신으로 무장된 독립투사들이었으며 그들은 선교사들의 협조와 지지를 받아 교회 가까이에 사립학교를 세웠다. 1928년 통계에 의하면 캐나다장로회 소속의 신도들이 세운 학교가 44개, 1926년 통계에 보면 외국인 선교사들이 세운 학교가 19개였다. 용정 3·13만세시위에 앞장선 정동학교, 창동학교, 명동학교, 광성학교(길동기독학교) 들이 다 크리스천들이 세운 미션스쿨이었음은 그리 놀라운 일이 아니다.

3·13만세시위 준비모임이 2월 18일과 20일에 연길 박동원의 집에서 열렸는데 대부분의 참석자가 크리스천이었다. 구춘선, 김영학, 고평, 박동원, 이홍준, 이성근, 박경철, 김순문, 강룡헌, 이성호, 백유정, 최봉렬, 박정훈, 김동식 등을 비롯한 33명이 비밀 회합을 통해서 합의한 내용을 보면 북간도내 각 교회와 모든 단체는 단결, 협력하여 조국독립운동에 힘을 다 바칠 것. 모든 간도 내의 단체는 멀지 않아 연해주에서 협의, 반포할 조선민족독립선언서의 공포와 동시에 시위할 것. 독립선언서가 발표되면 간

127

도 내 각 단체의 유력자는 용정에 집합하여 독립선언을 하여 기세를 올릴 것 등이었다. 준비위원들의 면면과 결의사항에 의하면 기독교가 3·13만세시위에 끼친 영향이 지대한 것을 알 수 있다.

기독교뿐 만 아니라 대종교 또한 민족교육과 항일무장투쟁에 앞장선 것을 볼 수 있다. 우리가 잘 알려진 청산리전투의 주력부대 중의 하나인 북로군정서 부대가 바로 대종교의 지도자 서일이 10년 세월을 쏟아부어 만든 독립군 부대였으니 당시 대종교의 종지가 조선 독립이었다고 해도 과언이 아니다. 또한 천주교의 일부와 원종교, 청림교도 교육과 독립운동에 심혈을 기울였으며 3·13만세시위에 참여하였다.

넷째, '민족자결주의'의 영향으로 '외교독립론'에 고무되었다.

1919년 1월 파리 강화회의가 열리고 미국 대통령 윌슨이 전쟁후 처리의 원칙으로 〈14개조 조목〉의 내용을 선포하였는데 제5조는 '민족 자결주의' 문제였다. 이는 약소민족의 해방에 관련되어 있으므로 독립투사들은 이에 민감하게 반응하였다.

11월 중순에 윌슨은 크레인을 특사로 중국에 파견하여 전승국인 중국도 파리강화회의 참석하여 빼앗긴 산동 교주만조차지와 산동 등의 이권을 되찾게 함으로써 일본의 중국 침략을 견제하려 하였다. 크레인이 상해에 도착하였을 때 환영회에 참석했던 여운형은 파리강화회의에 중국 대표로 참석할 왕정정, 육미상을 통하여 크레인을 회견하고 조선독립을 요청하는 문건을 전달하였다. 또한 그는 한국도 일제의 식민지 통치와 압박에서 벗어나 독립을 실현하기 위해 파리강화회의에 우리 대표를 파견하겠다며 중국 대표들에게 미국 대표로 하여금 일제 식민지 통치에서 벗어나도록 도와줄 것을 부탁하였다. 이로 인하여 조선인들은 미국과 중국의 도움으로 파리강화회의에 대표를 파견하여 독립을 실현하려는 환상과 기대를 가지게 되었다.

이런 무드 속에서 연변대표들이 러시아로 떠난 후, 2월 18일, 20일 양일에 국자가 동쪽에 있는 박동원의 집에서 항일지사 33명이 모여서 항일운동방침을 논의하며 '독립운동의사부'를 결성하고 위에서 언급한 세 가지 사항을 합의하였다. '독립운동의사부'는 니꼴라스크로 간 연변대표들이 돌아오는 것을 기다려, 간도 각지의 예수교, 천주교, 대종교 및 공교회 유력자들과 서로 연락하며 신도들과 모든 이웃들을 권고, 동원하며 〈독립선언서〉를 발표하는 대회에서는 윌슨의 〈14개 조목〉의 내용인 '정의, 인도', '민족자결'과 민족 독립을 주장하며 민족독립만세를 부르기로 하였다. 반도와 동북의 조선인들은 윌슨의 '민족자결주의'가 우리의 해방과 독립을 지원한다는 확신을 가졌던 것이다.

3·13평화시위에 유혈이 낭자해졌어도!

'독립운동의사부'는 만세시위 행사를 '독립선언서반포축하회'로 명하였으며 곧 다가올 독립선언을 축하하고자 하였다. 3월 13일, 과연 용정에서는 연길, 화룡 등지에서 온 간민 3만여 명이 모여 역사에 길이 빛날 독립선언축하회를 열었다. 오후 1시, 김영학의 사회로 간도거류조선민족일동의 명의로 된 〈독립선언서포고문〉이 낭독되고 배형식, 유례균, 황지영의 연설이 있었고 간민들의 열렬한 환호로 '조선독립만세' 소리가 진동하였으며 태극기 물결이 하늘을 덮었다.

대회가 끝나고 시가행진이 시작되었다. 시위대 맨 앞에 공덕흡이 '조선독립을 성원'이라고 쓴 오장기를 높이 들고 나갔고 그 뒤로는 태극기와 중화민국 국기를 높이든 정동중학교와 명동중학교의 교원과 학생들로 구성된 300여 명의 충렬대가 질서정연하게 전진하였다. 그 뒤로 일반 민중들이 열을 지어 따랐고 민중들은 '조선독립 만세', '일제의 침략을 반대한다.', '친일주구를 타도하자.'라는 구호를 외치면서 일본간도총영사관을 향해서 전진하였다.

그때 중국 군경들과 숨어든 일경에 의해 총알이 발사되었고 총 19명이 시위대원들이 순국을 하였다. 오장기 기수 공덕흡을 비롯한 9명은 그 자리에서 즉사하였으며, 9명은 제창병원에서 사망하였고 한 분은 제창병원에서 퇴원한 후, 집에서 세상을 떠나셨다. 48명이 부상을 입었고 300여 명이 체포되어 심문을 당하였다. 불완전한 조사 자료들을 종합하면 동북의 조선족 거주지에서 3월부터 5월 1일까지 각종 시위가 73차례나 열렸고 참가 인원수는 무려 104,850명에 달하였으며, 15개 현에 파급되었다. 3월 13일부터 4월말까지 연변의 연길현, 화룡현, 왕청현, 훈춘현에서 만하여도 46차례의 항일시위가 있었고 참가한 인원수는 86,670명에 달했다. 1920년 연변의 조선 이주민의 인구가 192,532명이었다는 감안할 때 거의 절반에 가까운 인구가 항일시위에 참석하였다는 것은 연변의 독립에의 의지와 열기를 보여주고도 남는다.

비폭력 시위로 평화집회를 시작하였으나 중국 군경과 일본 경찰의 탄압으로 수십 명의 사상자가 발생하자 조선 이주민들은 피 흘리는 전쟁 없이 독립이 불가능하다는 사실을 여실히 깨달았다. '민족독립은 민족의 힘으로', '폭력에는 폭력으로'라는 의식의 변화가 일어나 이주민들은 신속하게 무장독립단체를 조직하여 자신들의 신변 보호를 위한 자위대와 독립전쟁을 위한 독립군의 창설하였다. 1919년 한 해에 연변에서 창건된 무장독립단체가 30여 개나 되었으며 1920년 8월의 통계에 의하면 훈춘 한민회를 제하고 그들이 모금한 금액이 50만 원이었다. 1910년에 쌀 한 가마에 3원이었다는 사실을 감안하면 모금액은 연변 이주민들에게는 천문학적인 숫자라 아니할 수 없다. 무장독립단체들의 독립군 모집, 교육 및 훈련, 보급과 활동이 차츰 자리를 잡으면서 1919년 8월부터 국내진공작전이 자연스럽게 진행되며 단체들의 연합동이 일어났다.

준비된 첫 승리! 위대한 가능성! 아 봉오동전투!

1919년 8월부터 1920년 5월까지 독립군부대의 수십 차 전투는 모두 두만강을 건너서 조선 땅에서 진행된 기습전이었으나 봉오동전투는 독립군연합부대가 중국 연변 땅에서 일본군을 섬멸한 첫 전투였다.

봉오동은 도문시에서 동북쪽으로 15리 떨어진 곳에 있으며 남봉오동과 북봉오동으로 나뉘어 있었다. 남봉오동은 지금의 고려툰과 신선동 일대를 말하고 북봉오동은 어구의 수남촌과 토성촌으로부터 동북방향으로 뻗은 20여 리의 골짜기를 말한다. 당시 북봉오동 골짜기는 하촌, 중촌, 상촌으로 나뉘어져 있었으며 봉오동을 개척한 최명록(최진동)의 자위대에 기초된 무장독립단체인 '도독부'가 소재하고 있었다.

봉오동전투 직전 인근 각지의 무장독립군 부대의 주둔상황을 보면 봉오동에서 동북방향으로 약 70키로 미터 떨어진 곳에 왕청현 서대파 십리 평에 북로군정서가 있었고, 서쪽으로 약 10키로 미터 되는 석현에 신민단 본부가 있었고, 서북쪽으로 지점인 대감자에 광복단이 주둔하였고, 남쪽 가야하에는 의군단이 있었고, 가야하에서 서쪽으로 50키로 미터 떨어진 의란구에 국민회본부가 자리 잡고 있었다.

1920년 5월 3일, 봉오동에서 간도국민회의 주도로 '군무도독부', '신민 단', '군정서', '광복단', '의군단', '국민회'가 모여서 연합작전에 관한 합의 를 하였다. 5월 22일, 대한독립군단과 도독부의 연합으로 군무도독부가 편성되어 홍범도 장군이 북로제1군사령관으로 추대되었다. 5월 28일에 는 국민회군이 연합에 동의를 하여 '대한북로독군부' 편성되어 홍범도 장 군이 역시 북로제1군사령관에 추대되었다. 당시 대한북로독군부는 봉오 동에 병영을 설치하고 병력을 집결시키면서 강력한 무장투쟁을 계획하였 다. 독군부의 산하 독립군은 1,200여 명, 기관총 2문, 보총 약 900정, 권총 약 200자루, 폭탄(수류탄) 약 100개, 망원경 7개, 탄환은 군총 1정당 150발 을 가지고 있었다고 한다. 이렇듯 무장독립운동의 의지와 열기가 고조되 었을 때, 봉오동전투는 삼툰자 전투로 서막이 열리고, '후안산전투'를 거 쳐서 상촌 '봉오동전투'를 끝으로 막을 내린다.

삼툰자전투

삼툰자전투는 6월 4일부터 6월 6일까지에 일어난 전투 또는 접전으로 독립군의 강양동 초소 습격전, 두만강을 사이에 두고 삼툰자에서 전개된 독립군과 일본군과의 총 싸움, 삼툰자 서북방에 와서 숙영하고 있는 일군 추격대를 독립군이 기습한 전투를 포함하고 있다.

강양동 습격은 6월 4일 새벽 5시경, 신민단 소속 박승길의 부대 30여명 이 강양동의 일군 초소를 습격하여 일군 헌병군조 4~6명을 일시에 섬멸 한 기습전이었다.

두만강을 사이에 두고 일어난 독립군과 일군의 총싸움은 6월 4일, 중 국 걸만동 방면으로부터 무기를 갖고 강양동 초소를 습격하고자 삼툰자 에 도착한 독립군과 일제의 종성수비대 순찰병들 사이에 일어난 접전이 었다. 신민단의 박승길 이하 단원들은 강양동 초소를 치고 무사히 돌아오 고 다른 길에서 다른 독립군 부대가 강양동 초소를 습격하러 들어가다가 일군 순찰병에게 발각되어 교전을 벌인 것이다.

삼툰자전투는 독립군과 일군의 교전 소식을 들은 아라요시 중위가 6월 6일, 부하를 거느리고 두만강을 건너옴으로 시작되었다. 그들은 독립군을 추격하여 삼툰자 서북방에 도착하였으나 독립군을 발견하지 못하자 화풀 이로 마을의 무고한 조선인들을 학살하였다. 밤 10시경, 그들이 어둠 속 에서 독립군 추적을 포기하고 숙영하고 있을 때, 무장 독립군들이 삼툰자 서북방 고지에 이르러 보초들을 습격하고 안산 방면으로 퇴각하였다.

후안산전투

후안산은 지금의 고려툰(당시는 남봉오동)에서 남쪽으로 약 8리 정도 떨 어진 곳에 위치하고 있다. 고려령 기슭에 자리 잡고 있으며 또 봉오동에서 도문으로 통하는 길옆에 위치해 있어서 당시 독립군들의 주요한 활동 거점이 되었다. 후안산전투는 1920년 6월 6일 밤 12시부터 6월 7일 이른 새벽 2시까지 후안산 부근에서 일어난 전투이다.

6월 6일 19사단 소속의 야스가와 소좌는 기관총 1소대와 보병 1개 중대의 병력으로 '월강추격대'를 편성하여 밤 9시에 남양에서 가까운 두만강을 건너 후안산으로 진군하였다. 야스가와와 아라요시는 후안산 앞에서 회합하였고 진군 작전을 짰다. 당시 후안산 앞에 집결한 일군 추격대의 병력은 대략 300여 명에 이르렀다. 그들은 봉오동으로 가는 길 안내자를 찾기 위해 정찰병을 마을에 보냈다. 그 시각에 조선에서 의연금을 모아온 최명국 이하 13명의 신민단 단원들이 후안산 최진국의 집에서 비밀회합을 하고 있었다. 정찰병은 불빛을 발견하고 무작정 문을 열었다. 기습에 놀란 최명국 일행은 정찰병을 쓰러뜨리고 북쪽 고려령 기슭으로 후퇴하면서 추격해오는 일군에게 총 사격을 가하였다. 전투는 2시간 정도 진행되었는데 야밤이었으므로 손실은 크게 없었다. 독립군 1명과 여성 1인이 희생되었으며 부녀와 어린 아이가 부상을 당하였고 마을 사람 6명이 체포를 당하였다.

봉오동전투

후안산에서 독립군을 추격하던 일군 추격대가 기세가 등등하여 '대한북로독군부'의 본부가 있는 봉오동을 향하였다. 독군부는 그들을 섬멸할 만반의 준비를 갖추고 작전을 수행하였다. 가장 큰 일은 추격대 전원을 매복권 내로 유인하는 것이었다.

6월 7일 아침 4시 45분 일군 전위 중대가 고려령 북방, 1500미터 지점에 도착했을 때, 매복하고 있던 이화일부대가 적에게 집중 사격을 가하고 고려툰 뒷산 산등성이를 넘어 북봉오동으로 후퇴하였다. 일군은 퇴각을 하다가 대오를 정비하여 이화일부대의 퇴각노선을 따라 북봉오동으로 진군하였다. 그들은 하촌, 중촌을 지나 오후 1시경에 추격대 전원이 매복권 내에 들어섰다. 동서남 삼면에 매복해 있던 도독부, 대한독립군, 신민단의 군인들의 교차사격을 받고 전의를 상실하였다. 오후 4시 20분경 천둥번개가 치며 하늘이 어두워지고 폭우와 우박이 내리는 기회를 틈타서 그들은 비파동으로 퇴각하였다.

〈길장일보〉는 일군 150명 소멸, 부상자자가 수십 명이라고 보도하였다. 6월 13일 국민회 제2북부지방회 회장 김정도가 제2지회장에게 보낸 〈아군대첩에 관한 건〉에 의하면 일본군 대대장 1인, 중대장 1인, 준사관 1인과 병졸 49명이 사살되었고 중상자는 알 수가 없고. 우리 독립군 부대는 군의 황하백과 군인 주택렬이 순직하였다. 연길도윤공서 외교관의 서류에서 일군 49명, 장교 3명이 사살되었다고 하였다.

봉오동전투의 정신이여! 영원하라!

봉오동전투 발발 99년이 되는 해에, 한국이 아베의 망언과 경제전쟁으로 화산처럼 끓고 있다. 마치 100년 전 용정의 3·13만세시위가 폭력으로 유혈이 낭자해지고 독립의 길이 막히자, 우리 조상들이 화산처럼 끓어오르는 분노와 애국애족의 열정으로 총칼을 들고 독립전쟁의 현장으로 앞을 다투어 나가고 있는 모습을 연상시킨다. 한일 간의 역사전쟁이 앞날이 어떻게 전개될 것인가! 하늘이 어둡다.

봉오동전투는 민초들의 나라의 사랑이 핏빛으로 피어난 꽃이다. 감동이고 가능성이며 우리의 길을 보여주는 안내판이다.

봉오동전투는 역사에서 사라진 조선이 제국의 깃발을 흔들며 전진하는 일본과의 전투였다.

봉오동전투는 역사에 이름을 갓 올린 대한민국과 왜구의 나라 침략자 일본과의 전투였다.

봉오동전투는 민병이자 사병인 독립군과 일본의 정규군인과의 전투였다.

동북으로 이주한 약 28만 명의 조선인과 일본국민과의 전투였다.

봉오동전투는 최소한의 무기를 갖춘 독립군과 신식무기를 갖춘 일군과의 전투였다.

봉오동전투는 모금으로 유지되는 독립군과 국가의 공급을 받는 일본군과의 전투였다.

봉오동전투는 일군의 침략과 학살로 부모와 고향과 나라를 잃은 슬픈 조선 청년들과 침략자, 살기등등한 학살자 일본군과의 전투였다.

조선인들의 독립 염원을 담아 15년 긴 세월 동안 준비된 최초의 무장 독립전쟁이여!

조선독립군으로 연합되어 침략자를 물리친 최초의 위대한 독립전쟁이여!

청일전쟁, 러일전쟁에서 승승장구했던 일군의 오만과 긍지를 무너뜨린

위대한 독립전투여!

　우리의 독립이 가능하다는 확신과 희망을 준 어머니 독립전쟁이여!

　꽃으로 피소서! 이 땅 우리 후손들의 가슴 속에 아름답게 기억되소서!
우리의 사랑과 흠모를 받으소서!

참고문헌

- 박창욱 외 다수, 중국조선민족발자취총서 1《개척》, 민족출판사, 1999

- 김춘선, 안화춘, 허영길《최진동장군》, 흑룡강조선민족출판사, 2006

- 강룡권, 김석,《걸출한 조선민족영웅 이름난 독립군사령관 홍범도 장군》, 연변인민출판사, 1991

- 장세윤,《봉오동 · 청산리 전투의 영웅 홍범도》, 역사공간, 2017

- 반병률,《자서전 홍범도 일지와 항일무장투쟁 홍범도 장군》, 한울아카데미,2019

- 김삼웅,《대한독립군 총사령관 홍범도 평전》, 도선출판레드우드, 2019

- 김춘선,《항일전쟁과 중국조선족》, 연변인민출판사, 2015

- 김춘선 외 4인,《중국조선족혁명투쟁사》, 연변인민출판사, 2009

- 김춘선,《항일전쟁과 중국조선족》, 연변인민출판사, 2015

- 최근갑 외 다수,《룡정3 · 13반일운동 80돐 기념문집》, 연변인민출판사, 1999

- 김춘선, 김철수 외 다수,《연변조선족사 상》, 연변인민출판사, 2011

- 한국근현대사학회,《한국 독립운동사 강의》, 한울아카데미, 2016

청산리전투를 알면
궁금증이 생긴다

어제 아침 6시 정도를 기해서 청산리전투의 대미였던 고동하곡의 전투가 끝이 났다.

청산리 일대의 기후를 알기에 어제는 종일 전투에 참여한 독립군들의 신고(辛苦)에 가슴이 아리고 콧등이 시큰거렸다. 10월에도 서리가 내리고 영하의 추위로 얼어붙고 밤이면 더 낮아지는 청산리에서 조국의 독립을 위해 목숨을 걸고 싸운 무명의 독립군들에게 깊은 감사를 담아서 마음의 꽃다발을 바친다.

올해는 청산리전투 100주년이 되는 해이다.

100이라는 숫자에 가슴 졸이며 지난 봄부터 1920년 10월에 시작된 '경신참변'에 관련된 글을 쓰며 일제의 조선인 대학살의 만행을 세세하게 곰곰 씹어보았다. 조상들의 살 냄새, 피 냄새에 정신이 아찔해졌다.

조선에서 기아와 학대에 시달리던 상놈들이 두만강을 건넜다. 그들이 척박한 만주 땅을 일구어 벼농사로 굶주리지 않고 살 만하게 되었을 때 조선이 망하자 소위 양반지사들이 망명해왔다. 그들은 상놈들의 자식과 상놈들이 닦아 놓은 생산 활동을 기반으로 하여 구국 교육과 종교 활동을 펼쳤다. 상놈들은 조선이라는 나라로부터 아무런 혜택을 받아 본 적이 없지만 청나라 사람들에게 망국민으로 서러움을 당하고, 토비와 마적들에게 약탈과 생명의 위협을 당하며 나라 없는 비애를 뼈저리게 느꼈다. 그들은 남의 땅에 몸 붙여 살며 망국민의 고통을 처절하게 맛보면서 스스로 독립에의 염원과 꿈을 가지게 되었다. 그리고 자녀들을 독립군으로 바치고 소작농으로 겨우 연명하면서도 독립의연금 모금에 서로 앞장섰다. 그리고 그들은 민족 독립에의 꿈 때문에 경신년 대학살의 대상이 되었다.

독립군들은 일제의 경신년 대토벌이 시작되자 조선 이주민의 피해를 최소화하기 위하여, 조선인 마을이 없는 산지로 피하였다. 화룡방면으로 진출한 아즈마지대는 독립군들을 추격하여 청산리 일대에서 전투를 벌였다. 그러나 독립군들에게 도리어 참패를 당하였다. 참패를 당한 일본군은 훈춘, 왕청, 연길, 화룡의 조선인 마을들, 특별히 독립군들의 배후 기지가 되는 마을들을 더 철저하게 초토화시켰다.

청산리전투는 1920년 10월 21일에서 26일 사이에 화룡현 삼도구 청산리 부근과 완류구(와록구, 완루구, 만록구, 마록구, 왈류구, 만리구 등의 이칭이 있음) 북쪽 산 일대와 고동하강 일대에서 벌어진 대소 10여 차례에 걸쳐 있었던 독립군들과 일본군들의 사이의 전투를 총칭한다.

대부분의 한국인들이 청산리전투를 우리 독립군이 대승을 거둔 하나의 독립된 전투로 인식하고 있는데 결코 그렇지 않다. 청산리전투는 1920년(경신년)에 일제가 독립군의 배후세력이 되는 서간도 일부와 북간도의 조선인 마을 특별히 독립군 단체들의 배후 기지가 되는 마을, 북로군정서

나 의군부, 특별히 간도국민회 지회가 있었던 마을들의 초토화를 진행시키는 과정에서 일어난 전투이다.

전투는 우리의 승리로 끝이 났지만 우리 독립군은 총알이 사진되었고 군량이 떨어졌으며 사방에서 포위망을 좁혀오는 일본군을 더 이상 감당할 수가 없어서 부대별로 뿔뿔이 흩어져야 했다. 독립군들은 조선인 마을 대학살로 중국에서 더 이상의 활동이 어렵게 되자 러시아령 자유시로 넘어가서 자유시참변의 가해자와 피해자가 되는 비극의 주인공들이 되었다.

1. 청산리전투의 역사적인 배경

설립되는 무장독립군단체들

1919년 용정 3·13만세시위 후에 북간도에는 30여 개에 이르는 독립운동단체가 세워졌다. 독립운동단체들은 차츰 무장단체로 전환하며 무력투쟁을 위해 군인 모집과 군사훈련을 위해 무관학교를 세우며 무장을 위해 의연금을 모으는 등 독립전쟁을 준비하였다.

홍범도는 러시아 연해주에서 대한독립군을 만들었으며 1919년 8월에 압록강 유역으로 근거지를 옮겼다. 당시 대한독립군은 300명의 병력을 가지고 있었다. 1920년 1월에는 연변 일대로 부대를 이동하였다.

간도국민회는 안무를 사령관으로 추대하여 국민회군은 설립하였다. 국민회군은 450명의 대원에 총 560개를 보유하였으며 1920년 5월에는 대한독립군, 군무도독부와 연합하여 대한북로독군부를 편성하였다.

서일은 현천묵, 계화와 함께 북로군정서를 만들었으며 휘하에 사관연성소를 두어 1920년 3월에 김좌진을 소장으로 임명하였다. 북로군정서는 1,600여 명의 병력을 갖고 있었다.

김규면의 대한신민단, 훈춘한민회의 급진단, 임창세의 야단, 이범윤의 의군부, 김성극의 광복단 등은 북간도에서 군인을 모집하며 의연금을 모금하며 독립운동의 결전을 준비하였다.

서간도(남만주)에서는 서로군정서가 이상룡을 독판으로 이청천(지청천)을 사령관으로 추대하였으며 신흥무관학교 졸업생들과 사생들로 편성된 무장 대오를 갖추었다. 병력은 대략 의용군 제1중대 800~900명 정도였다.

무장독립부대들의 국내진입작전과 봉오동전투

월슨의 민족자결주의에 고무되어 파리강화회의에 김규식을 파송하여 독립을 청원키로 하였던 조선인들의 독립대망이 보기 좋게 걷어 채이자 만주의 독립운동에 큰 변화가 일어났다.

봉오동전투 이전까지 무장독립투쟁의 대부분이 조선 국내진입작전이었다. 홍범도의 독립군은 1919년 8~10월에 압록강을 건너 함경도의 혜산진, 갑산군과 평안도의 강계, 만포, 자성에까지 들어가서 일본군을 습격하였다.

상해임시정부 군무부는 1919년 연말에 독립군의 조선국내 진입작전이 3월 1일에서 6월초까지 32회나 전개되었고 일제 군경 등의 관서를 파괴한 것이 34개소에 달하였다고 확인 발표하였다.[1]

조선총독부는 1920년 1월부터 6월까지 독립군이 조선 땅을 침입한 것이 32차에 이르렀다고 하였다.[2]

통계에 의하면 동만주(북간도)에만 하여도 2,900여 명의 무장독립군들이 있었고 그들이 두만강 남북에서 일제 침략군과 싸운 횟수는 1920년 한해만 하여도 1,651차에 달하였다.[3]

일제는 독립군의 무장투쟁이 식민지 통치에 위협이 되며 만주와 시베리아 진출에 장애물이 됨을 인식하고 독립군을 토벌하기 위하여 국내진입작전을 마치고 돌아간 부대를 따라 중국 영토에 침입하였다. 이 일로 말미암아 독립운동사에 최초의 독립전투로 기록되는 '봉오동전투'가 일어났다.

1920년 6월 4일, 도문시에서 서북쪽으로 대략 7km 떨어진 춘화향(석현)에 본부를 둔 신민단의 30여 명의 대원들이 두만강을 건너 조선 강양동의 일본군 초소를 습격한 후에 되돌아왔다. 그러자 남양의 일본군 수비대와 제19사단의 월강추격대가 강을 건너서 독립군들을 추격하였다. 6월 7일, 최진동 도독부의 근거지인 봉오동에 집결해 있던 대한독립군, 군무도독부, 신민단의 300여 명의 독립군들은 일본군의 추격에 대한 정보를 확인하고 인근의 주민들을 대피시키며 전투에 유리한 곳에 매복하여 대기하고 있었다. 그리고 그들은 유인되어 오는 일본군들이 매복지점에 들어서자 맹렬한 사격을 가하였고 전투는 오후까지 계속되었다.

봉오동전투에서 일본군은 150여 명의 사망자와 수십 명의 부상자를 내고 패배한 채로 조선으로 철수하였다.

봉오동전투는 독립무장단체들의 연합하여 중국 내에서 정규 일본군과 벌인 최초의 전투였으며 최초의 승리로서 조선인들에게 무장독립운동에 대한 투지와 신념을 고양시켜주었다.

일제의 독립군부대 토벌계획과 훈춘사건 조작

3·13용정만세시위 이후 일본은 무장독립운동단체들의 국내진입작전에 위협을 느꼈다. 일제는 1920년 5월 초에 조선총독부 경무국장 아까이께를 봉천에 파견하여 동북3성 순열사 장작림과 중일공동 '수사반'을 조직하여 봉천성과 간도일대의 조선독립무장부대를 토벌하기로 협정을 맺었다. '수사반'은 5월 중순부터 8월 중순까지 남만의 안동, 환인, 관전, 집안, 무순, 유하 등지에서 수백 명의 독립지사들과 독립군들을 체포하고 학살하였다. 남만주에서는 장작림의 협조로 독립군 부대를 마음대로 토벌할 수 있었으나 간도방면에서는 길림성 성장 서정림의 완강한 반대로 중일공동 수사반이 제대로 가동되지 못하였다.

그러자 아까즈까 총영사는 5월 29일 봉천총영사관에서 마찌노 고문, 마루야마 총독부 사무관, 히라마쯔 군참모 등과 함께 북간도 일대의 무장독립부대에 대한 토벌 대책을 세웠다. 그리고 마찌노를 조선에 파견하여 조선주둔군사령부와 총독부 관계자들과 상의하고 '길림성장의 취체가 철저하지 못하고 간도의 불령선인들의 정황이 악화되면 일본이 철저한 토벌을 주도한다.'라고 결의하였다.

봉오동전투에서 참패를 당한 일본은 조선인들의 독립군부대를 발본색원할 계책을 세웠다.

먼저 화룡현 관할지역 내의 두만강 나루터를 모조리 봉쇄하고 교통을 단절시켰다. 또한 조선 변경지대 회령에서 삼봉까지 통하는 경편철도 열차의 승객과 화물 운송을 중지시키고 일본 군대만 수송하였는데 6월 12일까지 총 3천여 명의 육군을 수송하여 종성, 동관, 창수, 삼봉 등지에 주둔시키고 수시로 월경 토벌할 태세를 갖추고 있었다.[4]

6월 9일, 북경주재 일본공사 오하다는 북경정부 외교총장대리를 회견하고 봉천, 길림 지방장관으로 하여금 당지 일본 영사와 시급히 협력하도록 압력을 가하도록 강요하였다.

7월 16일, 조선주재 일본군 참모장 오노, 관동군 참모장 대리 기지, 군사고문 사이또, 마쩨노, 조선총독부 경무과장 구니도모, 조선주둔군 참모 히라마쯔 등은 봉천총영사관에서 회의를 열고 아까쯔까 총영사가 토벌기한은 2개월로 하고, 출동 병력은 1개 연대로 하며, 토벌지역은 간도와 훈춘, 동녕현 일대로 할 것을 장작림과 교섭하여 중국 군대의 토벌에 길림독군 고문으로 사이또 대좌가 동행하며 만약 중국 군대가 토벌 시 원조를 요구하면 일본 군대도 참가할 수 있게 할 것을 결정하였다.[5]

8월 15일, 조선주둔군 참모장 오노, 총독부 경무국장 아까이께와 사이또 고문은 서울 회견에서 간도 지방에서의 불령선인에 대한 토벌은 사이또 대좌의 감독 아래서 진행하되 중국 관원이 토벌에 성의가 부족하거나 노력이 충분하지 않을 경우에는 경고를 주며 필요시에는 중국 관원에게 일중협동수사를 요구해야 한다고 주장하며 일중협동토벌은 그 영향이 크기 때문에 중국 정부를 강박하여 우리의 출병을 요구하게 하는 것은 적합하지 못하므로 형세의 발전에 따라 중국 관원과 협정에 의해 실시되도록 하여야 하며 외교에 영향을 주지 않도록 주의하면서 군 당국의 금후 방침을 세워야 한다고 전략을 세웠다.[6]

길림당국은 일본이 조선독립군부대의 토벌을 위해 중국에 출병하는 것을 단호히 거절하고 중국 군대를 출동해서 토벌을 감행하였다. 그러나 중국 군경들은 토벌할 때마다 토벌 소식을 사전에 누설해서 독립군들로 하여금 미리 이동하게 하였으며 그들이 미처 챙기지 못한 물건들을 수집하고 가옥과 병영을 소각하였다. 이런 정황을 포착한 일제는 중국 군대의 토벌에 불만을 품고 조선독립군부대의 토벌에 직접 나서기로 하였다.

6월 17일, 일본 대장성(재정성)에서는 용정 일본총영사관 산하의 경찰 인력을 2배로 증가할 것을 비준하였다.

7월 조선주둔군 사령부에서는 〈간도지방 불령선인 토벌계획서〉을 작성하기 시작하였다.

8월 20일, 조선주둔군 사령부는 블라디보스토크에 러시아 간섭군으로 파견한 군사령부와 연락하여 일부 부대를 춘화의 토문자, 초모정자, 동녕 현의 삼차구, 왕청현의 라자구 방면에 파견하여 조선주둔군의 작전에 협력할 것을 요청하였으며 육군성과 참모본부에 28만 원의 경비를 신청하였다.[7]

8월 말에 〈간도지방 불령선인 토벌계획서〉 일체를 완성하였다.

계획서는 6개 부분으로 구성되었으며 토벌기간은 2개월로 첫 단계는 주로 독립무장부대에 대한 토벌을 실시하고, 두 번째 단계에서는 잔여부대를 소멸하는 것이었다. 병력은 제19사단의 제37, 제38여단을 주력으로 하고 시베리아에서 철수하는 일본군 제11사단, 제13사단, 제14사단의 일부를 훈춘과 동녕 일대에 포진하여 독립무장부대의 러시아행 퇴로를 차단하고자 하였다. 일본군은 연변을 두 개의 토벌구역으로 나누고 훈춘, 왕청, 용정, 두만강 연안 사면에서 포위하여 일시에 토벌하여 하였다. 그리고 관동군(북만주 주둔군)에게도 토벌계획서에 따라 만약의 경우 북쪽으로 퇴각하는 독립군무장부대를 도륙하도록 해림 방면으로 출동할 것을 명령하였다.[8]

일제는 간도에 출병할 수 있는 만반의 준비를 마친 후, 중국 정부가 항의할 수 없을 뿐만 아니라 세계 여론이 출병을 비난하지 못하도록 그럴 듯한 구실을 만들기 위하여 1920년 9월 12일, 9월 30일 그리고 10월 2일 두 번에 걸쳐 비적을 동원하여 '훈춘사건'을 조작하였다.

1920년 9월 12일, 동녕현 로흑산에 근거지를 둔 왕사해와 기꾸꼬 라는 일본인 애첩을 거느리고 사는 친일 비적 고산의 수하인 만순 등은 300~400명의 비적을 동원하여 훈춘현 소재지를 습격하였다. 그들은 아침 5시경에 훈춘현 소재지를 포위하고 변방 초소에 불을 지른 후 비적들은 현공서, 세무국 등에 쳐들어가 재물을 닥치는 대로 약탈하였다. 일본 경찰서와 영사관은 피해가 전혀 없었다. 비적들은 세 시간 정도 성안에서 행패를 부리다가 퇴각하였다. 《길장일보》 보도에 의하면 그들의 습격으로 상가지역 내 가옥 200칸이 불에 탔고 80여 명의 중국인과 6명의 조선인이 납치를 당하였고 약탈당한 재물은 1,500만조에 달하였다.9)

그 후 9월 30일에 친일 비적 고산의 수하인 비적 진동이 훈춘현 대황구에 주둔하고 있는 중국군 공병영 제4련을 습격하여 20여 명을 납치하고 무기와 탄약을 탈취해갔다.

두 차례의 비적들의 훈춘현 습격사건은 문제가 되었으나 중국인, 중국 군대 및 조선인에게만 피해를 주었고 일본 영사관이나 일본 거주민에게는 아무런 피해를 입히지 않았다. 그러므로 일제는 간도에 출병할 구실을 만들기 위해 새로운 사건을 조작해야 했다.

10월 2일 새벽 4시 비적 400여 명은 두목 진동과 만순 등의 지휘 하에 기관총 2정, 대포 1문을 가지고 동서로 나뉘어서 훈춘현 소재지를 공격하였다. 비적들은 대포로 서북 성문을 통제하고 기관총을 난사하며 일본영사관을 포위하고 폭탄을 던져 불태웠다. 이어서 6개의 상점을 방화하고 약탈하였다. 그들은 현금 12만 원을 약탈하였으며 일본인 경찰 1명, 일본인 11명, 조선인 6명을 살해하고 200여 명의 백성들을 납치하여 철수하였다.10)

두 번째 훈춘사건의 사망자, 중상자와 경상자 대부분이 일본인들이었고 영사관이 가장 큰 피해를 입었으므로 일본은 최근 훈춘에서 발생한 흉변은 전적으로 불령선인들이 마적 그리고 과격파 러시아인들과 손을 잡고 일으킨 것이라는 여론을 대대적으로 조성한 후 일본인의 생명의 안전을 보호한다는 미명하에 간도에 25,000여 명의 군대를 파견하여 불령선인이라 불리는 무장독립군에 대한 대토벌을 시작하였다.

무장독립부대는 중국군의 사전 고지를 따라서 이동을 시작하였다. 청산리전투가 일어나기 전에 대한독립군, 국민회군, 신민단, 한민회군, 의민단, 북로군정서 등 무장독립군부대들은 산악지대이며 지리적으로 조선과 가까운 화룡현 2도구와 3도구로 집결하였다.

2. 청산리전투의 서막

무장독립군부대의 이동과 홍범도 연합부대 편성

무장독립부대의 이동

일제의 압력을 받은 중국 정부는 연길주둔 육군 제2혼성여단 보병 제1퇀장 맹부덕에게 무장독립군부대를 토벌하라고 명령하였다. 마지못해서 토벌을 수행하는 맹부덕부대는 자기들의 토벌은 '일제를 속이기 위한 것'

이라고 하면서 독립군부대에게 요녕성과 길림성 변경오지로 가서 '요녕에서 토벌하면 길림으로, 길림에서 토벌하면 요녕성으로 피하는 작전'으로 대응하라고 알리고 토벌을 시작하기 전에 독립군부대에게 부대의 이동경로를 미리 통보를 하여주었다.[11]

중국 정부의 토벌이 시작되자 독립군부대들은 8월 하순부터 근거지 대이동을 시작하였다.

홍범도의 대한독립군 300여 명은 1920년 8월에 의란구에서 떠나 명월구를 거쳐 안도현과 화룡현의 접경지대인 어랑촌에 도착하였다.

8월 말에 연길현 의란구 이청배에 주둔하였던 안무의 국민회군 200여명은 맹부덕부대의 토벌에 대한 정보를 입수하고 안도현 방면으로 이동하여 9월 말에 어랑촌 부근에 도착하였다. 국민회군의 목적지였던 어랑촌 부근에는 청산리, 백운평, 십리평에 캐나다장로교 교회들이 이미 세워져 있어서 국민회군은 그들을 통하여 군수품의 보급을 받았다. 안무는 어랑촌 부근에서 홍범도 부대와 만난 후에 팔가자진 풍산촌으로 이동하였는데 풍산촌은 '구세동'으로 불리기도 했던 캐나다장로회 소속 교회가 있는 마을[12]이었다.

최진동의 도독부는 왕청현 라자구로 이동하였다. 한민회, 의민단, 의군부, 신민단 등 무장 단체들이 속속 어랑촌으로 집결하였다. 10월 13일 홍범도연합부대 출범 이후 광복단도 청산리 방면으로 도착하였다.

북로군정서는 9월 9일에 사관연성소 졸업식을 마치고 12일에 교성대(여행단)와 본대를 편성한 다음 이범석을 단장으로 하는 교성대가 먼저 왕청현 서대파, 십리평을 떠나 10월 12일과 13일 사이에 청산리에 도착하였다. 김좌진이 지휘하는 본대는 10월 16일에 도착하였다. 당시 북로군정

서 병력은 약 600명이였다.[13]

독립군부대들의 회합과 홍범도 연합부대 편성

당시 어랑촌에 집결한 부대는 대한독립단, 국민회군, 의군단, 의민부, 신민단 등의 부대들이었다. 이들은 10월 13일 모임을 가지고 홍범도를 지휘관으로 하는 연합부대를 형성하였다. 이들의 부대 병력은 대한독립군단 300여 명, 국민회군 250여 명, 한민회 200여 명, 신민단 200여 명, 의민단 100여 명, 허근이 지휘하는 의군부 300여 명(연합모임 후에 참여), 광복단 200여 명(연합모임 후에 참여)으로 대략 1550 여 명으로 추산된다.[14]

그러나 다른 기록도 있다.

…무산간도 류동 홍범도부대 약 300명, 안무가 거느린 국민회군 약 250명, 한민회 약 200명, 의군단 약 100명, 신민단 약 1100명, 합계 1950명.[15]

또 다른 기록이 있다.

홍범도 장군의 지휘하의 독립군 연합부대 구성전후에 의군부와 광복단도 연합부대에 합세하여 더욱 큰 역량을 이루었다. 그 병력정황을 살펴보면 아래와 같다.

대한독립군 약 300명 (봉오동전투 참전, 홍범도)
국민회군[16] 약 250명 (봉오동전투 참전, 캐나다장로회, 안무)
한민회군 약 200명 (이명순 단장, 캐나다장로회)

의민단군 약 100명 (방우룡 단장, 천주교계))

신민단군 약 200명 (봉오동전투 참전, 김규면 단장, 기독교 성리교파)

의군부군 약 150명 (이범윤 단장 , 왕정복고주의)

광복단군 약 200명 (이범윤 단장, 왕정복고주의, 위정척사)

7개 반일무장부대의 병력은 도합 1,400여 명이었다.[17]

북로군정서의 병력은 선발대(여행단, 교성대)와 본대를 합하여 1,000여 명에 이르렀다.[18] 북로군정서의 병력이 1,800명[19]이라는 기록도 있는데 화룡문사자료 4집 89쪽에 의하면 이는 가족과 비전투원이 1,200여 명이고 전투원은 600여 명이다. 김철수의《연변항일 사적지 연구》463쪽도 북로군정서의 병력을 600여 명이라고 기술하고 있다. 화룡문사자료 4집 95쪽에 의하면 북로군정서 제1대대는 김좌진이 거느렸으며 제2대대 600명은 이범석이 거느렸다고 한다.

10월 13일 홍범도 장군은 화룡현 이도구에서 대한독립군, 국민회군, 신민단, 의민단, 한민회와 함께 독립군부대 지휘자회의를 소집하였다. 그들은 홍범도를 사령관으로 하여 연합부대 편성하고 일본의 습격에 군사행동을 통일하기로 하였다. 그리고 통일된 작전 지휘부를 만들고 연합작전에 대한 5개 조항을 결의를 하였다.

1) 상술한 무장단체의 군사행동을 통일한다.

2) 국민회(간도국민회)에 등록된 자들을 총 동원하고 예정된 부서에 취임

할 것.

3) 군량 및 군수품 징수에 급히 착수할 것.

4) 정찰대를 조직하여 각 방면에 밀행시켜 일본 군대의 동정을 탐지할 것.

5) 일본 군대와의 응전은 그 허를 찌르거나 또는 산간에 유인하여 필승을 기하도록 하고 그 외는 싸우지 말 것.

10월 19일 묘령에서 홍범도 연합부대와 북로군정서 수뇌부 회의를 열었다.

북로군정서에서 현천묵, 계화, 이범석 등이 참여하였고 연합부대에서는 안희(안무), 이학근, 홍범도, 박영희 등이 참여하였다. 당시 북로군정서 사령관인 김좌진은 묘령회의에 참석하지 않았으며 라월평에서 북로군정서 본대를 후방으로 이동시키고 있었다.[20]

묘령회의는 청산리 전투를 이틀 앞둔 긴급회의로 일본군의 공습에 대한 대응책을 논의하였으나 북로군정서 부총재인 현천묵의 피전책이 대세가 되어 일본군 공세에 대응하지 않고 회피할 것을 결의하였다. 홍범도는 연합해서 전투에 임할 것을 주장하였으나 북로군정서와 끝내 합의를 이루지 못하였다. 그리하여 두 부대는 각자 일본군의 공격에 대응하여야 했다. 그러나 일본군의 포위와 급속한 추격은 독립군부대들로 하여금 피전책을 버리고 전투에 임하도록 몰아갔다.

일군의 간도출병과 아즈마지대의 배치

일본군의 간도 출병

토비를 동원해서 훈춘사건을 일으켜 만주 출병에의 여론을 형성한 일제는 10월 3일에 야스베부대(보병 1개 중대, 기관총 1개 소대)를 조선의 경원군 훈융리에서 훈춘으로 출동시켰다. 이어서 7일 경부터 일본군은 연변을 갑구(훈춘, 초모정자 지방), 을구(서대파, 하마탕, 백초구), 병구(용정, 국자가, 투도구) 등 3개의 토벌구역으로 나누고 조선주둔군 제19사단 제38여단장 이소바야시가 이끄는 이소바야시지대 4,000명, 보병 제76연대장 기무라가 이끄는 기무라지대 3,000명, 제37여단장 아즈마가 이끄는 아즈마지대 5,000명을 출동시켜 두만강을 건너서 독립군의 배후 근거지가 되는 훈춘, 왕청, 용정으로 진격하였다.

일본은 3개 지대 외에 무장독립군부대의 북만에로의 탈출을 막기 위하여 하얼빈에 주둔하고 있는 관동군 제53연대 야스니시지대를 해림을 중심으로 한 중동철도연변에 파견하였고, 러시아 간섭군으로 시베리아에 출병한 제11사단의 히데시마 소좌가 독립군부대의 러시아 연해주행을 막기 위하여 훈춘 춘화지구로 출격하였다. 제 13사단의 하네이리대좌는 흑룡강성 동녕현 동부에서 중국과 러시아 변경을 막았으며 후에는 로흑산 부근으로 진격하였다. 제14사단 제28여단의 4,000여 명의 일본군은 훈춘과 용정으로 들어가 이소바야시지대와 아즈마지대를 강화시키고 일부는 나남으로 돌아갔다.[21]

또한 무산대안에 있는 무장독립군부대들을 견제했던 두만강변의 제19사단 제73연대의 2개 중대를 도강시켜서 무산대안 일대의 독립군을 토벌하게 만들었다.

간도 각처에 주재하고 있는 일본총영사관, 분관, 경찰서들은 무장독립군부대와 항일민족의식을 가진 마을과 학교 명단을 작성하여 일본군의 토벌과 잔학행위에 협조를 하였다.

아즈마지대의 배치

일본군이 무장독립군부대 초토화를 목적으로 하고 사면에서 포위하며 압박하는 전술을 펼치기 시작했을 때 무장독립군부대의 일부는 북간도 서부 화룡현 밀림지역, 일부는 동부 라자구 방면으로 이동하였다.

그리하여 1920년 10월 하순에 화룡현 경내의 남쪽으로 삼도구의 청산리, 북쪽으로 고동하강반의 오도양차, 동쪽으로 이도구, 서쪽으로 봉밀구에 이르는 협소한 산악지역에서 아즈마지대의 5,000명 일본군과 무장독립군부대 2,400여 명이 쫓고 쫓기게 되어 일전을 피할 수 없게 되었다.

용정, 국자가, 두도구, 삼도구 일대의 초토화를 맡은 아즈마지대의 참전부대는 보병연대와 기병연대, 포병, 공병, 헌병 등의 혼성부대였으며 지대장은 아즈마 소장이었다. 부대 구성은 아래와 같다.[22]

지대장 : 육군소장 아즈마 세이히꼬

보병 제37여단 사령부

보병 제37연대

보병 제74연대 제2대대

기병 제27연대

야포병 제25연대 제1대대

공병 제19대대 제3중대

헌병 약간

5,000명의 정예군으로 구성된 아즈마지대는 10월 15일에 용정에 도착하여 작전을 개시하였다. 그들은 10월 17일 북로군정서 부대 500~600명

이 청산리에 주둔하고 있다는 정보와 10월 18일 홍범도연합부대가 투도구 서쪽 약 5리 정도 떨어진 산속에 있다는 정보를 접수하고 아즈마지대는 부대를 두 개로 나누어서 청산리와 어랑촌으로 출동하였다.

아즈마는 청산리 북로군정서 토벌을 야마다대좌에게 맡겼다. 야마다대좌는 자기 부대를 좌우종대로 편성하였고 좌종대는 자기가 직접 거느리고 팔가자, 삼도구(충신장), 송월평을 거쳐 20일에 청산리에 도착하였다. 우종대는 나까무라대좌가 거느리고 이도구를 지나 봉밀구로 우회하여 북로군정서군의 퇴로를 차단하고 좌종대와 호응하여 북로군정서부대를 포위하였다. 야마다토벌대는 북로군정서를 대처하기 위한 부대로서 8,9백 명으로 추정된다.[23]

다른 한편 아즈마 소장은 홍범도 연합부대를 토벌하는 작전을 직접 지휘하였으며 보병제37여단 사령부, 보병제74연대 제2대대, 기병제27연대 전부 그리고 야포병, 공병, 제19사단직속부대를 총망라하여 거의 모든 병력을 총망라하였다. 아즈마 소장은 총 지휘부를 어랑촌에 두고 본인이 이끄는 지대예비대와 이이노대대와 가노우기병연대를 각 방면으로 출동시켜 천보산, 이도구 어구, 봉밀구 부근, 와룡, 계령 및 동남지역, 남양촌, 어랑촌, 승평령 오도양차를 샅샅이 수색하게 하여 북와록구에 있는 홍범도연합부대를 일거에 전멸시킬 태세를 취하였다.

아즈마 소장은 봉오동전투에서 일본군에게 최초로 참패를 안겨준 대한독립군, 국민회군, 신민단의 연합부대인 홍범도연합부대를 철저하게 궤멸시킬 작정이었다.

3. 청산리전투

청산리전투는 1920년 10월 21일에서 10월 26일 사이에 우리 무장독립군부대와 일본군 사이에 일어난 백운평전투, 완루구전투, 천수동전투, 어랑촌전투, 맹가구전투, 맹가구서골전투, 만기구전투, 고동하곡전투 등 대소 십여 회의 전투를 통 틀어 일컫는 것으로 북로군정서 백운평 매복전을 시작으로 하여 홍범도연합부대의 고동하곡전투로 끝이 났다.

백운평전투

백운평전투는 청산리 전역에서 북로군정서군이 일본군과 싸운 최초의 전투이다. 좀 자세하게 설명하면 10월 21일 아침에 북로군정서군의 연성대장인 이범석이 지휘하는 선두부대(제1대대, 교성대, 여행단)가 야마다연대의 야스가와소좌 부대와 격전 끝에 30분 만에 90여 명을 전멸시킨 전투로 일본의 정예군과 겨룬 최초의 전투이며 최초의 승전이었다.

북로군정서 연성대(교성대, 선견부대, 여행대)는 10월 12일, 13일에 화룡현 삼도구 일대에 도착하였다. 북로군정서 본대는 10월 16일에 화룡현 삼도구 부근 대금창에 머물렀다가 송림평으로 이동하였다. 10월 19일 홍범도연합부대와 북로군정서 대표가 모인 묘령회의에서 피전책이 결정되고 난 후 10월 20일 새벽 야마다부대가 청산리골로 진격하고 있다는 정보를 접한 북로군정서는 꽤 넓은 평지인 송림평을 떠나 청산리 깊숙한 협곡 백운평 방향으로 이동하였다.

북로군정서의 수뇌부는 총재 서일, 부총재 현천묵, 재무부장 계화, 사령관에 김좌진, 참모부관에 나중소, 부관에 박영희(박두희), 연성대장에 이범석, 종군 장교에 이민화, 김훈, 백종렬, 한근원(한건원), 보병대대장 김규식이었다.[24]

10월 20일, 이범석이 거느린 선두부대 (제2대대, 교성대, 연성대, 여행대)는 송림평을 떠나 백운평에서 3, 4리 더 들어가 있는 직소택 부근에서 행군을 멈추었다. 이범석과 연성대 지도자들은 좌우 양편 험한 산기슭에 숲속에 매복하여 폭이 아주 좁은 골짜기에서 전투를 치르기로 하였다.

본부대인 후속부대는 20일 저녁 무렵에 백운평에 이르러 직소택 건너편 사방정자(베개봉) 산기슭에 매복하였다. 선두부대의 이민화의 1개 중대는 우측에. 한근원의 1개 중대는 좌측에, 김훈의 우중대와 이교성의 좌중대는 직소택의 정면에 매복하였고 이범석은 정면에서 전반 전투를 지휘하였다.

그들은 그 날 밤 백운평 주민들에게 식사를 부탁하였고 주민들은 식사를 마련하여 직소에 있는 선두부대에 전하였다. 20일 밤 부대원들은 심산에서 서리를 맞으며 꼬박 밤을 새웠다.

북로군정서 선두부대가 직소택에서 매복 진을 벌려 놓고 일본군을 기다리고 있을 때, 야마다연대의 야스가와소좌가 지휘하는 선발부대 1개 중대 90여 명이 백운평 서쪽 2km 지점에서 북로군정서군의 야영자리와 화톳불 흔적을 발견하였다. 그들은 승기를 잡고자 경계를 강화하면서 성급하게 단서를 쫓아서 일렬로 직소택 쪽으로 올라와 매복권 내에 들어섰다.

이범석의 총소리를 신호로 하여 사격이 시작되었다. 일본군은 독립군의 돌발적인 습격에 대응사격을 하였지만 독립군들의 매복지점을 알지 못하였으므로 헛총질을 하였다. 약 30분간의 격렬한 전투 끝에 일본군 90

여 명이 거의 사살되었다.

백운평 직소택전투에서 승리한 북로군정서군은 직소택에서 2km 지점에 있는 봉밀구로 이동하였다. 김좌진 장군이 본대를 거느리고 먼저 이동하면서 선두부대에게 본대 철수를 엄호할 것과 22일 새벽 2시 전에 봉밀구 갑산촌으로 집결을 명하였다. 선두부대는 본부대의 철수를 엄호한 후에 한근원중대를 후위로 갑산촌으로 철수하였다.[25]

이 전투에서 독립군의 손실은 전사 및 실종자가 22명이고 일본군의 손실은 1920년 11월 20일자 《독립신문》에 의하면 200명이다.

백운평전투는 청산리전투의 최초의 전투이자 최초의 승전이라는데 큰 의미가 있다.

완류구전투

완류구전투는 10월 22일 청산리전역에서 홍범도연합부대가 전략과 전술로 아즈마지대 일본군과 싸운 최초의 전투이며 아즈마 주력부대에 최대의 타격을 입힌 최고의 전투이다.

완류구는 왈리구, 와록구, 마록구 등으로도 불리며 현재의 어랑촌에서 서북방향으로 뻗은 골짜기이다. 어랑촌에서 7.5km 들어가면 남완류구가 있고 거기서 서쪽으로 좀 올라가면 영마루가 있는데 이 영마루가 남완류구와 북완류구의 영마루이며 완류구전투 지점이다.

봉오동전투의 패배를 설욕하고자 하는 19사단의 아즈마 소장은 예비대를 이끌고 홍범도연합부대를 찾아 10월 21일 와룡에서 숙영을 하였다. 22일 아침에 홍범도연합부대의 종적을 찾아서 계곡을 따라서 5km 정도에서 골짜기 끝에 도착하였다. 이 때 남양촌에서 숙영하였던 이이노부대도 아침 일찍 강을 건너 북완류구로 올라왔다.

홍범도 장군은 정찰병으로부터 일본군의 동태를 파악하고 북완류구와 남완류구의 중간지대인 등마루에 부대를 배치하였다. 홍범도연합부대는 천리봉 기슭 양 영마루에서 남완류구와 북완류구에서 올라오는 일본군에게 반격을 가한 후에 산 고지대로 후퇴하는 것처럼 작전을 써서 아즈마예비대의 측면을 공격하였다. 아즈마예비대는 홍범도의 주력부대가 산의 고지대에서 공격하는 줄 알고 고지대를 점령하였다. 고지대에 오른 예비대는 북완류구에서 올라오는 이이노부대의 사격을 받았다. 이이노부대는 예비대를 홍범도연합부대로 착각하였다. 이이노부대의 공격을 받은 예비대도 이이노부대를 홍범도의 부대인 줄로 알고 맹렬히 반격을 가하였다. 홍범도연합부대도 예비대를 향하여 맹렬히 사격을 하였다. 그리하여 아즈마의 예비대는 홍범도연합부대와 이이노부대의 협공으로 거의 전멸되었다.

홍범도연합부대는 일본군들이 서로 살상을 벌이고 있는 틈을 타서 봉밀구로 철수를 하였다.

완류구전투에서 홍범도연합부대는 7명 이상의 손실을 보았으며 일본군 전사자는 400여 명에 이르렀다.[26]

아즈마 소장은 홍범도연합부대를 일거에 전멸시키려 하였지만 그는 전략과 전술에 뛰어난 홍범도연합부대와의 첫 전투에서 완패를 당하였다. 완류구전투의 전사자 대부분이 아즈마지대의 주력부대였으므로 아즈마지대는 큰 타격을 받았다. 일본군은 회령에서 급파되어 온 고데다대좌가 거느린 임시산포대(포 4문, 말 82필, 인원 약 150명)를 10월 23일자에 바로 이도구로 공수하여 아즈마지대를 돕게 하지 않으면 안 될 정도로 파괴되

었던 것이다.27)

홍범도연합부대의 전술은 청산리전투 사상 최고의 전투였다. 인원이나 무기로서는 이기기 어려운 전투였다. 그러나 지형지물을 이용한 부대배치와 치고 빠지는 이동, 적군을 혼란에 빠트려 같은 일본군끼리의 전투를 유도하고 적군에게 타격을 가하는 전술로 홍범도연합부대는 조선 독립군 부대의 저력을 보여주었으며 아즈마지대의 예봉을 꺾었다.28)

《독립신문》은 완류구 전투의 일본군 전사자를 400명, 당시 상해에서 출판된 간행물인 《진단》은 1,200명으로 보도하였다. 이는 완류구전투의 전과가 다른 전투에 비해 크다는 강조이며 완류구전투가 청산리전투에서 최고의 전투임을 말해주는 것이다.

천수동전투

천수동전투 (천수평전투)는 북로군정서군이 천수동에 주둔하고 있는 일본군 기병 1개 소대 40여 명을 습격하여 달아난 4명을 제하고 전멸시킨 전투이다.

백운평전투에서 승전한 북로군정서군은 10월 22일 새벽 2시 30분에 봉밀구의 갑산촌에 집결하였다. 그들은 이른 아침밥을 지어 먹고 그 곳 주민들로부터 천수동에 적군 기병 1개 소대 40여 명이 주둔하고 있다는 소식을 들었다. 북로군정서군은 그들을 치기로 하고 이범석이 지휘하는 여행단(제1대대, 선두부대) 80여 명을 파견하였다. 그들은 새벽 5시경에 천수동 앞 남산에 도착하여 잠자고 있는 일본군을 기습하였으나 누군가의 오발로 그들이 깨어났다. 그들 중 4명이 달아났고 나머지는 몰살을 당하였다. 북로군정서군은 2명이 전사하였고 17명이 가벼운 부상을 당하였

다.29)

북로군정서군은 노획한 일본군의 문서에서 아즈마지대의 본부가 어랑촌에 자리 잡고 있다는 사실을 알았다. 북로군정서군 지휘부는 천수동은 어랑촌 서남쪽 약 7.5km 되는 곳에 위치해 있고 갑산촌은 어랑촌 서남쪽으로 10km에 위치해 있었으므로 아즈마의 일본군 주력부대와 일전이 불가피하다는 사실을 깨달았다. 김좌진 장군은 대부대의 공격을 예상하면서 일부 부대를 서남쪽 3리 남짓이 되는 산고지에 파견하여 일본군의 진로를 막고 주력 부대를 거느리고 천수평 입구에 있는 야계골 양측의 고지를 선점하였다. 한편 천수동에 독립군이 나타났다는 급보를 접한 아즈마지대는 가노기병연대를 파견하여 천수평 입구로 몰려들었다. 그리하여 어랑촌전투가 시작되었다.30)

어랑촌전투

어랑촌전투는 청산리전투에서 규모가 가장 크고 치열한 전투였다. 전투는 10월 22일 오전 9시에 시작되어 저녁 7시까지 야계골 고지에서 북로군정서군, 홍범도연합부대와 일본군 아즈마지대 주력부대 간에 벌어진 전투이다.

처음에는 북로군정서군과 가노우가 지휘하는 제27기병연대 주력부대와 일부 보병이 전투를 벌였다. 몇 차례 야계골 고지 진공에서 실패한 일본군은 기병대를 동원하여 우회하는 전법을 썼으나 이 또한 여행단의 집중사격으로 실패하였다. 그러나 12시 30분에 홍범도연합부대를 추적하던 이이노대대와 아즈마 소장의 주력부대가 어랑촌전투에 참여하였다. 오후 2시경, 전투가 더욱 치열해지며 북로군정서군이 열세에 몰리며 야계골이 점령당할 위기에 직면하였을 때 홍범도연합부대가 전투에 참전하였다. 당시 그들은 완류구전투를 끝내고 봉밀구 쪽으로 퇴각하는 중에 어랑촌전투에 대한 정보를 접하고 야계골로 들어왔고 북로군정서군보다 더 높은 고지를 점령하여 북로군정서군을 향해 진격하는 일본군들에게 맹사격을 퍼부었다.

홍범도연합부대의 참전으로 전세가 역전되었다. 일본군은 승리를 눈앞에 두고 부대가 분산할 수밖에 없었고 공격하는 입장에서 양쪽의 부대의 공격을 받는 입장이 되었다. 일본군과 독립군부대는 어두워서 전투를 할 수 없게 될 때까지 혈전을 벌였다. 장시간 계속된 전투로 허기진 독립군부대는 그 당지의 백성들이 생명을 걸고 날라 온 음식으로 힘을 얻으며 독립에의 의지를 불살랐다. 어두워지자 일본군의 공습이 잦아들었고 북로군정서군과 홍범도연합부대 또한 어둠을 타고 퇴각하였다.

어랑촌전투는 3,000명[31] 이상의 대병력이 충돌한 대규모의 전투였다. 그러나 다른 전투와 마찬가지로 양측이 어느 정도 피해를 입었는지 명쾌하게 밝혀주는 자료가 없다.

일본은 사상자를 숨기고 전사 3명, 부상자 11명이라고 보고하였으나[32] 그 후 육군성에서는 10월 22일 봉밀구전투에서 74명이 죽거나 다쳤다고 보고하여 앞의 조선군사령관의 보고가 거짓임을 드러내주었다.

이범석은 《우둥불》에서 독립군에게 살상된 일본군은 가노우연대장을 비롯하여 1,000명이라고 하였으며 독립군의 전사자와 부상자도 100여 명에 이른다고 하였다.

중국지방관청에서는 1,300명이라 추산하였다.

북로군정서 총재 서일의 보고는 살상된 일본군은 연대장 1인, 대대장 2

인, 기타 장교 이하 1,254인(적의 자상격살 500여인 포함)이며 부상자는 200인이라고 하였으며 아군의 사망자는 1인, 부상자 5인, 포로 2인이라고 밝히고 있다. 그러나 자상격살은 어랑촌전투가 아닌 완류구전투에서 일어난 사건이므로 서일총재의 어랑촌 승전 기록에 완류구전투가 포함된 것으로 보아야할 것이다.

박은식도 《한국독립운동지혈사》 442쪽에서 "일본 영사관의 비밀보고에 의하면, 이도구 전역에서 카노연대장을 비롯하여 대대장 2명, 소대장 9명, 하사이하 병사 사상자가 800여 명에 달한다"고 하였다.

당시 독립군측 피해에 대하여 상해에서 출간되던 《진단》에도 독립군의 전사자 200여 명이라고 기술하였다.[33]

어랑촌전투는 청산리전투 중에 규모가 가장 크고 치열한 전투였으며 북로군정서군과 홍범도연합부대가 함께한 연합전투였다. 쌍방이 참전한 병력도 가장 많았고 전투시간도 가장 길었으며 쌍방의 손실도 가장 컸다. 당시 야계골 고지를 점령한 북로군정서군은 공격해 올라오는 일본 적군의 진격을 필사적으로 방어하였으나 전멸될 위기에 처했다. 그러나 절체절명의 순간에 홍범도연합부대의 참전으로 위기에서 벗어나 사기충천하여 역전의 기회를 잡았다. 일본군은 우수한 화력으로 대포까지 동원하여 연속적인 공격을 하였으나 끝내 고지를 점령하지 못하였고 어둠으로 전투를 중지하지 않을 수 없었다. 그러므로 총체적으로 볼 때 어랑촌전투는 우리 독립군부대의 판정승으로 끝난 셈이다.

어랑촌전투는 연합의 길이 민족의 나아갈 길이며 살길임을 보여주었으나 독립운동계는 청산리전투 이후 연합이 아니라 분리와 분열, 분산의 길로 나아갔다.

맹개골전투, 만기구전투, 맹개골 시거우전투, 천보산전투

어랑촌전투가 끝난 후 홍범도연합부대와 북로군정서군은 어둠 속에서 와룡북쪽 장인강 상류지대로 이동하였다. 북로군정서군은 퇴각을 하면서 맹가구, 만기구, 맹가구서골, 천보산에서 소소한 전투를 치렀고 홍범도연합부대는 천보산에서 전투를 벌였다. 그 후 홍범도연합부대는 와룡방향으로 되돌아와서 와룡향 경내인 고동하반 오도양차에서 전투를 치렀다.

맹개골 (맹가구)전투는 북로군정서군 소부대가 10월 23일 오후 3시경에 맹개골 삼림 속을 통과하다 일본군 기병 30여 명이 골짜기로 들어오는 것을 보고 매복전을 벌여서 적의 기병 10여 명을 사살한 전투이다.

맹개골전투에 대하여 홍범도나 일제가 남긴 기록이 없고 1921년 3월 12일에 발간된 《독립신문》 제 98호에 김훈이 기고한 북로우리독군실전기2편에 나오는 기록뿐이다.[34]

만기구전투는 북로군정서군이 같은 날에 맹개골전투에 이어서 만기구에서 일본군 30여 명을 사살한 전투이다. 맹개골전투에서 승리한 북로군정서군이 10km를 행군하여 만기구 삼림 속에서 쉬고 있을 때 일본군 보병 100여 명이 행군해오는 것을 보고 일제히 공격을 하여 적군 30여 명을 사살하였다. 이것이 만기구전투이다. 이에 대한 기록 또한 김훈이 《독립신문》에 기고한 글로만 확인될 뿐이다.[35]

맹개골 시거우(맹가구 서골)전투는 맹개골 시거우에서 북로군정서군이 일본군과 접전한 두 차례의 전투이다. 만기구전투에서 적을 살상한 북로군정서군은 황구령 방면으로 행군하다가 23일 밤 삼림 속에서 숙영을 하였다. 24일 아침 맹개골 시거우로 행군하던 중 일본군 보병 100여 명이 포 6문을 끌고 행군하는 것을 발견하고 즉각 공격하여 포병과 보병부대에 타격을 주고 후퇴하였다. 이어서 일본기병 1개 소대가 삼림좌측에서 삼림 쪽으로 올라오는 것을 발견하고 급습하여 대부분 살상하였다. 이것이 맹개골 시거우전투이다. 이에 대한 기록 또한 김훈이 《독립신문》에 기고한 기록뿐이다.[36]

천보산전투는 일제의 기록과 이범석의 기록이 있다.

이범석이 인솔하는 북로군정서소부대가 24일 밤 8시와 9시에 은동재 부근에서 천보산 부근의 은동광을 수비하고 있던 일본군 수비대 1개 중대를 습격한 전투와 홍범도연합부대가 식량조달을 위하여 일본군수비대를 습격한 전투를 말한다.

고동하곡전투

고동하곡전투는 청산리전투의 마지막 전투로서 1920년 10월 25일 밤중에 시작하여 26일 새벽까지 홍범도연합부대가 일본군 이이노추격대의 야습에 다시 반격하여 적 2개 소대를 섬멸한 전투이다.

어랑촌전투 이후 홍범도연합부대는 장인강 상류지대로 이동하여 천보산에서 전투를 벌인 후에 와룡방향으로 되돌아서 10월 25일 저녁 무렵에 고동하 강반에 도착하였다.

어랑촌전투 이후 일본군은 독립군을 찾아 사방으로 헤매었다. 기병연대는 오도양차 방면에서 독립군이 화집령과 묘령, 고동하곡을 지나 안도 방면으로 이동하는 길을 봉쇄하였다. 어랑촌 서남쪽으로 수색을 담당한 예비대는 23일 오전 9시경에 어랑촌을 출발하여 고동하상류 지역에서수색을 하다가 23일 오후 4시에 홍범도연합부대의 흔적을 발견하고 계속 추격하였다. 그들은 3일째 되는 날 밤 10시경에 고동하곡 오도양차 10km

부근에서 홍범도연합부대의 숙영지를 발견하였다. 이이노소좌는 밤 12시에 예비대를 나누고 자신 휘하의 2개 소대 병력으로 홍범도연합부대에 야습을 가하였다. 갑작스런 습격에 홍범도연합부대는 적지 않은 손실[37]을 입었지만 침착하게 협곡으로 부대를 분산, 매복시키고 은폐하여 반격을 가하였다. 반격전은 격전이 시작된 지 1시간도 채 못 되어 적의 2개 소대 병력을 전멸시켰고 패잔병들은 홍범도연합부대에 쫓겨 인근의 가장 높은 고지로 후퇴를 한 후에 철수하였다.

고동하곡전투에서 홍범도연합부대는 적 2개 소대 약 100명을 전멸시켰다.[38]

고동하곡전투를 마지막으로 하여 26일 낮부터 홍범도는 국민회군, 소수의 군정서군, 광복단 대원을 거느리고 안도현으로 들어가서 아즈마대의 포위 토벌 사정권에서 벗어났다.

4. 청산리전투 승리와 평가

승리의 요인과 승전 결과

청일전쟁과 러일전쟁으로 승승장구하며 동북아시아의 패자가 된 일제는 한일병탄으로 조선을 삼키고 21개조 조약으로 중국의 정치를 좌우하였으며 러시아의 반혁명 세력을 지원하기 위하여 시베리아 간섭군까지 파견하여 국내외에 무력을 과시하였다. 그러나 일본은 용정 3·13만세시위 후에 만들어진 간도의 조선 무장독립군부대의 국내진공작전에 수시로 공략을 당하였다. 그들은 자신들의 대동아 행보에 걸림돌이 되는 독립군들을 일거에 전멸시킬 계획으로 봉오동에 쳐들어갔으나 연합부대인 대한북로독군부의 유인, 매복전에 걸려서 참패를 당하였다.

일제는 봉오동에서 패배당한 수치를 만회하고 조선 내 식민지 통치와 만주에서의 일본세력 불식에 방해물인 만주의 무장독립군부대를 제거하고자 한중수사반을 꾸리고 훈춘사건을 조작하여 〈불령선인초토화계획〉으로 연변에 침입하였다. 그러나 자기들의 계획대로 무장독립군부대의 주력부대와 지도부를 궤멸하지 못하였고 도리어 봉오동에서 보다 더한 참패를 당하였다. 10월 21일부터 26일에 진행된 청산리전투는 실로 홍범도연합부대와 북로군정서군의 승리로 끝이 났다.

우리 무장독립군부대의 승리는 참으로 눈부신 것이었다.

군인과 무기, 식량과 기타 장비가 일체 보급되는 일본 정규군 대부대를 식량과 무기뿐만 아니라 군인도 제대로 수급 받지 못하는 재야 무장독립군 소부대가 싸워서 이긴다는 것은 불가능한 일이다. 그럼에도 불구하고 우리 재야 무장독립군연합부대는 일본 정규군을 이긴 자랑스러운 청산리전투의 승리를 나라를 잃고 슬퍼하는 망국의 백성들에게 그리고 우리 후손들에게 선물로 남겨 주었다.

승리의 요인을 북로군정서가 임시정부에 제출한 보고서에는 "생명을 불고(不顧)하고 분용결투(噴湧決鬪)하는 군인들의 항일정신이 먼저 적의 지기(志氣)을 압도함이요"라고 하였다. 이는 군인들의 생명을 건 전투의식과 의지, 즉 군인들의 사기가 충천해서 일본군의 기운을 제압했다는 말이다. 무장독립군부대 군인들의 용기와 불굴의 정신이 승리의 요인이라는 것이다.

말 그대로 군인들의 태도와 자세가 전투의 승리를 결정하는 중요한 요인임이 분명하지만 더 중요한 것은 나라가 없는 상황에서 독립을 열망하여 무장단체에 가입하고 자식을 군인으로 바치고 의연금을 내서 무기를 구입하도록 한 간도조선인들의 애국애족의 희생정신이다. 그들이 없었으면 용정 3·13만세시위도 없고, 무장독립운동단체도 없고, 봉오동전투나 청산리전투가 있을 수 없었다. 그들은 자식을 바치고 의연금을 내는 것으로 모자라서 전쟁 장비를 직접 실어 날라주고 전쟁 중에도 밥을 해서 나르고 심산유곡에서 길잡이를 해주고 적의 정보를 정탐하는 일까지 맡아 주었다. 간도 조선인들이야말로 청산리전투를 가능하도록 만든 자들이요, 끝내 승리할 수 있도록 생명을 걸고 무장독립부대를 지원한 사람들이다.

간도조선인들의 독립을 위한 헌신 위에 승리의 요인 한 가지를 더한다면 그것은 무장독립부대들의 연합이다. 당시 기독교 백그라운드를 가진 대한독립군, 국민회군, 신민단군, 의민단군, 한민회군은 10월 13일에 어랑촌에서 대표자 회의를 열고 홍범도를 사령관으로 하여 연합부대를 창설하였다. 모임 후에 광복단과 의군부가 어랑촌에 도착하여 연합부대에 들어왔다. 그들은 청산리 전투에서 함께 작전을 계획하고 함께 진격하며 함께 고난을 헤치며 어랑촌전투에서 패배로 막을 내리게 될 청산리전투를 승리로 이끌어냈다.

각 무장독립군부대의 연합 위에 승리의 요인을 한 가지 더하자면 홍범도연합부대의 철저한 지역요해와 식량 확보 및 마을주민과 협력관계를 꼽고 싶다. 홍범도부대는 한 달 전에 미리 들어와서 남완류구와 북완류구의 영마루 요지에 본부를 두었으며 군사훈련을 시켰다. 안무의 국민회군도 9월 말에 들어와 홍범도부대와 함께하였다. 그들은 10월 13일 모임에서 국민회(간도국민회)에 등록된 자들을 총동원하고 예정된 부서에 취임하

게 하였고, 군량 및 군수품 징수에 급히 착수하였으며, 정찰대를 조직하여
각 방면에 밀행시켜 일본 군대의 동정을 탐지하여 아즈마지대를 맞이할
준비를 하였던 것이다.

청산리전투의 승리의 원인은 훈련된 용감한 군인들, 헌신적으로 독립
군과 무장단체를 지원하는 용감한 주민들, 명예욕과 경쟁의식을 버린 무
장독립군부대들의 아름다운 연합, 독립군 부대지도자들의 철저한 지역
요해와 작전 구상, 군수품 준비의 결과였다.

승전 결과에 대하여 박은식은 《한국독립운동지혈사》에서 4전의 격전
에서 1천여 명의 적을 섬멸했으나 아군은 1명의 희생자도 없고 단지 5명
이 가벼운 상처를 입었다고 하였다.[39] 이범석은 그의 회고록 《우등불》
에서 일본의 사상자는 3,300명인 반면에 독립군부대는 전사 60여 명, 부
상 90여 명, 실종 200여 명이라고 하였다. 상해에서 나오는 잡지 《진단》
1920년 11월 14일자에는 일본군 전사자는 1,200명, 독립군 전사자는
200명으로 밝혀져 있다.[40]

황필항 노인은 1920년 삼도구지방과 독립군부대 사이에서 통신연락을
했던 자로서 백운평계곡에서 일본군이 죽은 장병들의 머리를 세 마차나
실어 내렸다고 증언하였다. 또한 1920년에 19세였던 이형권 노인은 어랑
촌 전투 후 일본군이 죽은 장병들의 머리를 네 바퀴 달린 중국 마차 세대
에 실어 투도구를 경유하여 용정으로 내려갔다고 하였다. 이런 증인들의
회상을 참고하면 청산리전투에서 일본군의 전사자가 1,000명이라는 것
은 단순한 과장만은 아니다.[41]

그러나 일제는 역사보관서류에 청산리전투에서의 구체적인 패배 기록을

남기지 않았다. 그들은 패배의 기록을 축소하고 은폐하였다. 물론 우리 측의 기록도 그 신빙성을 재고해보아야 하겠지만 비교적 사실에 가까운 것으로 보인다. 전사자의 숫자가 과장되었든 축소되었든 간에 일본군은 패배하였고 조선의 재야 무장독립부대들이 승리한 것은 역사적인 사실이다.

평가와 문제제기

청산리전투의 역사적 평가는 아직도 진행 중이다.

일본이 중국 땅 간도에서 활동하는 조선독립군을 전멸시키기 위해서 일으킨 토벌 중에 일어난 전투이지만 중국은 관심을 가질 일이 없고 중국 조선족이 관심을 가지고 있으나 민족주의자들의 전투이기 때문에 치열하게 연구를 하는데 한계가 있다. 일본은 기록으로 청산리전투의 패배를 인정하지 않기 때문에 연구자가 있을 리가 만무하다. 한국은 전투현장이 중국에 있고 청산리전투 70년이 되는 해까지 접근이 어려웠기 때문에 연구가 어려웠을 것이다. 무엇보다도 홍범도연합부대의 지도자인 홍범도와 안무가 공산당에 가입한 것 때문에 임정에서 홀대를 받은 것이, 반공을 국시로 내세운 이승만 정권에서도 계속되어서 청산리전투 전반에 대한 바른 연구가 어려웠을 수밖에 없었을 것이다. 앞으로 이념으로부터 자유로운 차세대에서 청산리전투에 대한 연구가 활발하게 일어나 전투의 진면모가 밝히 드러나며 역사에서 공정한 평가가 이루어지길 바란다.

연변의 조선족 학자들이 말하는 청산리전투의 역사적 의의는 첫째는 만주 조선인들의 항일투지를 고무시켰을 뿐만 아니라 전 중국인들의 항일의식을 추동하였다는 것이다. 둘째는 청산리전투 보도에 고무된 전 중국의 청년들과 백성들이 항일시위와 집회를 열어 일본의 만행을 폭로하고 일본 침략군의 철군을 강력히 요구하게 하였다는 것이다. 셋째는 항일부대의 전투는 침략자인 일본에 대한 반침략전으로 세계만방에 조선독립에의 의지를 각인시켰다는 것이다. 넷째 일본군이 계획한 〈불령선인초토화계획〉의 야망을 좌절시켰으며 만주 침략에 대한 계획에 영향을 미쳤다는 것이다.[42]

청산리전투는 무장독립부대가 간도에 자기들 마음대로 침입하여 중국의 주권을 엄중히 유린한 일본군에게는 참패의 충격을 주었으며 중국인에게는 연대와 항일의식을 불러일으켰고 망국 백성 조선인에게는 독립에의 희망과 상징이 되었으며 동시에 독립은 피 흘림의 무장투쟁을 통해서 오는 것이란 각성을 주었다.

분단의 시대를 사는 오늘의 우리들에게 청산리전투가 주는 의미를 깊이 생각하면서 공부하며 글을 쓰는 내내 떠오른 의문 몇 가지를 미래에 던지며 마치고자 한다.

첫째 북로군정서군은 전투를 치루기 위해 서부로 이동하면서 왜 1,800여 명의 사람들을 대대 적으로 동원했을까? 기록에 나오는 1,200여 명의 비전투요원들이 전투요원들의 행보에 지장을 줌에도 불구하고 함께 동행한 이유는 무엇일까?

둘째 10월 19일, 묘령에서 열린 각 부대 대표자회의에 북로군정서 사령관인 김좌진 장군은 참여하지 않았다. 그를 대신해서 이범석과 현천묵 등이 참여하였다. 사령관인 김좌진은 왜 대표자회의에 참여하지 않았을까? 북로군정서는 왜 연합을 거부하고 피전책을 주장하였을까? 피전책은 누구의 생각이었을까?

셋째 백운평전투에서 직소택에 부대를 매복시키는 작전을 계획하고 전투를 지휘한 사람은 연성대장 이범석인데 전투의 공로는 왜 김좌진 장군에게 돌려지고 있을까?

넷째 사령관이 천수평에 40여 명의 일본 기병대가 있다는 정보를 듣고 김좌진 장군이 이범석과 여행단(교성대, 선두부대, 연성대) 80명에게 전투 명령을 내린 것은 북로군정서가 천수평에서 이십오 리도 못 되는 거리에 아즈마지대의 주력부대가 있다는 정보를 몰랐다는 말인데 어떻게 이렇게 적의 정보에 어두웠을까?

다섯째 천수평전투로 말미암아 연이어 일어난 어랑촌전투에서 북로군정서군이 전몰할 위기에[43] 빠졌을 때 홍범도와 안무의 연합부대의 도움으로 가까스로 위기에서 벗어났는데도 불구하고 왜 우리 독립운동사에서는 북로군정서와 김좌진 장군이 청산리전투를 승리로 이끈 주역처럼 기술하는 것일까?

여섯째 홍범도와 안무는 봉오동전투 때도 4개의 부대를 연합시켰고 청산리전투에서도 7개 부대를 연합시킨 장군들임에도 불구하고 봉오동전투에 불참하고 청산리전투에서도 연합을 거부한 김좌진 장군이 왜 항일전투의 대명사처럼 인식되게 되었을까?

일곱째 어랑촌전투는 두 독립군 부대의 대표들의 합의아래 이루어진 연합작전이 아니고 전투의 상황 속에서 전멸당할 위기에 있는 북로군정서군을 홍범도연합부대가 참전하여 구출한 것인데 그런 사실은 왜 숨겨지는 것일까?

여덟째 북로군정서를 만들고 군인을 양성하며 장비를 구입하는 총체적인 업무를 감당한 사람은 총재 서일, 부총재 현천묵, 재무부장의 계화인데 1919년 8월 서일의 초청으로 왕청에 도착하여 1920년 3월에 서일에 의해 사관연성소의 소장으로 임명되고 1920년 9월 즈음에 북로군정서 서부전선 사령관으로 임명받은 김좌진이 어떻게 북로군정서의 대표처럼 알려지게 되었을까?

박은식은 청산리전투에 대하여 "~인류 역사상 미증유의 대 전공이라 하여 세계를 떠들썩하게 만들었다. 비록 막판에 식량이 떨어지고 총탄이 다하여 물러서기는 했더라도, 그 무용을 과시한 아군의 면목은 역력히 빛났다."고 탄복하였다.

식량이 떨어지고 총알이 다 소진되어 더 이상 싸울 수 없었던 슬픈 우리 조선 무장독립군들을 우리시대의 정치이념으로 매도하거나 왜곡하거나 과장하거나 축소하거나 짓밟아서는 안 된다. 뿐만 아니라 어느 한 사람만 클로즈업하여 특별히 영웅화시키는 것도 경계해야 한다. 왜냐하면 청산리전투는 홍범도연합부대의 완루구전투, 고동하곡전투와 그들이 구원군으로 참여해서 역전시킨 어랑촌전투가 주요전투이기 때문이기도 하지만 독립을 열망해서 무장독립운동단체에 가입하고 자식을 군대에 바치고 독립의연금을 내준 모든 간도 조선인들 모두가 후방에서 전방에서 독립군으로 참여하여 함께 승리를 거둔 전투이기 때문이다.

미주

1. 김춘선 외 2인, 《최진동장군》, 98쪽,

2. 같은 책, 98쪽

3. 김기봉 외 2인 편저, 《일본제국주의의 동북침략사》, 71쪽

4. 김춘선 외 2인, 《최진동장군》, 150쪽

5. 현천추, 《중국조선민족발자취총서 1 개벽》, 〈반일부대에 대한 일제의 토벌계획〉, 501쪽

6. 같은 책, 501쪽

7. 같은 책, 503쪽

8. 김철수, 김중하, 《룡정3·13반일운동 80돐기념문집》, "일제의 경신년대토벌에 대하여" 230쪽

9. 심영숙, 《중국조선민족발자취총서 1 개벽》, 〈훈춘사건〉, 506쪽

10. 김철수, 김중하, 《룡정3·13반일운동 80돐기념문집》, "일제의 경신년대토벌에 대하여", 281쪽

11. 허송남, 《중국조선민족발자취총서 1 개척》, 《청산리전역》, 510, 511쪽

12. 김철수, 《연변항일 사적지 연구》, 461쪽

13. 김철수, 같은 책, 463쪽

14. 장세윤, 《봉오동. 청산리전투의 영웅 홍범도》, 167~172쪽

15. 김택 주필 외, 《걸출한 조선민족영웅 이름난 독립군사령관 홍범도 장군》, 173쪽

16. 국민회군의 다른 칭호.

17. 김택 주필 외, 《걸출한 조선민족영웅 이름난 독립군사령관 홍범도 장군》, 183쪽
   리광인, 김송죽 저, 《백포 서일장군》, 378쪽은 1,000여 명 정도로 계산함.

18. 리광인, 김송죽 저, 《백포 서일장군》, 354, 355쪽

19. 김택 주필 외, 《걸출한 조선민족영웅 이름난 독립군사령관 홍범도 장군》, 188, 189쪽

20. 김철수,《연변항일 사적지 연구》, 468쪽

21. 같은 책, 403쪽

22. 김택 주필 외,《걸출한 조선민족영웅 이름난 독립군사령관 홍범도 장군》, 184쪽

23. 김철수,《연변항일 사적지 연구》, 465쪽

24. 김택 주필 외,《걸출한 조선민족영웅 이름난 독립군사령관 홍범도 장군》, 193쪽

　　허송암,《룡정3·13반일운동 80돐기념문집》, "청산리전역에 대하여", 301쪽

25. 김철호,《중국 조선족, 그 력사를 말하다 상》, 136, 137쪽

　　허송암,《룡정3·13반일운동 80돐기념문집》, " 청산리전역에 대하여", 303쪽

26. 김철호,《중국 조선족, 그 력사를 말하다 상》, 141쪽

27. 김철수,《연변항일 사적지 연구》, 502쪽

28. 같은 책. 503쪽

29. 김택 주필 외,《걸출한 조선민족영웅 이름난 독립군사령관 홍범도 장군》, 202쪽

30. 김춘선 외,《항일전쟁과 중국조선족》, 146쪽

　　김택 주필 외,《걸출한 조선민족영웅 이름난 독립군사령관 홍범도 장군》, 202쪽

31. 홍범도연합부대 1,400명, 북로군정서군 600, 일본군 1,000명으로 계산할 경우
　　3,000명의 병력으로 추산이 된다. 아즈마지대 병력 5,000명 중에서 어랑촌전투에
　　1,000명이 참전했다는 주장은 화룡시역사지관공실의 역사연구가인 허송암, 연변대
　　민족역사연구소 소장이자 교수인 김춘선의 글을 참고함.

32. 장세윤,《봉오동.청산리전투의 영웅 홍범도》, 184쪽

33. 김철수,《연변항일 사적지 연구》, 525 쪽

34. 김철수,《연변항일 사적지 연구》, 534 쪽

35. 김철수,《연변항일 사적지 연구》, 535 쪽

36. 김철수,《연변항일 사적지 연구》, 537 쪽

37. 김철수,《연변항일 사적지 연구》, 532 쪽

38. 장세윤,《봉오동.청산리전투의 영웅 홍범도》, 188쪽

39. 박은식,《한국독립운동지혈사》, 442쪽

40. 김택 주필 외,《걸출한 조선민족영웅 이름난 독립군사령관 홍범도 장군》, 208쪽

41. 리광인, 김송죽 저《백포 서일장군》, 381, 382쪽

42. 연변조선족사 집필사조편,《연변조선사 상》, 161쪽

43. 리광인, 김송죽 저《백포 서일장군》, 380쪽

　　김춘선 외,《항일전쟁과 중국조선족》, 146쪽

참고서적

• 리광인, 김송죽,《백포 서일장군》, 민족출판사, 연변인민출판사, 2015

• 장세윤,《봉오동.청산리전투의 영웅 홍범도》, 한국독립운동사연구소, 2017

• 심영숙,《중국조선족 력사독본》, 민족출판사, 2016

• 김철호,《중국 조선족, 그 력사를 말하다 상》, 연변교육출판사, 2018

• 박은식,《한국독립운동지혈사》, 서문당, 2019

• 김춘선 외 2인,《최진동장군》, 흑룡강조선민족출판사, 2006

• 반병률,《홍범도 장군 자서전 홍범도 일지와 항일무장투쟁》, 한울아카데미, 2019

• 김삼웅,《홍범도평전》(사) 여천 홍범도기념사업회, 2019

• 정협화룡현문사자연구위원회 편집《화룡문사자료4집》, 김석 청산리대첩, 1992

• 최성춘,《연변인민항일투쟁사》, 민족출판사, 2005

• 김기봉 외 2인《일본제국주의의 동북침략사》, 연변인민출판사, 1987

• 김춘선 주필 외《중국조선족통사 상권》, 연변인민출판사, 2009

• 호이전 주필 외《연변문사자료 제 8집 종교사료전집》, 1997

• 김철수,《연변항일 사적지 연구》, 연변인민출판사, 2001

- 김춘선 주필 외,《항일전쟁과 중국조선족》, 연변인민출판사, 2015

- 〈연변조선족사〉 집필소조편,《연변조선족사》, 2011

- 한국근현대사학회,《한국 독립운동사 강의》, 한울 아카데미, 2016

- 김택 주필 외,《걸출한 조선민족영웅 이름난 독립군사령관 홍범도 장군》, 연변인민출판사, 1991

- 김양 주편,《항일투쟁반세기》, 료녕민족출판사, 1995

- 최삼룡편,《승리의 기록 항일전쟁 승리 70돐 기념문집》, 연변인민출판사, 2015

- 룡정기념사업회 외,《룡정3 · 13반일운동 80돐기념문집》, 연변인민출판사, 1999

- 제1 책 개척 편집위원회,《중국조선민족발자취총서 1 개척》, 민족출판사, 1999

홍범도의 연합부대는
왜 청산리로 갔을까?

봉오동전투가 끝나고 숨가쁜 4개월!

1920년 6월 7일, 봉오동전투에서 참패를 당한 일본군은 조선독립군 무장단체들을 탄압할 구체적인 행동을 개시하였다. 화룡현 관할지역 내의 무산, 회령, 종성, 삼봉 등의 두만강 나루터들을 전부 봉쇄하고 교통을 단절시켰다.

그리고 회령에서 삼봉까지 통하는 경편열차의 승객, 화물 운송을 중지시키고 일본 군대만 수송하여 6월 12일까지 도합 3천여 명의 육군을 수송하여 종성, 동관, 창수, 삼봉 등지에 주둔시키고 수시로 월강하여 조선독립군을 공격할 준비를 갖추고 있었다.

일본군은 7월 16일 제3차 '봉천회의' 직후부터 〈간도지방불령선인초토계획〉이라는 계획을 작성하여 8월에는 계획을 확정하고 9월 2일에는 조선독립군부대와 독립군을 지원하는 조선인마을들 특별히 간도국민회 지회, 곧 캐나다장로회 지회가 있는 마을들을 토벌하고자 일본군 각 부대에 출동을 준비하도록 통첩하였다.

일제는 장작림과 교섭하여 남만의 독립군들을 근거지를 방화하고 훼

파하였으며 학살하였다. 그러나 길림당국의 서정림은 일본군의 침략 의
도를 간파하고 중국 군대를 출동시켜 조선독립군부대를 토벌할 것을 주
장하며 일본군이 만주에 출병하는 것을 단호히 거절하였다. 이에 일제는
갖은 방법으로 중국군에게 압력을 가하였다. 일제의 협박과 회유에 굴복
한 중국 정부는 연길주둔육군 제2혼성여단 보병 제1퇀장 맹부덕에게 무
장독립군부대를 토벌하도록 명령하였다. 마지못해서 토벌을 수행하는 맹
부덕부대는 자기들의 토벌은 '일제를 속이기 위한 것'이라고 하면서 독립
군부대에게 요녕성과 길림성 변경오지로 가서 '요녕에서 토벌하면 길림
으로, 길림에서 토벌하면 요녕성으로 피하는 작전'으로 대응하라고 알리
고 토벌을 시작하기 전에 독립군부대에게 부대의 이동경로를 미리 통보
를 하여주었다.[1]

　중국 정부의 토벌이 시작되자 독립군부대들은 8월 하순부터 근거지대
이동을 시작하였다.
　홍범도의 대한독립군 300여 명은 1920년 8월 8일에 의란구에서 떠나
명월구로 향하였다. 그들은 로두구에 이르러서 일본총영사관의 쯔바이가
인솔하는 수색대를 발견하고 매복하였다가 일망타진하였다.[2]
　명월구에 도착한 홍범도 부대는 옹성나자[3] 국민회[4]와 명월진의 조
선 이주민들에게 열렬한 환영을 받았다.[5] 그들은 봉오동전투와 로두구전
투의 승리를 축하하는 잔치를 성대하게 베풀었다. 그 후 부대는 어랑촌을
지나 와록구에서 한 달 동안 체류하고 두도구 일본군영사관 분관을 습격
하여 작살을 내고[6] 예수촌에 가서 물품 지원을 받았다.[7] 그리고 8월 말
경에 안도현과 화룡현의 접경지대인 어랑촌에 와서 다시 주둔하였다.

연길현 의란구 이청배에 주둔하였던 안무의 국민회군 200여 명은 8월 말에 맹부덕 부대의 토벌에 대한 정보를 입수하고 안도현 방면으로 이동하여 9월 말에 어랑촌 부근에 도착하였다. 국민회군의 목적지였던 어랑촌 일대에는 청산리와 백운평에 캐나다장로교 교회들이 이미 세워져 있어서 국민회군은 그들을 통하여 군수품의 보급을 받을 수 있었다. 안무는 어랑촌 부근에서 홍범도 부대와 만난 후에 현재 서성진에서 남쪽 인근에 있는 팔가자진 풍산촌으로 이동하였는데 풍산촌[8]은 '구세동'으로 불리기도 했던 캐나다장로회 소속 교회가 있는 마을이었다.

훈춘 한민회, 의민단, 의군부, 신민단 등 무장 단체들도 속속 어랑촌으로 집결하였다. 10월 13일, 홍범도연합부대 출범 이후 광복단도 청산리 방면으로 도착하였다.

중국군을 동원하여 독립군부대를 토벌하려고 했던 일본군은 자기들의 의도가 실패로 끝나자 직접 출병하기 위한 구실을 만들기 위하여 10월 2일에 '훈춘사건'을 조작하였으며 10월 14일에 간도출병을 선언하고 10월 17일 0시를 기하여 연길도윤에게 조선독립군 토벌을 위하여 군사행동 개시를 일방적으로 통고하였다.[9] 10월 14일에 간도침입을 발표하고 10월 17일 0시를 기하여 연길도윤에게 조선독립군 토벌을 위하여 군사행동 개시를 일방적으로 통고하였다.

일본군은 독립군 부대를 토벌하기 위하여 나남에 주둔하는 19사단을 동원하여 아즈마지대 5,000명은 용정, 국자가, 두도구 일대를 이소바야시 지대 4,000명은 훈춘과 초모정자 일대를 기무라지대 3,000명은 왕청 서대파, 하마탕, 배초구 일대를 토벌하기 시작하였다. 일본군은 그 외에도 사단직할부대, 제20사단 일부, 연해주에 간섭군으로 파견한 블라디보스토크의 제 11, 13, 14사단의 일부와 관동군과 연변 영사관과 분관에 있는 군경 등을 총 동원하여 25,000여 명의 무력으로 조선독립군 초토화에 혈안이 되었다.[10)]

왜 홍범도의 연합부대들은 청산리로 왔을까?

이런 전후 상황 속에서 독립군 부대는 동부전선과 서부전선으로 나뉘어서 이동하였다. 동쪽으로 이동한 최진동의 도독부, 훈춘 한민회 주력부대와 라자구의사부 부대, 서일이 이끄는 북로군정서 잔여부대 등은 우선 일제의 토벌구역을 벗어나 러시아에 거주하고 있는 조선인 독립군 단체들의 도움을 받고자 하였다. 그러나 홍범도 연합부대와 북로군정서의 주력부대는 서남쪽으로 이동하였다.

임희준은 《룡정3·13반일운동 80돐 기념문집》, 225쪽에서 홍범도의 연합부대가 서쪽, 곧 청산리 쪽으로 이동한 것은 "한 방면으로는 화룡, 안도 접경지대에 새로운 근거지를 창설하려는 것이었고 다른 한 방면으로는 새로운 근거지를 창설하지 못할 경우 황구령을 넘어 포위권을 벗어나 장백산지구에 근거지를 창설하려는 것이었다."고 말한다.

당시 안도현과 화룡현 그리고 삼봉에서 회령에 이르는 두만강 대안에는 캐나다장로회 교회들의 절반 이상이 밀집되어 있었으므로 새로운 근거지를 창설할 수 있는 인적, 물적 자원을 후방에서 신속하게 공급받을 수 있었다. 뿐만 아니라 숲이 무성한 삼림지대였기에 적은 숫자로 많은 군대를 상대할 수 있는 전략과 전술을 구사할 수 있는 곳이어서 우리 조선 독립군에게 유리한 전투지였다.

홍범도연합부대가 어랑촌으로 간 것은 그들의 후원자인 국민회의 계획이며 뜻이었다.

룡정3·13기념사업회가 펴낸《룡정 3·13 반일운동80돐 기념문집》, 51쪽은 국민회가 규모가 보통이 아니었음을 말해 준다.

"1920년 6월의 통계에 따르면 국민회는 연변의 연길, 화룡, 왕청 3개현에 7개 지방회와 133개의 기층지회를 확대하였는바 각지의 지회와 기층 지회의 간부와 경위대, 모금대 등 성원만 하더라도 천여 명이나 되었고 무장 력량도 400여 명이나 되었다. 그리고 국민회의 관할 하에는 명동, 정동, 창동, 광성 등 이름난 반일학교를 포함하여 수십 개소의 반일학교가 있어 청소년들에게 반일교육을 실시하면서 반인인재를 양성하였다."

국민회는 캐나다장로회 지교회를 지지기반으로 하여 설립되었으므로 기반이 튼튼하였으며 회원들의 왕성한 활동으로 당시 독립의연금 17만 원을 모금하였으며 의연금으로 국민회군 뿐만 아니라 대한독립군과 홍범도 연합부대를 지원할 수 있었다.

리광인, 김송죽은《백포 서일장군》, 373쪽에서 "삼도구(화룡현) 일대의 국민회와 대종교 계통의 군중들은 국민회와 군정서(북로군정서)간의 계선을 타파하고 독립군에 초신(짚신), 의복, 정보 등을 전하고 식량을 등을 거두어 부대 주둔지로 운반하였다."고 말한다. 이는 크리스천들과 대종교 신도들이 물자조달과 식사 제공, 첩보활동으로 독립군을 도왔다는 뜻이다. 리광인과 김송죽이 말하는 국민회는 캐나다장로회 지교회를 기초로 해서 세운 '간도국민회'를 의미한다. 당시 '간도국민회'는 간도의 최대의 독립운동단체였다.

실제로 백운평교회와 청산리교회, 장은평교회 교우들이 식사 제공, 물자 징발과 이동, 첩보활동에 활발하게 참여하였다. 뿐만 아니라 모든 캐나다장로회 교회 교우들은 독립의연금을 의무적으로 납부하였다.

한생철은《연변문사자료 제8집, 종교사료전집》, 124쪽에서 모든 사가들이 침묵하고 있는 국민회의 모체에 대하여 마지못해 국민회가 장로교파 (캐나다장로회) 교우들이 세운 단체임을 인정한다.

"장로교파가 진행한 다른 한 가지 중요한 사회활동으로 중대한 력사적 의의를 가지는 것은 교회에 몸을 의탁한 연변지구의 사회 저명인사들이 '간도국민회'를 세운 그것이다. 1920년 3월 구춘선, 김약연 등은 황병길과 협상하여 그들이 세운 '교민회'와 '한민회'를 합쳐 '간도국민회'를 내왔다. 회장은 구춘선이였다. 본부는 일본 영사관을 피해 국자가에 두었고 아래에 80개 지위를 설치하여 향촌통신기구로 삼았다. 국민회의 활동, 토의. 련락 장소는 그 때 일본 령사관이 마음대로 간섭할 수 없었던 '영국더기' 내의 캐나다 제창병원에 두었다."

한생철의 간도국민회에 대한 대부분의 기록은 사실이다. 그러나 연변의 사가들이 구태의연하게 기록한 것처럼 '간도국민회'는 어느 하루아침에 한 두 사람의 의지와 합의, 영향력으로 만들어진 단체가 아니다. 실로 10년에 걸친 긴 세월 속에서 '간민교육회', '간민회', '독립운동의사부', '조선독립기성회'를 역사적으로 계승한 것이기 때문에 구춘선, 김약연 등이 1920년 3월에 황병길과 협상하여 세웠다는 부분과 본부를 국자가에 두었다는 것은 바로 잡아야 할 부분이다. '간도국민회'는 캐나다 지교회에 기반을 두었고 실제로 청산리 전투 현장에 백운평교회와 청산리 영신교회가 있었고 가까운 주변에 장은평교회, 의란골교회, 구세동교회, 로두구교회, 두도구교회 등이 있었다. 이 교회들은 '간도국민회' 서부지방회나 남부지방회에 속하여 독립운동을 적극적으로 지원하였기 때문에 '경신참변'에 대학살과 고난을 당하였다.

홍범도의 연합부대의 규모와 참여한 부대들

당시 어랑촌에 집결한 부대는 대한독립단, 국민회군, 의군단, 의민부, 신민단, 한민회 등의 부대들이었다. 그들은 10월 13일 이도구 하마탕에서 대표자 연석 모임을 가지고 '연합부대'를 편성하기로 합의를 보았다. 그들은 홍범도를 지휘관으로 하여 연합부대를 형성하였다. 이들의 부대 병력은 대한독립군단 300여 명, 국민회군 250여 명, 한민회 200여 명, 신민단 200여 명, 의민단 100여 명, 허근이 지휘하는 의군부 150여 명(연합모임 후에 참여), 광복단 200여 명(연합모임 후에 참여)으로 대략 1400 여 명으로 추산된다.11) 그러나 의군단과 광복단은 늦게 도착하였고 전투가 진행되는 동안 다른 곳으로 떠났으므로 주력부대는 일반적으로 1,050명으로 계수한다.

그러나 다른 기록도 있다. "…무산간도 류동 홍범도부대 약 300명, 안무가 거느린 국민회군 약 250명, 한민회 약 200명, 의군단 약 100명, 신민단 약 1100명, 합계 1950명"12) 으로 당시 어랑촌에 모인 독립군의 숫자가 1,950명이었다는 주장이다.

또 다른 기록이 있다.

홍범도 장군의 지휘하의 독립군련합부대가 구성전후 또 의군부와 광복단도 련합부대에 합세하여 더욱 큰 력량을 이루었다. 그 병력 정황을 살펴보면 아래와 같다.

대한독립군 약 300명 (봉오동전투 참전, 홍범도)

국민회군13) 약 250명 (봉오동전투 참전, 캐나다장로회, 안무)

한민회군 약 200명 (이명순 단장, 캐나다장로회)

의민단군 약 100명 (방우룡 단장, 천주교계)

신민단군 약 200명 (봉오동전투 참전, 김규면 단장, 기독교 성리교파)

의군부군 약 150명 (이범윤 단장 , 복고주의)

광복단군 약 200명 (이범윤 단장, 복고주의, 위정척사)

7개 반일무장부대의 병력은 도합 1,400여 명이였다.14)는 주장이다.

10월 13일 홍범도 장군은 화룡현 이도구에서 대한독립군, 국민회군, 신민단, 의민단, 한민회와 함께 독립군부대 지휘자회의를 소집하였다. 그들은 홍범도를 사령관으로 하여 연합부대 편성하고 일본의 습격에 군사행동을 통일하기로 하였다. 그리고 통일된 작전 지휘부를 만들고 연합작전에 대한 5개 조항을 결의를 하였다.

1) 상술한 무장단체의 군사행동을 통일한다.
2) 국민회 (간도국민회)에 등록된 자들을 총 동원하고 예정된 부서에 취임할 것.
3) 군량 및 군수품 징수에 급히 착수할 것.
4) 정찰대를 조직하여 각 방면에 밀행시켜 일본 군대의 동정을 탐지할 것.
5) 일본 군대와의 응전은 그 허를 찌르거나 또는 산간에 유인하여 필승을 기하도록 하고 그 외는 싸우지 말 것.[15]

연합부대가 결정한 위의 5가지 사항은 캐나다장로회 지교회를 염두에 두지 않으면 도무지 이해할 수 없으며 당시 그 상황에서 실행이 불가능한 내용이다. 무장단체의 군사행동을 통일하는 것은 전투의 기본이지만 어랑촌 일대에서 훈련받으며 전투를 위해 대기 중인 그들이 국민회 군적에 등록된 자들을 강제로 독립군에 입대시키거나 예정된 부서에서 취사활동, 군수품 이동, 정탐 활동 등의 일을 하도록 강제할 수는 없다. 나라가 없는 국민에게 국방 의무나 책임은 없다. 그러나 구국 신앙과 구국 교육으로 애국애족의 피 끓는 청년들은 독립을 위해 기도하며 스스로 독립군에 자원한 자들이었으므로 포고문이나 호소문, 안내문만으로도 행동을 촉구할 수 있었다. 군량 및 군수품 징수도 예정된 부서에 취임한 자들이 임무를 담당하였으며 캐나다장로회 지교회 교우들은 국민회가 정한 대로 독립의연금과 물품을 납부하였으며 첩보를 맡은 자들은 특별히 일본군의 동태를 살펴서 시시각각 독립군에게 정보를 전달하였다.

　홍범도연합부대는 결의한 5개 조항을 차분히 실행하며 13일부터 청산리전투가 시작되는 21일까지 8일 동안 연합훈련으로 호흡을 맞추었다. 그리하여 22일에 아즈마지대의 주력부대 3,000명이 넘는 숫자와 완류구에서 조우하여 청산리전투에서 탁월한 전술과 전략으로 최고로 빛나는 대승을 거두었다. 그 후에 봉밀구로 빠져 나가는 중에 어랑촌에서 절체절명의 위기에 빠져 고전하고 있는 북로군정서를 도와 협공으로 전투를 역전시켰다. 그 뒤로 고동하곡전투와 천보산 전투를 치루고 연합부대들은 각자 흩어져서 제 갈 길로 갔다.

　홍법도의 대한독립군은 황구령을 지나 안도현 대사하로 이동하여 휴식을 취하였다. 홍범도는 거기서 서로군정서의 교성대(이청천), 광복단군대(조동식)를 만나 연합하여 '대한의용군'을 조직하였다. 그 후 약 400여명의 '대한의용군'은 사령부와 3개 중대로 편성되어 북상하는 중에 밀산현과 호림현의 경계지대인 십리와에서 북로군정서를 만나 통합을 위해 여러 번 협상 끝에 '통의부'라는 연합조직을 편성하여[16] 함께 이만으로 들어갔으나 우여곡절 끝에 1921년 3월 중순에 220명만 홍범도를 따라서 자유시에 도착하였다.[17] 동부전선으로 갔던 최진동부대와 허진욱의 의군부는 1921년 1월 말에 자유시에 도착하였고 북로군정서 안무의 '국민회군'은 그들과 다른 루트로 2월 초순에 자유시에 도착하였다.[18] 그리하여 조선독립군들은 독립운동사상 최고의 비극인 '자유시참변'으로 한발짝 다가섰다.

미주

1). 송남,《중국조선민족발자취총서 1 개척》,《청산리전역》, 511, 512쪽

　　김동섭, 화룡인민의 항일투쟁, 18쪽

2)《홍범도 장군》, 163쪽, 연변인민출판사

3) 1918년에 웅성나자에 교회가 세워졌다. 이윤지와 신학봉이 웅성나자에 거주하며 전도하였고, 교인이 증가함에 따라 건축을 하였다. 김내범 목사가 설립공인예배를 드렸다. 홍범도연합부대를 맞이한 이들은 웅성나자 간도국민회 지회를 만든 교인들이었다.

4)) 국민회는 간도국민회 또는 대한국민회라고도 불렸으며 1919년 4월에 조선독립기성회 조직을 그대로 계승하고 이름을 국민회로 개칭하였다. 간도국민회는 캐나다장로회 지교회를 근간으로 해서 만들어진 최대 독립운동단체였다. 그러므로 국민회 지회가 있다는 것은 그곳에 교회와 교우들이 있다는 뜻이다. 연변에서 출판된 책들은 기독교의 역사적 기여와 참여의 흔적을 지우려고 하기 때문에 그 사실을 제대로 밝히지 않는다.

5)《홍범도 장군》, 163쪽, 연변인민출판사

6)《자서전 홍범도 일지와 항일무장투쟁 홍범도 장군》, 87쪽

7) 앞의 책, 87쪽, 예수촌은 명암촌으로 지금의 화룡현 서성진에 속하며 진달래민속촌이 형성되어 있다. 함경도 성진 달래동에서 명암촌으로 대거 이주한 마을 사람들은 1911년에 교회를 건축하고 장은평교회로 명명하였다. 당시 명암촌에는 간도국민회 서부지방회가 본부가 자리잡고 있었으며 지회장은 한윤극이었다. 장은평교회 교우들은 처음부터 구국신앙과 구국교육에 열심하였다.

8) 김철수,《연변항일 사적지 연구》, 461쪽, -조선예수교장로회사기 하에 의하면 풍산촌에 있었던 구세동교회는 "토벌대에게 혹독한 환난과 형언을 할 수 없이 경과하고 가옥이 역시 피소하였다."

9) 장세윤,《봉오동. 청산리전투의 영웅 홍범도》, 168쪽

10) 장세윤,《봉오동. 청산리전투의 영웅 홍범도》, 169, 170쪽

11) 김택 주필 외,《걸출한 조선민족영웅 이름난 독립군사령관 홍범도 장군》, 183쪽

12) 김택 주필 외,《걸출한 조선민족영웅 이름난 독립군사령관 홍범도 장군》, 173쪽

13) 국민회군의 다른 칭호. 각 부대의 괄호( )의 설명은 원 저자의 글에는 없으나 글쓴이
   가 독자들의 이해를 돕고자 삽입하였습니다.

14) 김택 주필 외,《걸출한 조선민족영웅 이름난 독립군사령관 홍범도 장군》, 183쪽

15) 김택 주필 외,《걸출한 조선민족영웅 이름난 독립군사령관 홍범도 장군》, 181, 182쪽

16) 반병률,《자서전 홍범도 일지와 항일무장투쟁 홍범도 장군》, 177쪽

17) 반병률,《자서전 홍범도 일지와 항일무장투쟁 홍범도 장군》, 181,182쪽

18) 반병률,《자서전 홍범도 일지와 항일무장투쟁 홍범도 장군》, 176쪽

참고서적

• 리광인, 김송죽,《백포 서일장군》, 민족출판사, 연변인민출판사, 2015
• 장세윤,《봉오동.청산리전투의 영웅 홍범도》, 한국독립운동사연구소,2017
• 김춘선 외 2인,《최진동장군》, 흑룡강조선민족출판사, 2006
• 반병률,《홍범도 장군 자서전 홍범도 일지와 항일무장투쟁》, 한울아카데미, 2019
• 김삼웅,《홍범도평전》(사) 여천 홍범도기념사업회, 2019
• 정협화룡현문사자료연구위원회 편집,《화룡문사자료4집》, 김석 청산리대첩, 1992
• 김기봉 외 2인《일본제국주의의 동북침략사》, 연변인민출판사, 1987
• 호이전 주필 외《연변문사자료 제 8집 종교사료전집》, 1997
• 김철수,《연변항일 사적지 연구》, 연변인민출판사, 2001
• 김택 주필 외,《걸출한 조선민족영웅 이름난 독립군사령관 홍범도 장군》, 연변인민출
  판사, 1991

- 김양 주편, 《항일투쟁반세기》, 료녕민족출판사, 1995

- 룡정기념사업회 외, 《룡정3·13반일운동 80돐기념문집》, 연변인민출판사, 1999

- 제1책 개척 편집위원회, 《중국조선민족발자취총서 1 개척》, 민족출판사, 1999

- 양전백, 함태영, 김영훈 원저, 《조선예수교장로회사기 하》, 한국기독교사연구소, 2018

- 김춘선 외, 《최진동장군》, 흑룡강조선민족출판사, 2006

1920년 간도대토벌과
경신대학살의 참상

"NO, 아베" 물결이 한반도를 휩쓸 때, '엄마부대'를 자칭하는 사람들이 거리에서 "아베님, 용서해주십시오."라는 망언을 서슴지 않고 외치는 모습에 모골이 송연해졌다. 뼛속까지 일본인인 '토착왜구'라는 말이 실감이 났다. 우리의 역사 교육의 심각성과 동시에 한국인의 정체성이 의심스러운 '신 친일파'들이 주장하는 '식민지 근대화론'이 떠올랐다.

식민지 근대화론은 '뉴 라이트'를 주장하는 그룹의 역사관이다. 이는 한마디로 말하면 "일제의 식민지 지배가 한국 근대화에 기여했다."는 주장이다. 21세기 신판 친일파의 이런 주장은 다름 아닌 일본 극우파들의 역사관이자 극우 정치인들이 일본의 악한 과거를 미화시키기 위해 사용하는 자국 국민들 기만용으로 읊어대는 단골 레퍼토리다. 그런데 일본인도 아닌 한국인이 일본극우파의 왜곡된 거짓 주장을 역사 교과서에 넣어 한국인들의 민족의식을 거세하고 친일 사대주의를 주입시키고자 하였다.

일제는 한국을 중국 및 아시아 침략의 병참기지로 만들면서 '내선일체'

라는 미명하에 신사참배, 일장기 게양, 기미가요 봉창, 동방요배, 창씨개명, 일왕사진 경배, 황국신민서사 등 소위 황국신민화 정책을 추진하였으며 급기야는 꽃 같은 우리의 청소년들과 청년들을 강제로 징병, 징용, 위안부로 끌고 나가 전쟁의 소모품으로 사용하였다.

1965년 한일협정 체결 당시 한국 정부는 일제하 노동자·군인·군속 등으로 강제동원 된 한국인 피해자는 103만 2684명이라고 주장했다. 그러나 일제는 배상 대상자인 사망자 숫자 2만 1919명(군인 6178명, 군속 1만 5741명)만 밝혔을 뿐 전체 강제동원 숫자와 명부는 공개하지 않았다. 1990년 일제는 노태우 대통령의 방일을 계기로 강제연행자 명단 일부를 공개하였는데, 그 숫자는 7만 1476명에 불과하였다.

그러나 1991년 초에 학도병 출신의 정기영 씨가 입수한 1947년 일본 대장성 관리국에서 작성한 《일본인의 해외활동에 관한 역사적 자료》에 의하면 1934년부터 패망 때까지 노무자 송출 등 조선인 징용자는 총 612만 6,180명이었다. 물론 이 숫자에는 그야말로 전쟁의 소모품이 된 징병, 학도병, 위안부 수가 포함되지 않았다.

이렇듯 식민지 백성을 강제 징용하여 노예처럼 부린 일제를 '식민지 근대화론'으로 미화시키며 찬양하는 몇 지식인 중심의 '뉴 라이트' 학자 그룹이 있는 한국의 현실이 부끄럽다. 그들이 요지부동한 보호색인 반공·친미주의의 옷을 입고 반역사적인 행진을 해도 자연스러운 시대의 흐름에 가슴이 먹먹해진다.

'뉴 라이트' 집단의 친위대와 같은 '엄마부대'는 그렇다 치더라도 일제에게 철저하게 유린당한 보수 한국교회가 일본을 찬양하는 '뉴 라이트'

운동의 적극가담자라는 사실이 슬프다.

'뉴 라이트'와 함께 반개혁 수구의 깃발을 날리고 있는 보수 교회와 교우들에게 일본 군국주의자들이 1920년 간도에서 일어난 일제의 독립군 기지 대토벌과 조선인학살 만행의 사례를 생생하게 보여주고 싶다. 일제의 조선인 대학살사건인 간도참변의 내막을 파악하려면 일제의 간도 침투의 역사를 살펴보아야 한다.

1. 일본 제국주의의 간도[1] 침투

일제는 1907년 8월 간도의 조선인을 보호한다는 구실로 '조선통감부 간도파출소'를 용정에 설치하였다. 1909년에는 간도협약에 따라서 '조선통감부 간도파출소'를 폐하고 '간도일본총영사관'를 설치하였다. 그 산하에 연길, 배초구, 투도구, 훈춘에 4개의 영사분관을 설치하였으며 간도 전 지역에 19개의 경찰서를 두었다. 그 외에도 일제는 '일본인거류민회', '동양척식주식회사 간도지점', '조선인민회', '조선은행 용정지점', '용정금융부', '광명회' 등을 설립하여 정치, 경제, 문화, 사회 등 모든 분야에 침투와 약탈을 자행하였다. 일제는 영사관과 산하기관들을 이용하여 조선인들을 이간질하며 교회와 학교들을 감시하였다. 뿐만 아니라 무시로 애국 청년들과 투사들을 체포·구금하였으며 고문으로 괴롭히고 서대문감옥으로 보내는 일을 자국민 보호라는 명목으로 집행하였다.

간도총영사관은 일제가 간도의 모든 정보를 탐문, 수집하는 곳이었고, 만주의 모든 자원을 약탈을 기획하는 곳이었으며, 한인들의 항일독립투쟁을 탄압하는 구금과 고문의 자리였으며 더 나아가서는 만주를 조선처럼 식민지화하려는 음모의 본산이었다.

2. 용정 3·13독립만세시위

일제의 억압, 중국 관리들의 횡포, 비적들의 수탈로 삼중고를 겪었던 조선인들은 1919년 조선에서 일어난 3·1만세시위의 영향과 독립에의 열망과 용기로 용정에서 3·13항일 만세시위를 일으켰다. 3만여 명[2]의 군중이 만세를 부르며 일제 타도를 외치며 일본총영사관을 향해 가는 중에 일제의 사주를 받은 맹부덕의 군대의 발포로 19명이 죽고 48명이 부상을 당하였으며 94명이 체포를 당하였다.

3월 17일에는 순국한 18인[3] 열사의 장례식에 3,000여 명의 주민들이 모여서 애도하며 동참하였고 그들은 항일투쟁의 결의를 다짐하였다.

평화시위가 무력에 의해 제지를 당하였으나 시위의 소식은 연길현의 이도구, 팔도구, 투도구, 용두산, 국자가 등지에서 수백 내지 수천 명이 참가하는 항일 시위로 확산되었고 왕청현의 배초구, 라자구, 석현 등지에서, 안도현의 현성과 관지에서, 훈춘의 성내와 횡부자구, 로황구 등지에서 만세시위가 잇달아 일어났다. 연변지역에서 3월부터 5월 초까지 30여 곳에서 58회에 걸쳐 일어난 항일만세시위에 참여한 군중은 8만 1,000명이었다. 당시 간도 거류 조선인은 대략 80여 만 명이었으며 연변지역 거주자는 반이었다고 하니 연변인구의 5명 중의 1명이 시위에 참여하였다고 볼 수 있겠다.

서간도의 통화현, 금두화락에서, 홍경현의 왕청문에서, 환인현성에서, 유하현의 삼원포 대화사에서, 장백현의 장백가, 팔도구, 매방로에서, 집안현의 양목교자, 구채원자 등지에서 수천 명의 군중들이 집회와 시위행진을 감행하였다.

3·13만세시위를 주도한 지사들은 무력 진압에 좌절하며 독립운동의 새로운 길을 모색하지 않을 수 없었다. 그들은 독립은 피 흘리는 무장투쟁 없이는 불가능하다는 공동인식을 하게 되었고 마침내 애국 청년들과 의기투합하여 무장독립운동단체를 결성하기 시작하였다.

3. 무장독립단체 결성과 봉오동 전투

3·13만세시위 후, 북간도에서 많은 무장단체들이 건립되었다. 북간도가 무장독립단체 결성에 중심이 될 수 있었던 것은 첫째, 북간도가 가장 큰 조선인 거주지역으로서 군대의 기초가 되는 인적자원이 충분하였고 둘째, 기독교와 대종교 계통에서 세운 사립학교들이 10여년 세월 동안 민족의식과 항일정신을 고취시키는 교육으로 청년들의 독립투쟁에의 열망이 한껏 고양되어 있었고 셋째, 파리강화회의에서 외교를 통해 독립할 것이라는 기대가 무너졌으며 용정 3·13만세시위가 무력으로 진압당하는 체험 중에 피 흘림이 없이는 독립이 없다는 '무장독립투쟁론'이 북간도 조선인 사회의 공동의 담론이 되었기 때문이었다.

1919년 3월부터 1920년 초까지 독립투사들은 무장독립투쟁단체를 편성하고 군자금을 모금하였다. 이 때 연변지역에 건립된 주요 무장단체들은 간도국민회, 북로군정서, 훈춘한민회, 신민단, 도독부, 군무도독부, 광복단, 의군부, 라자구의사부, 대한독립군 등이다.

무장독립단체들은 창건을 시작하면서부터 국내진공작전을 시작하였다. 홍범도의 '대한독립군'은 200여 명의 정예부대로 8월에 혜산, 갑산을 습격하여 많은 무기와 군수품을 획득하였고, 10월에 만포진, 강계, 자성을 기습하였으며 도독부와 함께 회령, 종성, 온성을 습격하여 혁혁한 전과를 올렸다.

조선총독부의 〈국경방면의 배일파침입상〉에 의하면 "1920년 1월부터 6월까지 그들(독립군)이 조선 땅을 침입한 것이 전후 32차에 이르렀다."고 하였다. 또한 일본 측 자료에 의하면 1년간 국경지역에 대한 무장독립군의 출동건수는 무려 1651건, 4,645명이 전투에 참여했다고 한다.[4] 상해임시정부군무부는《독립신문》제 88호에서 3월 1일부터 6월 초까지 독립군이 국내에 진입하여 유격전을 벌인 것이 32회며 일제 군경들의 관서를 파괴한 것이 34개소에 달하였다고 공식적으로 확인 발표하였다.

1920년 6월 4일 '신민단'이 종성군 강양동 초소를 습격하였다. 일제의 '월강추격대'는 독립군을 쫓아서 두만강 국경을 넘었으며 봉오동 골짜기까지 쳐들어왔다. 홍범도 장군의 유인, 매복 전략으로 일본군의 침략을 대비하고 있던 '대한독립군', '국민회군', '도독부', '신민단'의 부대들은 157명의 일군을 사살하며 대승을 거두었다. 봉오동전투는 민초 의병들과 정규 일본군과의 전투로 화력 면에서 만만한 전투가 아니었기에 망국의 백성들에게 희망의 상징이 되었다. 봉오동전투의 승리는 실로 민초 의병들의 연합과 연변 조선인들의 헌신적인 참여와 지도자들의 탁월한 전략의 결과물로 우리 독립운동사에 길이 남을 것이다.

우리의 봉오동전투의 승리는 일제에게는 자존심이 상하는 일이었다. 그들은 3·13만세시위 이후 만주지역의 무장독립단체들을 쓸어 없앨 계획을 구상하고 있었다. 1919년 9월에 조선군사령관은 "조선 외부로부터 무력 진입하는 불령선인을 타격하기 위해서 두만강과 압록강을 넘을 수 있다"는 훈령을 발표하였다. 1919년 10월 조선군사령부는 총독부에 〈재지나불령선인에 관한 각서〉를 제출하였는데 이는 1920년 10월의 간도대토벌의 밑그림이었다.

4. 일제의 간도침략 준비와 훈춘사건 조작

봉오동전투 이후, 날로 대범해지는 무장독립단체들에 독립운동에 대하여 일제는 연속 3차례 걸친 봉천회의를 통해서 장작림에게 진압조치를 요구하였다. 7월 24일, 일제에 굴복한 장작림은 연길주둔 맹부덕 부대에게 무장독립단체들을 '토벌'할 것을 명령하였다. 그러나 토벌대는 무장독립단체에 대한 호의로 사전에 토벌계획을 통보하거나 사람을 파견하여 협상함으로써 '토벌'을 감행하지 않았다. 그러나 그는 일본이 '토벌'을 핑계 삼아 연변에 침략하는 것을 막기 위하여 무장독립단체들에게 연변지구(북간도)를 떠날 것을 요청하였다.

홍범도의 대한독립군과 간도국민회 연합부대들은 어랑촌 일대로 집결하였다. 어랑촌이 길림성과 봉천성의 접경지역이어서 일제 토벌과 중국 군경들의 단속을 피하기 적당하였을 뿐만 아니라 조선 국내와도 가까운 곳이어서 국내진공작전에도 편리하였고 지역 주민 대부분이 기독교 신도들이고 간도국민회 관할지역이였기 때문이다. 북로군정서는 화룡현 청산리일대로 이동하였다. 청산리일대의 산들의 산세가 험하고 복잡하여 근거지 건설이 유리하였으며 조선의 무산일대와 연접해 있고 안도현과 화룡현의 접경지역이어서 일본군의 토벌을 피하기 쉬운 장점에다 주민들 대다수가 대종교 신도들이었기 때문이었다.

이런 상황에서 일제는 중국의 협조 없이 무장독립단체들을 직접 토벌할 구실을 만들기 위하여 '훈춘사건'을 조작했다. 일제는 1920년 8월 15일 경성회의에서 '일지협동'정책을 확정하고 〈간도지역불령선인초토계획〉을 정하고 북만주파견군 사령관에게 "조선파견군(일본군)이 9월 하순에 간도의 반일부대에 대한 토벌을 계획하고 있다."고 통보하였다.

일제는 9월 12일 제1차 훈춘사건을 만들었다. 토비 진동과 왕사해 무리들을 매수하여 일본 낭인을 참모로 보내 훈춘현성을 습격하여 약탈, 방화, 납치를 하도록 사주하였다. 200여 채의 가옥이 불타고 80여 명의 사람들이 납치당하였다. 그러나 일본인에게 전혀 피해가 없었던 1차 훈춘사건으로 출병을 할 수가 없자 그들은 2차 훈춘사건을 조작하였다. 토비들은 새벽 4시에 훈춘주재 일본영사관을 공격하였다. 2차 사건에서 일본 영사분관과 6채의 일본 상점이 불타고 11명의 일본인이 죽고 6명의 조선인이 사살되었으며 무고한 주민 200여 명이 납치되었다. 일제는 일본인의 생명의 안전과 보호를 위한다는 명목으로 출병 여론을 조성하고, 10월 9일 '간도출병'을 결정하였다. 그리하여 일제는 조선군 19사단과 20사단의 78연대, 연해주 파견군 제 11,13,14사단, 북만주파견대의 안자이지대, 관동군 19연대와 기병 20연대 도합 2만 명5) 의 정규군을 출동시켜 동서남북 네 방향에서 연변지구를 포위하고 무장독립단체 토벌을 감행하였다.

이에 대해 중국 정부는 주권 침해를 강력하게 항의하고 침입한 일본군 철수를 요구하였다. 그러나 일제는 중국의 철수 요구에 아랑곳 하지 않고 1920년 10월 '간도토벌'을 시작하였고 '간도한인대학살'의 만행을 저질렀다.

5. 일제의 간도토벌과 조선인의 수난

일제가 저지른 간도대학살은 세 단계로 진행되었다. 제 1단계는 10월 14일부터 11월 20일까지로 이 기간에 제1차 토벌이 감행되었다. 이 단계에는 항일단체들과 무장독립운동기지로 지목된 마을, 학교, 교회당 등에 대한 대규모 소탕을 감행하였다. 제2단계는 11월 21일부터 12월 16일까지이다. 이 단계에는 일제가 '잔당숙청'이라는 명목으로 독립운동을 지원하는 마을과 무장독립운동기지에 대하여 반복적인 수색을 함과 동시에 다른 한편으로 비행대와 국경수비대를 동원하여 무력시위를 감행하였다. 제3단계는 12월 17일부터 1921년 5월 9일 일제가 철수하기까지다. 이 단계에는 간도 파견대를 기반으로 경찰분서의 증설과 총독부 경찰력 증가 그리고 친일세력 육성 및 확대 등의 일련의 조치를 취하면서 이른바 간도 지역에 일제경찰 무장력 강화와 친일세력을 구축하는데 진력하였다. 간도참변이라 하면 주로 1단계인 10월 중순부터 11월 후반 사이에 일제가 저지른 악마적인 만행을 가리킨다. 이소바야시부대, 기무라부대, 회령수비대, 종성수비대, 제11사단, 제13사단, 아즈마부대, 관동군은 연변각지에 주재하고 있는 일본총영사관과 분관, 경찰서에서 작성한 한인 무장독립단체의 동태, 주둔지점, 독립운동 지원 마을, 학교 등에 대한 정보를 제공받은 대로 거침없이 방화, 살상, 약탈, 강간을 자행하였다.

상해임정이 발표한 북간도 지역 조선인참변 조사통계표에 의하면 피살된 사람은 3,664명, 체포는 155명이고 불탄 가옥은 3,520동, 불탄 학교는 59개교, 불탄 교회당은 19개소, 불탄 곡물은 59,970섬에 달했다.

임시정부 간도파견원은《독립신문》87호에서 북간도 피해상황은 피살된 사람이 2,626명, 체포 46명, 강간 71명, 불탄 가옥이 3,208동, 불탄 학교는 39개교, 불탄 교회는 11개소, 불탄 양곡은 53,265섬으로 보도하였다.

박은식은《한국독립운동지혈사》에서 10월 5일부터 11월 23일까지 북간도 피해 통계를 피살된 사람 3,138명, 체포 117명, 강간당한 여성 76명, 불탄 가옥 2,722동, 불탄 학교가 31개교, 불탄 교회당이 10개소, 불탄 양곡이 40,815석이라고 집계하였으며 서간도 피해상황은 피살된 사람 804명, 체포된 사람 125명이라고 집계하였다. 그러나 후에 피살자 350여 명, 불탄 학교 10개교, 불탄 교회당 9개소, 불탄 가옥 70여동을 추가 기록하였다.[6)]

김춘선의《북간도 한인사회의 형성과 민족운동》에 의하면 장백현을 포함한 서간도 지역에서 1,535명이 사살을 당하였고 520여 명이 체포를 당하였다.

간도 통신원의 보도에 따라 치명적인 타격을 입은 마을을 살펴보면, 백운평(청산리)과 장암마을로 교회, 학교, 가옥 전체가 불탔으며 각각 409명과 75명이 살해당하였다. 투도구에서는 175명이 죽임을 당하였으며 293

채의 가옥이 불탔다. 동구 일대는 42명이 살해당하였고 57채의 가옥이 불탔다. 대전자는 40명이 살해당하였고 800채의 가옥이 불탔고 학교 3개, 교회당 2개가 불에 탔다. 송언동은 46명이 피살되었으며 115채의 가옥이 불탔다. 약수동은 271명이 피살당하였으며 57채의 가옥과 1개의 학교가 불탔다. 대모록은 117명이 피살당하였으며 56채의 가옥, 학교 1개, 교회당 1개가 불탔다. 소영자는 166명이 살해당하였으며 56채의 가옥, 학교 1개, 교회당 1개가 불탔다. 허문은 45명이 피살당하였으며 26채의 집, 학교 1개, 교회당 1개가 불탔다. 의란구는 162명이 죽임 당하였으며 154채의 가옥과 학교 3개가 불탔다. 옹성라자는 32명이 피살되었으며 40채의 가옥이 불탔다. 이도구는 40명이 죽임 당하였으며 57개의 가옥, 학교 1개, 교회 1개가 불탔다. 조양하는 19명이 피살되고, 120채의 가옥이 불탔고 학교 2개와 교회 2개가 불탔다. 육도구는 35명이 피살되었고 강간 2명, 기타 상황은 미상으로 분류되었다. 대교동은 43명이 피살되었고 강간 6명, 나머지는 미상이었다. 팔도구는 44명이 살해되었고 가옥 50채가 불탔다. 세린하는 6명이 피살되었고, 강간 4명, 가옥 70채가 불탔다.

일제는 토벌에서 살아남은 노약자, 여성, 어린이들이 동북의 긴 겨울의 추위에 얼어 죽고, 병들어 죽고, 굶어 죽도록 대부분의 마을에서 집과 곡물을 불태웠으며 물건들을 약탈하는 비열한 비적의 행위를 자행하였다.

침략자 일제의 통계는 한국 측의 통계 그리고 중국의 통계와 차이가 크다.

일제는 간도대토벌로 살해당한 사람 494명, 체포 707명, 불탄 가옥 531동, 불탄 학교 25개교, 불탄 교회당 1개소라고 발표하였으나 이외에도 일제는 서간도 지역의 유하, 삼원포, 흥경, 왕청문, 관전, 삼도구, 철령 등지에서 1,323명을 사살하고 125명을 체포하였으며 장백현 일대에서도 한인 212명을 사살하고 4백여 명을 체포하였다.[7]

우리는 일본의 거짓 통계를 믿지 않지만, 상해임정이 발표한 피살된 사람 3,664명, 체포 155명, 불탄 가옥 3,520동, 불탄 학교 59개교, 불탄 교회당은 19개소, 불탄 곡물 59,970섬이라는 통계는 비록 불완전하지만 사실에 가깝다고 믿는다. 그러나 훈춘과 화룡에서 발행된 지역사에 보면 한국인의 통계도 많은 오차가 있다는 것을 인정하지 않을 수 없다.

예를 들자면 임시정부 간도파견원은 《독립신문》 87호에서 화룡현의 피살자가 613명, 불탄 가옥 361채, 불탄 학교 8개, 불탄 교회 2개라고 했고, 박은식의 《한국독립운동지혈사》는 화룡현의 피살자 583명, 불탄 학교 6개, 불탄 교회는 없다고 집계하였는데, 김동섭은 《화룡인민의 항일투쟁》에서 피살된 수 1,362명, 불탄 가옥 866채, 불탄 학교 10개교, 불탄 교회 3개소로 집계하고 있다.

훈춘의 피해상황 또한 다시 연구, 정리되어야 할 것이다. 임시정부 간도파견원은 《독립신문》 87호에서 훈춘현의 피살자가 249명, 체포 없음, 불탄 가옥이 457채, 불탄 학교가 2개교, 불탄 교회는 없다고 집계하였고, 박은식의 《한국독립운동지혈사》는 피살자 249명, 불탄 가옥 457채, 불탄 학교는 1개교로 정리하였으나, 양봉송이 편저한 《훈춘조선족발전사》에는 피살자 1,124명, 체포 110명, 불탄 가옥 1,094, 불탄 학교 19개, 불탄 교회 7개로 나온다. 이 숫자들을 비교해보면 화룡의 피살자는 김동섭의 통계보다 749명과 779명이 적고, 훈춘의 피살자는 양봉송의 통계보다 875명이나 적게 나온다. 이 누락된 숫자를 합하면 상해 임시정부가 발표한 공식적인 숫자인 3,664명보다 1,500여 명이 더 많다. 그럼에도 불구하고 우리 역사는 간도대학살의 피해자와 일본의 대학살에 관심을 기울이지 않는다.

이렇듯 간도참변, 대토벌과 학살에 대한 기록이 상해 임정, 박은식의 《한국독립운동지혈사》, 독립신문 간도 특파원의 보도, 중국 측 기록, 일제의 기록이 큰 차이를 보이는 것은 참변을 조사하고 기록한 시점, 광범위한 지역조사의 한계성, 접근이 어려운 궁벽한 마을의 누락, 기록자 고의적인 가감삭제 그리고 사건 후에 발생한 죽음에 대한 견해 차이에서 비롯된 것으로 보인다. 간도참변의 역사적 정리는 우리가 끌어안고 풀어가야 할 숙제이다.

어쨌든 피살자의 통계는 일제가 일본영사관에 막대한 피해를 준 왕사해와 진동, 만순 등의 토비들을 토벌하지 않고 총부리를 조선인 무장독립단체에 겨누고 무고한 양민을 무차별 학살하고 체포 한 사실을 보여준다. 그들의 간도침략과 토벌 과정에서 나타난 살인, 방화, 약탈, 강간 등의 만행은 너무 잔악무도해서 필설로 표현하기가 고통스럽다. 그들은 자신들이 "조선인들을 살해하고 가옥을 불사르고 약탈한 것은 완벽한 토벌을 위해 어쩔 수 없는 것"이었다며, "중국 정부가 봉천회의의 약속을 지키지 않았으므로 자신들이 직접 불령선인(독립군)들의 근거지를 뿌리 뽑아야 했다."고 변명하였다. 이런 점을 미루어 볼 때 일제의 토벌은 살인과 방화, 약탈이었으며, 그 목적은 조선인 사회를 초토화시켜서 항일운동의 근거지를 뿌리 뽑는 것이었다는 것을 알 수 있다. 일제의 간도 침략의 궁극적인 목적은 독립무장단체를 말살할 뿐만 아니라 항일독립운동의 토대가 되는 조선인 사회를 철저히 파괴하는 것이었다.

6. 간도참변에 관한 당시 기록

개인적으로 간도토벌, 대학살의 현장인 연변 땅을 밟은 지 어언 3년 6개월이 되어 가고 있다. 그 사이에서 학살의 현장이라는 사실도 모르고 독립 유적지를 따라서 정동, 석현, 수남촌, 봉오동, 연통라자, 대황구, 와룡촌, 장암동, 청산리, 걸만동, 소영자, 육도구, 옹성라자, 대교동 등에 다녀왔다. 연변의 혹독한 겨울 추위를 알기에 일제의 겨울철(10월~ 4월) 7개월에 걸친 대토벌과 학살, 가옥 방화, 곡물 방화에 대한 분노와 증오가 이글거린다. 죄 없는 백성들이 겪은 고통과 가슴에 맺힌 한을 어떻게 풀 것인가!

간도참변에 대한 당시의 기록 몇 개를 소개하며 눈물을 그 분들의 전에 바친다.

함북노회 제7차 회의록에는 교회의 피해상황을 다음과 같이 기술하였다. 금당촌 교회 영수 1인, 전도사 2인, 교인 7인 피살, 남별리 교인 50명 참살, 감옥에 갇힌 자, 징역선고를 받은 자, 떠난 자, 실종자 이루 헤아릴 수 없음.[8]

다음은 박은식 선생의 탄식이다.

"그들의 장교라는 것들이 많은 병사를 지휘하여 각 부락의 민가, 교회, 학교를 비롯하여 수만 석의 양곡을 불태워 버렸다. 그리고 우리 겨레라면 남녀노소를 가리지 않고 총으로 쏴 죽이고, 칼로 찔러 죽이고, 몽둥이나 주먹으로 때려 죽였다.

산 채로 땅에 묻기도 하고 불로 태우고 가마솥에 넣어 삶기도 했다. 코를 뚫고 갈빗대를 꿰며 목을 자르고 눈을 도려내고, 껍질을 벗기고 허리를 자르며 사지에 못을 박고 손발을 끊었다.

사람의 눈으로 차마 볼 수 없는 짓을 그들은 무슨 재미나는 일이라도 하는 것처럼 했다. 할아버지와 손자가 동시에 죽음을 당하기도 하고, 혹은 부자가 한자리에서 참혹한 형벌을 당하기도 했다.

남편을 죽여 그의 아내에게 보이기도 하고, 아우를 죽여 형에게 보이기도 했다. 죽은 부모의 혼백상자를 가지고 도망가던 형제가 일시에 화를 당하기도 했으며, 산모가 포대기에 싸인 갓난아기를 안은 채 숨지기도 했다."9)

박은식은 북경과 천진에서 발간된《태오사보》의 기사를 인용하였다.

"간동이라는 곳에서는 일본군이 각 부락에서 14명의 양민을 붙잡아 넓은 들판으로 끌고 가 큰 구덩이를 팠다. 그러고는 다른 마을 사람들을 시켜 장작·석유 등을 가져오게 했다. 잡아온 14명을 총살하고 화장한 뒤, 백골을 구덩이 속에 던져 버려 시체조차 구별해 찾을 수 없게 만들었다. (중략)

용정촌에서 40리 떨어진 어떤 마을에서는 일본군이 밤 1시에 도착하여, 사람들에게 강제로 집을 나오게 했다. 사람들이 집을 나서자마자 곧 발포하여 한 집에서 2, 3명씩의 희생자를 냈다. 그러고는 그 시체들을 한군데 모아 불태운 뒤, 다시 집을 불태우고 교회에 불을 질러 건물 19동이 불태웠다.

어느 외국인 선교사가 이 참상을 목도했는데, 새 무덤이 30군데나 되었으며, 고아와 과부들이 무덤을 둘러싸고 울고 있어, 차마 눈으로 볼 수 없었다고 한다.

이 사망자들은 모두 선량한 백성들이다. 혁명운동을 한다는 이들은 일본군이 마을로 들어오기 전에 이미 피신했으며, 피살된 사람들은 모두 불구자들이나 노약자들뿐이었다.

어떤 선교사는 말하기를 "나배교회가 불탈 때는 한국인 6명이 손발이 묶여 불 속으로 던져졌으며, 소왕교회에서는 먼저 교인들을 교회 안에 감금한 뒤 불을 질렀다"고 했다.

일본군의 만행은 주로 기독교 신자들을 상대로 했으니, 무릇 교회가 있는 부락이면 성한 데가 없었다."10)

일제 측 자료는 장암동과 장암동 참변에 대하여 다음과 같이 기록하고 있다.

"연길현 용지사 장암동은 화전사 허문동과 함께 모두 불령선인의 소굴로 불리우고 있는데 동지방의 영신학교 및 화전사의 배영학교 등을 불령행동의 획책장소로 삼고 있다. 그리고 이 지방에 거주하고 있는 조선인 대부분은 예수교신자들이며 불령행동의 주모자들은 모두 예수교 신자들이고 불령행동의 음모는 이 불령자들로부터 꾸며지고 있다.

우리 토벌대는 적도들의 음모 장소로 되는 집(소각된 가운데는 영신학교도 들어 있다고 한다)들을 소각하고 적의 시체는 우리나라(일본) 풍속대로 화장하고 부락의 생존자들을 모아놓고 우리 군대의 토벌 취지를 말하고 장래에 있어서 불령행동을 하지 말 것을 경고하고 동 지방에서 철퇴하였다.

그 후 시체 화장이 충분하지 못하다는 것을 알고 군대, 경찰 등 인원을 파견하여 협력하게 하여 완전히 타지 않은 시체 및 유골들을 유족, 친지들 혹은 부락대표자들에게 부탁하고 령수증을 받았다."11)

207

간도토벌 당시 용정 캐나다장로교 산하의 제창병원 원장이었던 마틴
은 장암동 참변에 대하여《견문기》를 남겼다.

"날이 밝자마자 무장한 일본보병들이 야소촌을 빈틈없이 포위하고 높이
쌓인 낟가리에 불을 질렀다. 그리고는 전체 촌민더러 밖으로 나오라고 호령
하였다. 촌민들이 밖으로 나오자 아버지고 아들이고 헤아리지 않고 마구 사
격하였다. 아직 숨이 채 떨어지지 않은 부상자도 관계치 않고 그저 총에 맞
아 쓰러진 사람이면 마른 짚을 덮어놓고 식별할 수 없을 정도로 불태웠다.
이러는 사이 어머니와 처자들은 마을 청년 남자들이 살해당하는 것을 강제
적으로 목격하게 하였다. 가옥은 전부 불태워 마을은 연기로 뒤덮였고 그
연기는 용정촌에서도 볼 수 있었다.

(중략)

마을에서 불은 36시간이 지났는데도 계속 타고 있었고 사람이 타는 냄새
를 맡을 수 있고 집이 무너지는 소리를 들을 수 있었다.

(중략)

알몸의 젖먹이를 업은 여인이 새 무덤 앞에서 구슬프게 울고 있었고

(중략) 큰 나무 아래 교회당은 재만 남고 두 채로 지은 학교도 같은 운명
이 되었다. 새로 만든 무덤을 세어보니 31개 였다.

(중략) 다른 두 마을을 방문하였는데 우리들은 불탄 집 19채와 무덤 36개
와 시체들을 목격하였다.12)

이튿날 일본군 17명은 다시 장암동에 쳐들어와 유가족을 강박하여 무덤
을 파헤치게 하고 채 타지 않은 시체를 다시 소각하였다. 사건 당일 현장을
조사한 연길현 경찰 제5분소 순경 '총진하'는 장암동 참안에서 조선족주민

33명이 사망되고 2명이 부상당했다고 보고하였다."[13]

다음은 로이터 통신 27일 상해 발신의 글의 일부이다.

"동창태에 구금된 조선인 9명을 몇 리 밖으로 옮긴 후, 죄의 유무를 불문하고 그대로 죽여 버렸다. 머리를 찍히거나 가슴을 찔러, 피살된 사람 중에는 교회 간부가 3명, 교원이 2명이었다.

이날 경내에서 조선인 교회 하나가 소실되고, 며칠 후 또 교회 하나가 파괴당하였다.

처음에는 일본군들이 불을 지르려고 했는데, 다행히도 중국인들이 나서서 "만일 방화하면 온 마을의 무고한 중국인들에게 까지 재앙이 미친다."고 강경히 항의했기 때문에 파괴당하기만 하였다.

11월 4일, 또 교회당 한 채와 성경 등 모든 종교서적이 불타버렸다. 8명을 체포해갔는데, 그 중에서 교원 1명, 교회 간부 2명은 벌써 교회당 안에서 죽었다.

(중략)

중국 경내에서 일본인들이 이렇게 행동하였으니, 중국의 주권을 완전히 무시한 셈이다. 그러니 중국인들의 일본인들에 대한 감정이 어떠하겠는가는 더 말할 필요조차 없다."[14]

중국 동삼성 재경학생연합회가 왕청현으로 부터 받은 글의 일부이다.

"또 진주한 일본 군대는 모두 마을과 산골짜기 안으로 들어가서 조선의 독립군을 수색했다. 진짜 독립군은 벌써 모두 달아나고, 화는 무고한 백성들이 당하고 있다.

왕청 한 고을에도 각지의 보고에 의하면, 피살된 조선인 1천 명이 넘었으며, 그 밖에도 알려지지 않은 일이 얼마든지 있다고 한다. 일본군들은 조선인들의 가택을 수색할 때마다 모든 세간을 뒤진다. 그리하여 글자 하나라도 독립운동과 관련이 있으면, 곧 온 집안 식구를 한명도 남김없이 모두 총살하고, 그 집과 양식을 불태운다고 한다.

왕청·대감자·대황구·탁반구·대왕청 등지의 조선인 피해가 더욱 심하며, 그 가혹한 수단과 참혹한 정경은 차마 들을 수 없다고 한다.

총살하고 생매장하기도 하며 여자는 흔히 칼로 찔러 죽인다고 한다. 어느 곳에서는 수백 호 되는 조선인 마을에서 도망친 사람이 겨우 10명이며, 조선인 학교와 교회도 일시에 불탔다고 한다.

11월 20일, 왕청 북쪽에서 조선인 10여 명을 포승으로 손바닥을 꿰어 잡아끌고 왔다고 한다. 참으로 나라 없는 백성은 상갓집 개보다 못한 것이다."15)

경신참변은 악마의 탈을 쓴 일제가 동북아를 식민지 삼으려는 탐욕으로 저지른 잔인무도한 조선인 민간학살이었다. 그러나 나라를 제대로 통치하지 못한 조선과 조선 양반이 힘없고 약한 상민들에게 유산으로 물려준 준비된 재난이기도 하다.

전후좌우 없이 "아베님, 용서해주십시오."라는 구호를 외치던 엄마부대 집단과 식민지 상황의 어느 일부분만 보고 '식민지 근대화론'을 주장하는 '뉴 라이트' 지식인들과 함께한 하늘아래에서 숨 쉬며 살아야 하는 현실이 서글프다.

"나라 없는 백성은 상갓집 개보다 못한 것이다."라는 말이 청년들의 가슴에서 공명되기를 빌며 '간도참변'에 학살당한 조상들을 추모하며 그 분들이 꿈꾸었던 소박한 세상을 꿈꾼다.

미주

1) 간도는 흔히 북간도를 의미하며 현재 연변지구에 해당된다. 백두산을 기점으로 해서 서쪽 방향에 있으며 압록강 상류 대안 위쪽에 있는 유하현, 관전현, 홍경현, 장백현 등이다.

2) 《룡정3·13반일운동 80돐 기념문집》에서 윤병석, 안장원은 3만 명, 강룡권은 《21세기로 매진하는 중국조선족 발전방략연구》제 2장 항일투쟁 (상)과 중국당국의 〈외교보존서류〉에 기재된 길림성장 곽종희의 〈밀자〉에는 2만여 명으로 집계되었다.

3) 1명은 장례식이 끝난 후, 제창병원에서 집으로 돌아가서 순국하였다.

4) 김춘선 저, 《북간도한인사회의 형성과 민족 운동》, 471쪽

5) 학자에 따라서 적게는 1만 5,000명, 많게는 2만 5,000명으로 추산한다.

6) 박은식, 《독립운동지혈사》, 446~453쪽, 서문당 출판

7) 김춘선 저, 《북간도한인사회의 형성과 민족 운동》, 517쪽

8) 양봉송 편저, 《훈춘조선족발전사》, 75쪽

9) 박은식, 《독립운동지혈사》, 445~446쪽, 서문당 출판

10) 박은식, 《독립운동지혈사》, 454~455쪽, 서문당 출판

11) 김철수 저, 《연변항일사적지 연구》, 437, 439, 441, 442쪽

12) 양소전 외 4인 공저, 《중국조선족혁명투쟁사》, 207쪽

13) 동상서 208쪽

14) 박은식, 《독립운동지혈사》 467, 468쪽, 서문당 출판

15) 동상서, 470, 471쪽

참고서적

- 박은식, 《독립운동지혈사》, 서문당, 2019
- 김춘선, 《북간도 한인사회의 형성과 민족운동》, 고려대학교 민족문화연구원, 2016
- 김광희 외 다수, 《연변문사자료 제8집 종교사료전집》, 연변정협문사자료위원회, 1997
- 김철수, 《연변항일사적지 연구》, 연변인민출판사, 2002
- 박환, 《만주지역 한인민족운동의 재발견》, 국학자료원, 2014
- 박창욱외 다수, 《룡정3·13반일운동 80돐 기념문집》, 연변인민출판사, 1999
- 양소전 외 다수, 《중국조선족혁명투쟁사 》, 연변인민출판사, 2009
- 김기봉, 방영춘, 권립 편저, 《일본제국주의의동북침략사》, 연변인민출판사,1987
- 김동섭, 《화룡인민의 항일투쟁》, 연변인민출판사, 2006
- 최석숭, 《훈춘조선족이민사》, 연변교육출판사, 2015
- 김춘선, 안화춘, 허영길, 《최진동장군》, 흑룡강조선민족출판사, 2006
- 양봉송 편저, 《훈춘조선족발전사》, 연변대학출판사, 2018
- 강룡권 외 다수, 《21세기로 매진하는 중국조선족발전방략연구》, 료녕민족출판사, 1997
- 김춘선 외 다수, 《항일전쟁과 중국조선족》, 연변인민출판사, 2015
- 안화춘, 김철수 외 다수, 《연변조선족사 상》, 연변인민출판사, 2011
- 김춘선, 김철수 외 다수, 《중국조선족통사상권》, 연변인민출판사, 2009

朝鮮黄海道海州人，是国際和平主义戦士，1909年10月，
率隊法随日本前首相伊藤博文後，曾临对夭押在日本駐哈尓滨
引渡到领域，经夭东地方法院六次公审判为死刑，1910年3月
呈英勇就义，时年31岁。

안중근(1879~1910) | 한국 황해도 해주 출생이며 국제평화의
1909년 10월 26일에 하얼빈역에서 일본의 침입 수상 이토 히로
히로부미 주살 일본총영사관에 수감되었다가 여순감옥으로 이감되
법원의 6차 공판 끝에 사형을 언도받고 1910년 3월 26일 여
나이로 순국하였다.

An Jung-geun (1879~1910), was a Korean patriot. In Harbin railw
29, 1909, he shot to death Ito Hirobumi, the president of the Japanes
governor of Korea. He was put into Lushun prison on November 3, 1910

安重根(1879~1910) | 朝鮮黄海道海州人、国際平和主義戦士。
安重根烈士はハルビン汽車駅で伊藤博文を撃ち殺した後、八
本領事館に収監されたが、旅順に引き渡され、関東地方法院の
判決を受け、1910年3月26日、旅順監獄で31歳で殉国した。

曾佩的先生師
안지현 안중근

安重根 1879~1910

中日甲午战争之后，中朝两国人民共同反对
日本帝国主义的斗争，是从本世纪初，安重根在
哈尔滨火车站击毙伊藤博文开始的。

—摘自《周恩来关于中朝历史关系的谈话》（1963年6月）

청일전쟁 후 중국·한국 양국 국민의
일본제국주의에 대한 반대 투쟁은 금세기
초 안중근 의사가 하얼빈역에서 이토
히로부미를 저격할 때부터 시작되었다.

《주은래 총리의 중한역사관계에 대한 담화》에서
발췌한 내용(1963년 6월)

Since Sino-Japanese War, Chinese and Koreans struggled
against Japanese Imperialism which started from the point of time
that the patriot Ahn Jung-geun sniped Ito Hirobumi in Harbin Station
at the beginning of this century.
Excerpt from 'Prime Minister Zhou Enlai talks about the Relation between
China and Korea(1963. 6)

中日甲午戦争後、中国と朝鮮の両国民が共同で日本帝国主義に反対す
る闘争は、20世紀始め安重根義士がハルビン駅で伊藤博文を射殺した時から
始まった。
《周恩来の中国と朝鮮の歴史関係について》に記載した内容(1963年6月)

3부

숨겨진
무명의
지도자들

周恩来 주은래
1898~1976

안중근 의사의 배후 지도자,
항일투사 김치보 연보

코로나시대라고 불러도 이의를 제기할 사람이 없을 듯싶다.

인간사회는 코로나로 록다운이 반복되며 불확실과 불투명 속에서 유영하고 있는데 계절은 변함없이 순환하며 아름다운 꽃들을 천지에 흩뿌리고 있다. 올해는 꽃들이 보름내지 한 달 정도 일찍 피면서 온 산천이 선경(仙境)이 되었다. 지난 4월 내내 진달래, 산수유, 벚꽃, 아카시아와 이름 모를 꽃들과 유록과 초록빛깔의 나무들이 어우러진 앞산과 뒷산을 바라보는 것만으로도 행복하였다.

나의 고향의 기억은 언제나 꽃으로부터 시작된다.

서쪽 마루 끝의 꽃밭은 봄의 매화부터 시작하여 가을 국화에 이르기까지 끊임없이 꽃이 피고 지었다. 고향의 대부뚝과 들길 또한 크고 작은 풀꽃이 때를 따라 소리 없이 피었다. 나는 말없이 피고지는 꽃들을 좋아하여 꽃밭에 자주 머물렀고 잘 여문 꽃씨를 정성껏 받았다. 그리고 해마다 봄이 되면 꽃씨를 잊지 않고 뿌렸다.

누구나 다 화단에서 아름다운 자태를 마음껏 선보이는 장미와 찔레, 백합과 수국, 나리와 수선화, 매화와 국화는 좋아하며 노래를 부르지만 들판에서 수더분하게 자라는 개망초와 기생초, 씀바귀와 쑥부쟁이, 냉이와 개쑥, 우슬초와 명아주에 관심을 갖는 사람은 거의 없었다. 둠벙에서 자라는 부레옥잠, 개구리밥, 마름, 개수련을 바라보는 사람도 없었다.

그러나 사람들이 바라보던 보지 않던 간에 꽃들은 다 우리 마을의 일부였으며 비록 이름 없는 꽃이라 할지라도 우리의 삶에 기쁨과 평안을 주었다.

사람들은 자기의 취향이나 시각, 가치관으로 바라보며 특정한 꽃을 애호하지만 꽃은 인간의 선호와 이해타산을 넘어서 스스로 존재하며 거대한 생태환경을 말없이 쉼 없이 이루어 간다. 자연이 생태환경을 형성하며 보전하고 이어 가는데 있어서 더 소중하고 덜 소중한 꽃이란 없다. 어느 꽃이나 다 같이 소중하고 아름답다. 꽃들은 타고난 대로 묵묵히 자기 몫을 감당한다.

독립운동계도 마찬가지다. 안중근 의사를 태두로 하여 홍범도, 윤봉길, 이봉창, 강우규, 김상옥, 김원봉, 김구, 안창호, 안무 등 큰 별들이 독립운동 역사 생태계 속에서 찬연히 빛을 발하고 있다. 그 찬연한 빛에 눈이 부셔서 작은 별들이 눈에 잘 들어오지 않는다. 그러나 눈을 감았다 다시 뜨고 자세히 들여다보면 수많은 작은 별들이 보인다. 숨겨져서, 가려져서, 묻히어져서, 망가져서 제대로 드러나지 않는 별들이다. 항일투사 김치보도 바로 그런 인물 중의 한 분이시다.

우리는 1909년 연추 하리에서 12명의 독립지사들이 모여 손가락을 단지한 후에 피로 '대한독립'이라고 쓴 혈서를 기억한다. 독립운동사에 찬

연히 빛을 발하고 있는 혈서와 단지동맹으로 시작된 '단지동의회'는 지금
도 우리의 가슴을 울컥하게 만든다. 거의 모든 한국인들은 그 혈서를 남
긴 그 단지 동맹의 주도자를 추호도 의심 없이 안중근 의사로 생각한다.
그러나 여러 가지 정황을 고려해 볼 때 그가 주도자가 아니라 한 명의 애
국 열혈 청년으로 적극 참여한 자로 볼 수도 있다. 그러나 후대의 기록들
이 안중근 의사의 주도로 기록하고 있기 때문에 그 배후에 있을 수 있는
지도자를 증명하기 쉽지 않다.

우리는 1909년 10월 26일, 하얼빈 역에서 있었던 세계를 경악하게 만
든 안중근 의사의 이토 히로부미 저격을 기억하며 자랑스러워한다. 그리
고 1910년 3월 26일 31세의 나이로 순국한 그의 뜨거운 나라 사랑과 젊
음의 열정과 의기와 당당한 용기에 아낌없는 찬사를 보내며 감동과 감사
의 눈물을 흘린다.

그러나 우리는 아직도 안중근 의사로 하여금 이토 히로부미를 저격하
도록 지원하며 도움을 준 배후의 지도자를 잘 모른다. 역사학자들은 많은
연구와 상황을 검토한 끝에 나름대로 그의 배후 지도자로 최재형, 유인석,
대동공보 등을 지목하고 있으나 가능성에 대한 이야기일 뿐 사실은 아닐
수도 있다.

박환은 그의 저서《시베리아 한인민족운동의 대부 최재형》에서 안중근
의사의 배후 지도자로 최재형으로 비정하고 있다. 그 이유를 안중근 의사
가 그가 이끄는 동의회 발기회에 참여하였고 동의회와 창의회가 연합하
여 국내진공작전을 벌일 때 동의회 일원으로서 우영장으로 전투에 참여
하였다는 것과 대부분의 항일 운동가들이 국경을 넘어 러시아로 이동한
후에 연해주 대표적인 자산가였던 최재형의 신세를 졌기 때문으로 설명

한다.

박환은 최재형이 안중근이 하얼빈의거를 위하여 연추를 출발할 때 자금을 제공하였으며, 이토 히로부미의 저격 성공 소식을 듣고 안중근을 '국가 일등공신'이라고 칭송하였으며, 안중근 의거에 관한 글과 금화 400 루블을 《대동공보》에 보내 그의 의거를 찬양한 것 등과 그의 다섯째 딸 올가가 《나의 아버지 최재형》에서 회상한 글을 근거로 그를 안중근의 배후 지도자라고 주장한다.[1]

올가는 《나의 아버지 최재형》에서 아래와 같이 회상하고 있다.

"우리가 있던 노보키옙스크에 '안의사'라는 또 다른 이름으로도 불렸던 안응칠(안중근)이 살았다. 그는 거사를 준비하고 있었다. 창고 벽에 세 명의 모습을 그려놓고 그들을 향해 총을 쏘는 연습을 했다. 어느 날, 나와 소냐 언니는 마당에서 놀다가 그 광경을 보게 되었다. 결국 안중근은 하얼빈으로 가서 일본군 우두머리 이토 히로부미를 사살했다. 그는 현장에서 즉시 일본 경찰에 의해 체포되었다.[2]

그러나 올가의 책은 이토 히로부미 저격사건이 일어난 후 81년째 되는 해에 기록되었으며 1905년 5월생인 그가 사건이 일어날 당시 만 4년 5개월에 불과하였으므로 그의 회상을 역사적인 사실의 기록으로 보기 어렵다는 문제가 있다.

김삼웅은 1909년 3월에 있었던 안중근의 단지동맹을 "안중근이 친로파로 단정한 이범윤·최재형 파와 결별 선언"으로 해석한다.[3]

1908년 회령에서 패배하고 돌아온 후, 안중근은 이범윤과 최재형의 갈

등과 폭력행사, 최재형의 의병 지원 중단과 냉대를 체험하였다. 그는 심각한 고민 끝에 원로세대들을 의존하지 않고 독자적인 의병활동을 시작하기 위하여 단지동맹으로 청년 그룹을 규합한 것으로 본다.

또한 그는 안중근의 하얼빈거사의 배후로 나오는《대동공보》에 대하여 긍정도 부정도 하지 않는다.

당시《대동공보》주필을 맡고 있던 이강이 해방 이후에 쓴《내가 본 안중근 의사》에서 자신이 안중근을 전보로 블라디보스토크로 나오도록 해서 그가 거사를 도모하도록 지원하였다는 주장에 대하여 그가 전보를 쳐서 안중근을 불러 들였는지를 확인할 길이 없다며《대동공보》의 배후설에 가세하지 않는다.

뿐만 아니라 그는 안중근이 당시《대동공보》기자였던 정재관에게 이토 히로부미 방문 사실을 묻자 정재관이 "이곳에서도 청년배가 모여서 이등 공이 온다니 칼을 갈아서 가지 않으면 안 된다고들 말하고 있었으므로 내가 '그런 일이 노국(러시아)에 알려지면 그야말로 큰일이다. 바보 같은 소리 말라'고 제지하였다고 말했다. 안중근은 정재관의 이 같은 발언에 크게 실망하면서도 그러나 내심을 드러내지 않았다."고 하며 이를 미루어 볼 때《대동공보》가 안중근 의거에 적극 개입했다는 이강의 기록과는 차이가 있음을 볼 수 있다고 하였다.[4]

박민영은《독립운동의 대부 이상설 평전》, 213쪽에서 안중근 의사의 배후가 유인석일 가능성을 말하고 있다. 이상설은 하얼빈 의거가 일어난 직후에 간접적으로 연계된 유인석에게 피신을 권하는 편지를 보냈다. 그는 이상설의 권유대로 이종섭이라는 지인의 집으로 거처를 옮기고 이상설에게 편지를 보냈다.

"대감께서 매우 근심해 주어 지극히 감동될 뿐입니다. 대저 왜놈들이 후작을 보내 정탐하는 데 이르게 되면 정세는 혹독하게 될 것입니다. 그러나 이등박문을 죽인 것은 제가 계획한 것은 아니지만 억지로 저로부터 했다고 한다면 혹 될는지요? 대체로 인석이 이곳에 오지 않았으면 이석대(이진룡 의병장) 역시 오지 않았을 것이며, 이석대가 오지 않았으면 안응칠도 형세가 일을 하지 못하게 되었을 것입니다. 이렇게 말한다면 혹 저로부터 했다고 할 수 있습니다. 그러나 저와 이석대로 하여금 여기 오게 한 것은 이등박문의 소행입니다. 그놈이 죽은 것은 그 자신 때문이지 어찌 다른 사람 때문이겠습니까?"[5]

유인석은 자신이 안중근 저격 사건의 배후가 아님을 분명히 밝히고 있다. 그럼에도 불구하고 사람들이 《안응칠 역사》에 나오는 김두성을 13도의군의 도총재로 추대된 유인석으로 해석하며 유인석을 안중근 의사의 배후로 보고자 한다. 그러나 유인석이 연해주로 망명한 것은 1908년 7월이며 13도의군의 결성은 1910년 6월(1909년 6월 설도 있다)에 있었던 일로 안중근 의사가 순국한 뒤이기 때문에 안중근이 13도의군 도총재에게 참모중장의 직책을 받았다는 주장은 무리하다.

같은 책 215쪽에서 안중근이 "의병총대장 김두성(金斗星)의 직속 '특파독립대장'으로 거사를 결행하였다"고 하는데 안중근은 1907년 7월에 '동의회' 의병, 우영장으로 경흥과 회령 전투에 참여한 것이 전부이므로 그를 1910년 6월에 출범한 13도의군과 결부시키는 것은 무리다.

안중근 의사의 단지동맹과 하얼빈거사를 지원한 배후 지도자를 안중근이 사실 그대로 기록을 남기고 갔으면 후학들이 최재형설, 유인석설, 이범윤설,《대동공보》설로 설왕설래하지 않을 것이다. 그러나 우리는 그가 남긴《안응칠 역사》와 그의 재판 기록을 통하여 그의 배후 지도자의 희미한 그림자를 볼 수 있다. 그가 동화처럼 이야기한 '김 진사'와 자부심을 가지고 언급한 '김두성' 총독을 살펴보기로 한다.

안중근은 성당의 일과 삼흥학교, 돈의학교의 교무의 일을 접고 망명을 일찍 결심하게 된 동기를《안응칠 역사》에서 기술하며 '김 진사'를 언급하고 있다.[6]

> 그 이듬해 봄에 어떤 한 사람이 내방했는데, 그의 기상을 살펴보니 위엄 있는 몸가짐이 당당하여 자못 도인의 풍모가 있었다. 통성명을 하니 김 진사였다. 그가 말하기를
>
> "나는 평소에 자네 부친과 친교가 두터워 특별히 찾아왔네."
>
> 하므로, 내가 말하기를
>
> "선생님께서 멀리서 찾아오셨으니 어떤 고견을 가지고 계신지요?"
>
> 하였다. 그는 말하기를
>
> "자네의 기개로, 이같이 나라 정세가 위태롭고 될 때에 어찌 가만히 앉아서 죽기만을 기다리려하는가?"
>
> 하므로, 내가 말하기를
>
> "장차 계책을 어떻게 세우면 좋겠습니까?"
>
> 하였더니, 그가 말하기를
>
> "지금 백두산 뒤에 있는 서북 간도와 러시아 영토인 블라디보스토크 등지에 한인 백여만의 인구가 거류하는데, 물산이 풍부하여 참으로 군사를 일으킬 만한 곳이네. 자네의 재주로 그 곳에 가면 후일 반드시 큰 사업을 이룰

것이네."

김 진사는 사업이란 말속에 나라를 지키기 위해 청년이 해야할 일을 함축하여 제시하고 떠났다. 김 진사의 말을 듣고 망설였던 안중근은 2년 후인 1907년 7월 정미7조약으로 군대가 해산되고 고종이 폐위당하는 것을 목격하고 난 뒤에야 비로소 망명을 서둘렀다. 그는 북간도에서 3, 4개월 머물다 연추를 거쳐 김 진사가 있는 블라디보스토크로 갔다.

김 진사로 추측이 가능한 인물인 김치보는 1905년 '을사보호조약'이 체결되자 군수직을 사임하고 바로 블라디보스토크로 가서 '한민회'를 결성하고 '덕창약국'을 개업하여 독립운동을 후원하기 시작하였다.

리광인의 주장대로 안중근이 《안응칠 역사》에서 언급하고 있는 동의회 연합의병부대를 지도자 김두성(金斗星)을 안중근에게 망명을 권유한 김 진사 그리고 그가 한민회를 세워 망명한 청년 운동가들을 돌보았던 김치보일 가능성을 생각해본다.

리광인은 《겨레항일지사들 1》 김치보 편에서 안중근 거사의 배후로 김치보와 단지동맹을 주목한다.

"김치보와 그의 동지들인 안중근, 우덕순, 조도선, 김성화, 탁공규, 황병길 등이 신한촌 덕창약국에 모여 이토 히로부미를 암살할 거사를 의논하였다. 이어 김치보를 총지도로 하는 이토 히로부미 암살지휘부가 세워졌다. 하지만 이토 히로부미의 하얼빈행이 어느 길인지가 밝혀지지 않아 그들은 3개 소조로 분담하여 하얼빈, 장춘, 심양, 수분하 쪽으로 가서 대기하기로 결의하였다.

(중략)

사실 알고 보면 '단지혈맹'도 의문점이 없지 않다. 김치보의 집에서 그의 '한민회' 수하에서 활동을 벌린 안중근은 김치보와 19년 격차를 두고 있지만 안중근이 사전 토의도 없이 조막 도끼로 먼저 왼손 무명지를 자르고 '대한독립' 네 글자를 서명하였다는 것은 믿기 어렵다. 필자는 모든 자료가 그렇게 되어있기에 따를 수밖에 없었을 뿐이다."[7]

박환의 주장대로 최재형을 안중근의 대부로 보는 것보다 리광인처럼 김치보를 거사의 배후 지도자로 보는 것이 더 자연스럽게 느껴진다. 이유인즉슨 리광인이 1990년에 김치보의 딸과 1988년에 황병길의 딸을 방문하여 채록한 단지동맹과 이토 히로부미 저격사건에 대한 두 가족의 기억이 같았다는 우연한 사실 때문이다. 두 가족은 사건 이후로 한 번도 만난 적이 없었으므로 이토 히로부미 저격사건에 대하여 같은 기억을 공유하기 어렵다. 그런데 놀랍게도 두 후손들이 단지동맹은 1909년 1월 초에 김치보의 집에서 일어났으며, 이토 히로부미 저격도 김치보의 지휘 아래 단지동맹의 동지들이 함께 모의하여 3개 그룹으로 나뉘어 안중근과 우덕순은 하얼빈으로 가고, 나머지 두 개 그룹은 심양과 장춘, 수분하 쪽에서 대기하여 행동하기로 하였다고 일치된 증언을 한 것이다.[8]
리광인은 황병길의 막내딸인 황정일로부터 황병길이 단지동맹의 일원으로 가장 나이가 어렸으며 그 또한 한 그룹에 속하여 이토 히로부미 저격을 위하여 수분하 쪽에서 대기하였다는 사실과 단지동맹을 맺을 때 사용한 물건들인 조막 도끼, 목데기, 태극기 등과 자른 손가락 마디를 모친이

간직했으나 1920년 10월 '경신참변'에 분실했다는 증언을 확인하였다.[9]

그러므로《안응칠 역사》에 나오는 김 진사, 김두성을 김치보로 생각하며, 재판정에 기록에 나오는 안중근의 독립운동가에 대한 평을 참고삼아 정리해 보기로 한다.

첫째, 안중근의 최재형에 대한 평가가 부정적이다.

그는 최재형을 '러시아에 입적한 인사로 조선을 생각하는 지성은 조선인과 다르고 엄인섭처럼 친하지 않으며 우리를 경시하고 상담에 불응하는 인물'로 묘사하였다.

먼 길을 찾아 와서 다짜고짜 안중근에게 망명을 권한 김진사와 면모와 아주 다르다.

둘째, 얀치혜(연추)군대의 어용상인으로서 사업에 분주한 그가 1906년과 1907년 전후에 무명의 청년 안중근의 망명을 촉구하기 위해 김 진사로 가장하여 조선을 방문했을 가능성은 거의 없어 보인다.

셋째, 9살에 러시아로 이주하여 사업가로 성공한 최재형을 도인의 풍모가 있는 김 진사로 보기 어렵다.

넷째, 안중근 거사 이후 최재형은 최봉준, 김병학 등과 함께《대동공보》를 지원해주었지만 회령전투 패배 후 안중근은 최재형의 신뢰를 잃었다.

안중근이 말하는 김 진사가 김치보일 가능성을 생각해본다.

첫째, 안중근의 고향 해주와 김치보의 고향 평양은 가까운 거리에 있으므로 김성준(김치보의 본명)은 같은 서북인사로서 안중근의 부친과 교분이 있을 가능성이 높다.

둘째, 김치보가 1905년 을사늑약 후, 관직을 버리고 망명을 결심하였을 때 안중근의 소문을 듣고 찾아가서 망명을 권했을 수 있다.

셋째, 안중근 의사가 김 진사를 만난 것을 1905년에서 1906년 사이의 일일 것이다. 아무리 그가 옥중에 있다할지라도 겨우 4년 전후에 만난 사람의 이름을 잊었을 리 없다. 그가 이름을 밝히지 않은 것과 옥중에서 인물을 평가할 때 김치보의 이름을 빠트린 것은 그가 자신의 정신적인 지도자이며, 막역한 대선배 동지인 그를 비롯하여 단지동맹의 동지들을 보호하기 위한 안중근 나름의 최선의 배려와 지혜로 볼 수 있다.

넷째, 김치보는 여러 개의 이름을 사용하였다. 현재 밝혀진 바로는 김성준(본명), 김치보(러시아), 김감령(중국 훈춘)이 있다. 동의회와 창의회 연합의병부대 대장으로 선출된 김두성도 그의 다른 이름일 수 있는 가능성이 높다.

다섯째, 김치보가 안중근 거사의 배후세력이라고 말하는 중국 측의 자료가 있다는 것은 최재형을 배후세력으로 보는 시각과 안중근의 법정 구술과 자료를 근거로 해서 이토 히로부미 저격사건을 단독 영웅적인 거사로 보고 있는 한국 측의 자료를 보다 더 심도 있게 검증해야 한다는 말이다.

김치보가 안중근 거사의 배후세력이라는 것을 염두에 두면서 그의 연보를 간단하게 정리해본다.

김치보(1860~1941년) 연보

러시아 연해주의 '한민회' 회장이었으며 '노인단' 단장으로 독립운동에 헌신하였다.

1860년 음력 9월 17일 평양에서 출생하였으며 조선에서는 '김성준', 만주와 러시아에서는 '김감령'으로 불렸다.

조선 말기에 평양군수와 종성군수를 지내기도 하였다.

그는 1905년 을사늑약이 체결된 후, 군수직을 사임하고 러시아 연해주 신한촌으로 가서 '한민회'를 만들고 회장으로 활동하였다. '한민회' 본부는 그가 독립운동을 후원할 목적으로 개업한 '덕창약국' 안에 두었고 그는 '한민회' 재무, 행정, 무기 공급을 담당하였다. 당시 주요 회원은 안중근, 우덕순, 조군선, 김성화, 탁공규, 황병길 등이었다.

1906년 4월, 이상설과 이준의 헤이그 행을 위하여 경비를 지출하였고 블라디보스토크역을 떠날 때 환송하였다.

1909년 1월 1일, 김치보와 안중근을 비롯한 12명의 회원이 연해주 연추 인근에 있는 카리란 마을(일설은 신한촌)에 모였다. 그들은 1908년의 자신들의 국내진공활동을 평가하고 1909년 항일무력투쟁을 위하여 결사대 조직하고 군자금을 모금하기로 결의하였다. 그 자리에 모인 12명이 결사대에 대하여 뜨겁게 호응하였고 그 결과로 그 유명한 단지동맹이 결성되었다.

김삼웅의 《안중근 평전》에는 회원 명단에 김기룡, 강순기, 정원주, 박봉석, 유치홍, 김백춘, 백규삼, 황영길, 조웅순, 김천화, 강창두 등이 나온다. 같은 책 211쪽에서는 우덕순도 단지동맹원이라고 밝힌다.

모든 안중근전이 안중근이 먼저 왼손의 무명지 손마디를 자르고 피로 '대한독립'이라는 네 글자를 썼고 그 후에 다른 11명도 함께 단지를 하였다고 한다.

동의단지회 취지문은 문장이 아주 잘 가다듬어져 있다.

그 내용도 술 한 잔 마시고 객기로 시를 읊듯이 그렇게 쓸 수 있는 내용이 결코 아니다. 충분히 고민하며 마음과 생각을 나눈 사람들의 비장한 결심과 결단이 합해진 것이다. 아무리 비분강개한 심정이라 해도 순간적인 감동으로 썼다고 보기에는 〈동의단지회 취지문〉의 문장은 아주 잘 가다듬어 있다.

동의단지회 취지문

"오늘날 우리 조선 인종이 국가가 위급하고 생민이 멸망할 지경에 당하여 어찌 하였으면 좋은지 방법을 노르고 혹 왈 좋은 때가 되면 일이 없다 하고, 혹 왈 외국이 도와주면 된다거나, 이 말은 다 쓸데없는 말이니 이러한 사람은 다만 놀기를 좋아하고 남에게 의뢰하기만 즐겨하는 까닭이라.

우리 이천만 동포가 일심단체하여 생사를 불고한 연후에야 국권을 회복하고 생명을 보전할지라.

그러나 우리 동포는 말로만 애국이니 일심단체니 하고 실지로 뜨거운 마음과 간절한 단체가 없으므로 특별히 한 회를 조직하니 그 이름은 동의단지회(同義斷指會)라. 우리 일반 회우가 손가락 하나씩 끊음은 비록 조그만한 일이나 첫째는 국가를 위하여 몸을 바치는 빙거요, 둘째는 일심단체하는 표라, 오늘날 우리가 더운 피로써 청천백일하에 맹세하오니 자금위시하여 아무쪼록 이전의 허물은 고치고 일심단체하여 마음을 변치 말고 목적을 도달한 후에 태평동락을 만만세로 누리웁시다."[10]

동의단지회의 취지문은 안중근 의사가 작성한 것으로 세상에 알려졌지만 김치보가 작성하여 단원들에게 동의를 구했을 가능성도 없지 않다고 본다.

김치보는 1909년 7월, 이상설이 미국에서 외교활동을 마치고 블라디블라디보스토크로 돌아왔을 때 앞장서서 환영하였다.

1909년 10월 20일, 이토 히로부미의 하얼빈행 소식을 들은 단지동맹 회원 김치보, 안중근, 우덕순, 조도선, 김성화, 탁공규, 황병길 등은 신한촌 덕창약국에 모여서 거사를 의논하였다. 그들은 3개의 조로 나누어서 하얼빈, 장춘, 심양, 수분하 쪽으로 가서 대기하기로 결의하였다.

1909년 10월 26일 하얼빈역에서 대기하고 있었던 안중근의 거사가 성공하였다. 안중근의 거사 소식을 들은 김치보는 누구보다 기뻐하였다. 안중근에게 망명을 권하였고 단지동맹이 결성되도록 권면한 그로서는 감회가 남달랐을 것이다.

1910년 8월 17일, 블라디보스토크에 있는 항일투사들이 '성명회'를 결성하여 한일병탄의 부당성을 각국 정부에 호소하면서 한일병탄반대운동을 전개하였다. 이 운동의 선두에 유인석, 이범윤, 이상설, 김학만, 차석보, 김좌두, 김치보 등이 있었다. 김치보는 명실공히 성명회의 중심인물 중의 하나였다. 그들은 힘을 합하여 《대동공보》에 일제침략의 부당성을 폭로하였으며 각국 정부와 동포들에게 "일본의 만행에 속지 말라"고 호소하였다. 병탄이후에도 김치보는 '성명회' 동지들과 함께 격문을 써서 러시아와 북간도에 배포하였다.

1919년 3월, 연해주에서 독립만세시위 운동에 열심히 적극적으로 참여하였다.

1919년 3월 이후, 김치보는 '노인단'을 결성하여 단장으로서 활동하였다. 일본 정부에 독립권 환부를 요청하며, 이발, 정치윤, 윤여옥, 차대유, 안태수 등을 보내서 조선총독부에 독립요구서를 제출하고 종로에서 독립 연설을 하게 하였다.

1919년 9월, 노인단원인 '강우규'를 파송하여 남대문 역에서 사이토 마코토 총독을 저격하게 하였다.

1922년 11월 15일, 극동공화국(원동정부)[11])이 레닌의 소련정권에 다시 통합되면서 연해주의 항일투사들이 민족주의 계열과 사회주의 계열로 분열하고, 사회주의 계열은 다시 이동휘를 대표로 하는 상하이파와 김철훈을 대표로 하는 이르쿠츠크파로 나뉘었다.

1923년, 소련공산당과 정부는 조선인 무장활동 금지령을 내렸고 항일투사들을 감금하였다. 김치보도 감옥에 갇혔다 풀려나왔다. 그는 소련 체제하에서 항일무장독립운동이나 독립운동단체들의 독자적인 활동이 불가능하다는 사실을 깨닫고 64세의 노구를 이끌고 동지들과 함께 중소국경을 넘어 중국의 훈춘현 동흥진에 와서 자리를 잡았다. 그리고 이름을 '김감령'으로 바꾸고 농사를 지으며 생계를 유지하였다.

김치보는 1941년 11월 18일에 사망하였다. 그는 임종 시 아내와 자녀들에게 자신이 고이 간직하고 있었던 온 종성군수 임명장, 혈서, 시, 여러 문건 등 50여 점을 주면서 조선이 독립될 때 나라에 바치라고 당부하였다.

에필로그

훈춘현으로 이주하기 전까지. 20여 년 이상 조선과 연해주에서 독립투사로서 살아온 김치보 항일투쟁에 대한 자료가 참으로 빈곤하다.

기록이 없기 때문에 구전되는 이야기와 몇 개의 팩트 만으로 평전이나 위인전을 쓰게 될 때 한 인물에 대한 묘사가 저자의 시각에 따라 달라지는 것을 김치보 항일투사를 통해서 여실하게 깨달았다. 실체는 분명하게 있는데 남겨진 글이나 알려진 글이 없으므로 희미해졌고 희미하므로 유야무야해져서 관심을 가지는 사람이 없고 그러다 잊히어지고 마는 항일투사들이 얼마나 많겠는가!

독립운동이라는 역사생태계를 만들어서 한국독립투쟁을 추동했던 유명무명의 모든 지사들이 오늘 한국의 뿌리임을 기억하며 꽃을 보듯이 몇 페이지 글로 남은 의로운 조상님들의 삶을 묵상하며 행간을 읽는다.

역사적인 팩트는 하나인데 단지동맹과 안중근 배후 지도자에 대한 글이 다 다르게 나오는 것이 참 안타깝고 답답하다.

사실은 하나인데 분명한 증거 자료가 없으므로 저자들마다 확보한 자료에 작가적 상상을 발휘해서 글을 쓰게 되니 글에 기록된 내용이 실제 사건도 전혀 다르게 기술될 수도 있을 것이다. 무엇보다 안타까운 것은 김치보 항일투사가 소중하게 간직한 50여 점의 독립운동 자료들이 중국의 문화대혁명의 소용돌이 속에서 잿더미가 된 사실이다. 아내와 자녀들에게 "조선이 독립되거든 나라에 바치라"고 유언하고 숨을 거둔 노지사의 마음이 눈동자에 파도친다. 그 소중한 자료와 유물들을 자녀들이 1968년 말 투쟁이 무서워서 불을 태워버렸다고 하니 참으로 해방된 조국에 사는 후손으로서 부끄럽고 죄스러운 마음이다.

　독립운동 생태계에 핀 크고 작은 모든 꽃들이 오늘 우리 한국의 밑거름과 기초가 되었다. 우리의 독립 운동가들을 더 소중하게 덜 소중하게 다루는 것은 후세 역사에서 비롯된 이해타산 때문이리라. 마음을 여미며 모든 꽃들에게 존경과 사랑을 바친다.

미주

1) 박환,《시베리아한민족운동의 대부 최재형》, 113, 114쪽, 한국독립운동사연구소, 2012

2) 최올가, 최발렌틴 저,《나의 아버지 최재형》, 27, 28쪽, 상상, 2019

3) 김삼웅,《안중근평전》, 194쪽, 시대의 창, 2009

4) 김삼웅,《안중근평전》, 208~210쪽, 시대의 창, 2009

5) 박민영,《독립운동의 대부 이상설 평전》, 213쪽, 신서원, 2020

6) ① 안응칠,《안중근 옥중 자서전: 안응칠역사, 동양평화론, 기서》, 60, 61쪽, 열화당 영
    혼 도서관, 2019.

    ② 김 삼웅,《안중근평전》, 156, 157쪽, 시대의 창, 2009

    ③ 황재문,《안중근 평전》, 160쪽, 한겨레출판, 2014

7) 리광인,《겨레항일지사들 1권》 47쪽, 민족출판사

8) 리광인,《겨레 항일지사들 3권》, 30쪽, 민족출판사

9) 리광인,《겨레 항일지사들 3권》, 51쪽, 민족출판사

10) 김삼웅,《안중근평전》, 190, 191쪽, 시대의 창, 2009

11) 극동공화국(1920~1922년) : 러시아의 10월 혁명의 확산을 막기 위해 미국, 영국, 캐
    나다, 일본 등의 국가에서 혁명 간섭군을 파견하자 소비에트 러시아가 자국의 방어
    를 위해 바이칼호수 동편에서 극동 시베리아에 한시적으로 만든 명목상의 국가. 극
    동공화국은 일본군 철수 후에 소비에트 러시아에 합병되었다. 우리의 독립운동 역
    사에서 가장 비극적인 '자유시참변'은 극동공화국 내에서 일어났지만 모스크바 레닌
    정부의 조종이 있었다.

참고서적

- 안중근 저, 국제문화도시교류협회 번,역,《안중근 옥중 자서전》, 열화당 영혼도서관, 2019
- 김흥식 편저,《안중근 재판정 참관기》, 서해문집, 2016
- 김삼웅 저,《안중근 평전》, 시대의 창, 2016
- 최올가, 최발렌틴 저,《나의 아버지 최재형》, 상상, 2019
- 이창호 저,《안중근 평전》, 빛나래, 2018
- 박민영 저,《독립운동의 대부 이상설 평전》, 신서원, 2020
- 리광인 저,《겨레항일지사들 1》, 민족출판사, 2007
- 리광인 저,《겨레 항일지사들 3》, 민족출판사, 2007
- 황재문 저,《아중근 평전》, 한겨레출판, 2014
- 리정결 편저,《안중근연구》, 흑룡강조선민족출판사, 2009
- 구태훈 저,《구태훈 교수의 안중근 인터뷰》, J.R 21, 2009
- 한국근현대사학회 공저,《한국독립운동사강의》, 한울, 2016
- 박환 저,《시베리아한민족운동의 대부 최재형》, 한국독립운동사연구소, 2012

캐나다장로회선교부
파송 북간도 선교 개척자 김계안 조사

용정 거주 조선인 최초의 전도자

　부끄러운 고백이지만 중국에 들어가기 전까지만 해도 북간도 기독교 하면 명동교회와 김약연 목사 이름 정도를 아는 것이 다였다. 그러나 연길에 거주하며 많은 교회와 목사들의 독립운동을 접하면서 명동교회에 대한 선입관과 허상이 우르르 무너져 내렸다.

　20세기 초 20여 년에 걸쳐 연변 각지에 세워진 120여 개에 가까운 교회들과 조우하게 되었던 까닭이다. 1920년 일본군의 대학살에 소실당한 산골짜기와 오지에 세워진 교회마다 다 대한독립에 목말라했던 애국애족의 교회들이었다는 사실에 놀랐다. 중국의 관원과 토비들과 일제의 눈길을 피해 외딴 마을, 외딴 곳에 지어진 작은 교회들은 전도자들, 권서인들, 목회자들의 나라를 잃은 동포에 대한 뜨거운 사랑과 기도, 희생과 헌신의 열매였다. 수만 리의 고난과 고독을 마다하지 않고 낯선 세계로 복음을 들고 찾아온 캐나다 선교사들의 자비와 관심의 열매였다. 지금 비록 역사 속에서 사라졌다할지라도 그 시대에 나라 잃은 겨레와 함께 하나님의 나라를 바라며 희망을 노래하고 독립을 꿈꾼 교회는 다 위대하다. 비록 역사에 이름 석 자 하나 남기지 못했다 할지라도 허술한 초가건물 속에 모여 하나님께 대한독립과 자유, 구원과 해방을 간구하며 뜨거운 눈물의 기도를 바친 분들은 다 위대하다. 역사에 묻혀버린 위대한 작은 교회의 이름, 독립운동의 숨은 실체들을 만나면서 얼마나 전율했던가! 독립운동의 그늘 속에서 고난과 고통을 감내해준 작은 교우들을 만나면서 얼마나 울었던가!

그러나 대부분의 역사서들은 나라와 민족의 핵이요, 본질인 민초, 작은 사람들은 무시하고 영웅, 거인, 지도자들만 이야기한다. 민초는 항상 거인과 영웅들의 보조하는 장식품에 불과하며 그들을 찬양하고 우러러 보며 그들에 의해 교육과 훈련을 받아야 하는 계몽의 대상일 뿐이다.

특별히 중국의 책들은 기독교와 교회에 대하여 참으로 인색하다. 종교사의 구색을 갖추기 위해 마지못해서 교회 이름과 교회 창립자 몇 명을 적어 놓고 그것도 연도 분별이 안 되며 연도가 빠지는 등 참으로 무성의하다. 혹시 하는 마음으로 북간도 초기 전도자 혹은 교회 창립자들인 홍순국, 안순영, 김련보, 한학렬, 리응현, 최봉렬, 한수현 등의 이름을 다른 글이나 책에서 뒤져보았으나 허사였다. 그러나 이동휘와 김약연에 대한 기독교 관련 글들은 편수가 많았으며 분량도 적지 않았다. 마치 그들만이 20세기 초기 20여 년 동안 북간도 기독교 전파와 교회형성에 지대한 공헌과 수고를 한 것처럼 기술되어 있어서 의구심이 들었다. 그러나 두 사람의 북간도 초창기 기독교 관련 활동과 복음전파에 대한 진위를 확인할 수 있는 기준을 삼고 대조할 만한 책을 가지고 있지 않아서 마음속에만 담아두었다.

몇 년에 걸쳐서 일본의 경신년 대학살에 소실된 교회를 찾으며 고난의 시대에 민족의 십자가를 짊어진 북간도 교회와 교우님들에 대한 감사와 추모하는 마음으로 북간도에 세워졌던 교회 이름을 찾아서 정리하는 작업을 하였다. 밭에 감추어진 보화를 찾듯이 이름 하나하나를 찾으면서 덤으로 창립자들과 전도자들의 이름도 함께 찾았다. 뜻밖의 기회에 만난《조선예수교장로회사기 상하》와 몇 권의 책이 나를 1900년대 초기 20여 년의 북간도교회로 데리고 갔다. 나는 그 책들 속에서 무명의 전도자 김계안을 만났다.《룡정문사자료 2집》과《연변문사자료 8집》에 아무런 설명도 없이 장로 김계안으로 기록된 그는 1909년에 선교사 구례선에 의해 공식적인 파송을 받고 북간도에서 거주하며 활동한 최초의 조선인 전도자였다.

1. 역사적 사실과 다른 평가

역사서와 역사소설은 다르다. 그러나 역사서가 역사소설처럼 기술자의 확신과 '카더라 통신'에 근거해서 써진 부분이 많아서 해방 이후 남과 북, 중국에서 동시에 독립운동과 독립운동가에 대한 과소평가나 과장과 왜곡이 발생하였다. 이념과 분단 상황 속에서 자기 체제에 맞는 사건과 인물을 선호할 수밖에 없었던 각국의 정치적인 상황과 자료의 빈곤으로 〈카더라 통신'으로 글을 쓸 수밖에 없었던 상황들이 이해가 된다. 중국에서 나온 책 중에 내용 전부가 다 그런 것은 아니지만 자료 부족으로 '카더라 통신'에 나오는 기사처럼 기술되는 인물들이 있다.

이동휘가 그 대표적인 사례이다. 이는 그가 의도했던 것은 전혀 아니고 단지 후세 사가들이 조선인 제1호 사회주의자인 그를 더 미화하고 더 영웅화시키고 싶어서 그런 식으로 기술한 것일 뿐이다. 사실 그대로도 그의 독립운동의 수고와 공로는 누구도 부정할 수 없는데 후학들이 자기들의 시조인 그를 더 확실하게 각인시키고 싶어서 그렇게 했을 것이다. 또한 그들이 그렇게 하는 나름의 이유가 있다. 캐나다장로회의 유명한 부흥사 경회 인도자 중의 한 명인 그가 기독교에서 사회주의자로 개종한 것은 사회주의가 기독교보다 우월하다는 메시지가 될 수 있을 터였다. 그러므로 그들은 많은 기독교 관련 학교와 교회, 독립운동에 있어서 무조건 최초의 것과 좋은 것은 다 그의 공로로 돌린다. 초창기에 세워진 길동기독학교를 위시하여 많은 학교들, 라자구 무관학교, 북일학교, 하마탕의 학교 등과 간민교육회, 간민회 창립 또한 그의 공로로 돌린다. 뿐만 아니라 1910년 성진교회 교우들과 구례선 선교사가 만든 '삼국전도회'도 그가 만든 것으로 바꾸어 놓았다. 그들의 주장에 의하면 연변의 숱한 교회와 학교는 그의 영향으로 세워졌으며 그것들을 민족 교육과 독립운동의 장으로 만든 것도 다 그의 노력과 수고이다.

그는 1911년 2월에 처음으로 북간도에 나와서 한 달 동안 부흥사경회를 인도하였는데 중국 책들에는 그가 1909년에도 연길과 용정에서 활동한 것으로 나온다. 1911년 105인 사건으로 6월에 대무의도에 유배되어 1912년 6월경에 유배에서 풀려 나왔는데 그 기간에도 북간도에서 활동하고 있는 것으로 기록한 책들도 있다. 그는 유배지에서 풀려나온 뒤에 계속해서 구례선의 조사로서 활동을 하다가 1913년 2월 또는 3월경에 북간도로 망명을 떠났다. 그런데도 그는 간민회 창립과 조직에 깊게 관여를 한 위대한 지도자로 부각된다.

구례선이 쓴 《조선을 향한 머나먼 여정》에 의하면 그는 1910년에 그의 조사로 일을 시작하였다. 그러나 《조선예수교장로회사기 상》에 보면 그가 1909년에 전도자로 활동을 시작하였다. 중국에서 나온 책들은 그가 엄청난 영향력을 발휘해서 북간도와 함경도 교회들을 다 세운 것처럼 느끼게 만들지만 장로회사기는 사실이 아님을 그대로 보여준다.

그가 세운 전도해서 세워진 교회는 이원군 송당리교회(1909년), 이원군 은용덕교회(1909년), 이원군 포항리교회(1911년)로 세 개다.

단천군 여해진교회는 그의 전도로 수십 명이 믿기로 작정하였지만 교회 설립으로 연결되지 못하고 흩어졌다. 그 후 신자 강봉호의 헌신과 권면으로 여해진교회가 세워졌다.

이원군 신흥리교회(1908년)와 이원군 문평리(1909년)교회는 권서인 한진소, 교원 이종헌, 선교사 구례선과 함께 전도집회를 열어서 대대적인 성공을 거둔 곳이지 그가 전도해서 세운 교회들이 아니다. 또한 1912년에 세워진 명천군 와연동교회는 김계안, 김문삼, 김택서, 이종화, 이종범 등의 전도자들이 오랜 시일에 걸쳐 전도하여 함께 세운 교회이며 그가 그 기간에 유배를 당한 것을 감안할 때 전도의 공을 그에게만 돌리는 것은 쉽지 않다.

그의 전도로 3개의 교회가 창립된 일은 놀라운 일이고 그의 복음 전파의 호소력이 크고 감동적이었던 것은 사실이지만 중국의 책들이 그에게 돌리는 찬사는 과장이 너무 심하다. 3개의 교회가 적은 것은 결코 아니지만 1911년 당시 함경노회, 함북노회에 속해 있던 캐나다 선교부 산하에 310[1]개의 교회가 있었다는 사실을 감안하며 또한 그 보다 더 많은 교회를 세운 사람이 있다는 사실을 알면 북간도 초창기 복음전파와 교회들의 민족교육과 독립운동을 싸잡아서 그의 공로로 돌리는 것이 지나치다는 사실을 알게 될 것이다. 위대한 전도자로 명성을 떨쳤던 이동휘는 1912년 함경노회에 신학생 취교자로 등록하고 면접하였지만 신학교 유학의 길로 가지 않고 북간도로 망명의 길을 택하였다. 그 뒤로《조선예수교장로회사기》에 그의 이름이 언급되지 않는다.

중국에서 이동휘처럼 신격화된 것은 아니지만 북간도 기독교 민족주의 독립운동의 큰 지도자로 알려진 목사 김약연에 대한 평가와 공로 또한 과장되었다는 생각이 든다.[2] 맹자와 도덕경에 통달한 그는 후학들이 그의 업적을 과장하고 미화하는 것을 기뻐하지 않을 것이다.

1923년도까지 장로회사기에 나오는 그에 대한 기록을 살펴보면 그는 1909년 신민회에서 파송되어 온 정재면의 전도로 김하규, 김정규, 문정호, 문치정, 최봉기 등과 함께 믿기로 작정하고 명동교회를 창립하였다. 그 후 1911년에 심성문, 엄방진에게 전도하여 은포교회를 세웠다. 1915년에 명동교회 장로로 선임되었으며 1917년에는 북간도 용정예배당에서 열린 함북노회 조직 모임에서 부회계로 선임되었다.[3] 이것이 1923년까지의 《조선예수교장로회사기》에 나오는 그에 관한 기록의 전부이다.

그에 대한 기록에 빠지지 않는 '길동기독전도회'는 장로회사기에는 나오지 않지만 그가 1909년 명동교회를 설립함과 동시에 같은 해에 정재면, 박태환과 함께 만든 전도에 목적을 둔 단체였다. '길동기독전도회'는 1911년 2월 이동휘의 명동 사경회 기간에 이름을 '삼국전도회'로 이름을 바꾸었다. 서굉일 교수의 글에 의하면[4] 삼국전도회가 3년 간 열심히 노력하여 교회와 학교를 병립하여 세운 곳이 36개다. 그러나《조선예수교장로회사기》에 의하면 1911년에 12개 교회, 1912년에 3개 교회, 1913년에 4개 교회가 설립되었으며 총 19개이다. 그러나 교회마다 설립자가 분명하다. 물론 명동교회 여전도회가 세웠다고 하는 이름이 밝혀지지 않은 여러 개의 교회에 대한 기록이 나오는데 이것이 공식적으로 인정을 받으려면 최소한 교회 이름만큼은 밝혀져야 한다. 그리고 교회 이름과 전도자 또는 창립 멤버들이 알려진 19개 교회를 '삼국전도회'의 노력으로 보려면 19개 교회와 삼국전도회의 관계, 김약연이 실제적으로 삼국전도회에서 참여하여 실천한 관계가 밝혀져야 하는데 밝혀지지 않고 있다. 그러므로 19개 교회의 창립의 공로를 막연히 삼국전도회와 김약연에게 돌리기 어렵다. 오히려 19개 교회의 창립의 공로를 1909년에 북간도에 거주 전도자로 온 조사 김계안과 1910년, 경성에서 일어난 100만 명 전도의 일환으로 북간도에 전도목사로 파송되어 온 목사 김영제에게 돌려야할 것 같은 생각이 든다.[5]

장로회사기는 '삼국전도회'에 대하여 아래와 같이 기록하고 있다.

"1910년, 경술에 100만 명 전도대가 경성으로부터 각처에 편행전도하야 교회대진하니라.

선교사 등이 지리를 순찰하고 구역을 획정하야 성진항을 중심지로 삼고 북청, 이원, 단천, 삼수, 갑산, 길주, 명천, 경성, 부령, 회령, 종성, 온성, 경원, 경흥, 동만주, 해삼위 등지에 전력전도할새 3국전도회를 조직하야 각처에 파송하니라."[6]

1922년 간도노회 전도부 보고에 '삼국전도회' 재산 처리 문제가 나온다.

"용정에 있는 삼국전도회 가옥을 용정교회에 기부할 것과 금추(今秋)부터 무산, 회령, 간도에 전도인을 파송할 사와 전도회 연보는 매년 부활주일로 하되 편리한대로 교회마다 사경회시에 하기로 결정하다."[7)]

이 기록은 지금까지 우리가 막연히 알고 있는 대로 '삼국전도회'가 개교회 소속이 아니며 처음에는 본부가 명동에 있었는지 모르지만 1922년에는 위치가 용정에 있음을 말해준다.

알려지지 않은 숨겨진 사람들의 헌신과 공로를 두루뭉술하게 유명 인사에게 덧붙혀 주는 후학들의 기술로 말미암아 역사가 조금씩 왜곡되고 과장되고 축소된다. 또한 이념에 휘둘리게 되며 기득권자들의 구미를 따라가게 된다. 동일한 인물에 대하여 한국과 중국의 기술이 다른 것을 보면서 우리가 날조된 역사와 인물에 대하여 배울 수도 있다는 사실에 충격을 받았다. 역사 날조를 국가와 이익단체들, 이념집단들이 자행하는 현실 속에서 무명의 사람들의 헌신과 공로에 대한 진솔한 기록을 발견하였다. 윌리엄 스코트가 기록한 조사 김계안에 대한 기록이다.

2.선교사 윌리엄 스코트의 조사 김계안에 대한 찬사

선교사 윌리엄 스코트는 1914년 12월 3일에 한국에 도착하여 42년 긴 세월이 보내고 1956년 은퇴할 때까지 한국에 머물렀다. 그는 초기에 성진에서 권서인을 감독하며 만주지역 등 오지 교회를 자주 방문하였다. 1922~24년에는 용정의 은진중학교 교장직을 수행하였으며 1925년에 함홍 영생학교 교장직을 맡았다. 1928년에는 한국인 지도자를 키우기 위하여 영생학교 교장직을 사임하기도 하였다. 그런 그가 본국 캐나다로 돌아가서 긴 침묵 끝에 1975년에《한국에 온 캐나다인들》이라는 제목의 책을 썼다. 캐나다 선교부가 세운 그리스도공동체의 성장과 쇠퇴 그리고 한국 상황의 변화를 담담하게 기술한 그의 책은 한국과 캐나다 교회에 전해주고 싶은 그의 최고 그리고 최후의 메시지라는 점에서 캐나다장로회 선교에 대한 그의 평가이며 감사이고 그가 함께 협력했던 한국 사람들에 대한 진심의 토로이며 찬사이다. 그의 그런 책에 조사 김계안의 스토리가 있다는 것은 그의 김계안 조사에 대한 깊은 존경과 감사와 추모일 것이었다.

그는 성진에 거주하며 업무상 용정에 자주 들렀을 것이다. 그리고 용정교회의 제1선임 장로인 김계안을 가까이에서 지켜보았을 것이다. 그의 사진에 1919년 캐나다 해외선교국의 부국장인 암스트롱의 북간도 방문 시 그와 조사 김계안과 암스트롱이 함께 찍은 사진이 있다. 그 사진은 선교사 스코트와 김계안의 관계를 엿보게 해준다. 그의 책 속에 나오는 조사 김계안에 대한 기록은 참으로 아름답고 의미심장하며 심오하다.

"그가 지금까지 부처에게 바쳐 온 모든 헌신과 열정을 이제 하나님과 그리스도에게 바치게 되었다. 그리스도교를 배우려는 열망으로 가득 찬 그는 이 초신자를 환대해 준 그리어슨 박사와 교제하게 되었다. 그리어슨 박사는 그를 새로 문을 연 소학교에서 공부하도록 했으나 김 씨의 온유한 정신은 원기 왕성한 한국 젊은이들과 어울리지 않았다. 그래서 그는 그를 그리스도인의 신앙에 관해서 좀 더 배우게 하려고 그의 집에서 요리사가 되도록 했으나, 부처에 대한 김 씨의 오랜 기도가 그에게 만성적인 감기와 콧물을 남

거주었다.

이제 김계안은 전도자로서 그리고 권서인으로서 종사하기에 충분할 정
도로 공부했다. 따라서 초기 한국 그리스도교인들 중에 가장 결실을 많이
맺을 한 사람이 등장하게 된 것이다. 그는 불교의 스님으로서 돌아다녔던
같은 지역을 여행하였고 그리스도인으로서 살아 있는 모범이 되었다. 마을
사람들 중 대다수는 그를 환영하였으며 북한 지역의 많은 교회가 김계안의
설교와 모범에 그 기원을 두게 되었다."[8]

위의 글에 선교사 스코트의 조사 김계안에 대한 생각이 고스란히 드러
나 있다. 그는 첫째 그를 초기 한국 그리도인들 중에 전도하여 가장 많은
결실을 맺은 사람으로 보았고, 둘째 그를 그리스도인으로서 살아 있는 모
범으로 생각하였으며, 셋째 권서인으로 종사하기에 충분히 공부한 사람
이며 또한 지속적으로 하나님의 진리와 예수 그리스도를 묵상하며 연구
노력하는 탐구자로 알았으며, 넷째 그의 설교와 모범이 북간도를 포함하
는 북한지역의 많은 교회들의 설교와 모범의 기원이 되었다고 파악하였
다. 이는 선교사 스코트의 조사 김계안의 영적인 삶과 활동에 대한 진지
한 평가이며 역사적인 기록이다. 그는 이름 없이 빛도 없이 북간도 교회
와 교우들을 사랑하며 섬겼던 개척자 김계안을 우리에게 보여주고 있다.

그는 소년이었을 때 절에 보내졌고 불교에 입문하여 수련생으로 게를
받았고 스님이 되었다. 선교사 스코트는 그와 자주 대화를 나누었다. 그는
그와의 대화를 우리에게 남겨주었다.

"한국은 불교에 많은 은혜를 입었습니다."라고 말하면서 그는 말문을 열

었다. "많은 한국인은 부처의 도를 통해서 위안과 영감을 갖게 되었습니다. 그리고 우리 민족의 특질 중에 어떤 것들은 부처에게 빚을 졌습니다. 그러나 그리스도의 도는 더 낫습니다. 개인적으로 나는 그리스도에게 더 큰 빚을 졌습니다. 나는 부처가 나에게 준 모든 것을 그리스도 안에서 더 크게 발견했습니다. 그리스도가 나에게 제공해준 생활은 측량할 수 없이 풍부하고 부처에 의해 제공받은 것보다 더 충만했습니다."

이것은 좋은 출발이었다. 이어서 나는 차이점이 무엇인지를 물었다. 그는 다음에 요약한 것처럼 여러 가지를 서로 비교하며 나에게 대답했다.

"부처는 고독의 애인입니다. 그래서 나는 산 깊숙한 곳에서 그를 찾았습니다. 그리스도는 사람들의 애인입니다. 그래서 그는 일상생활의 길거리에서 우리를 찾으십니다. 부처는 인간이 지나갈 때 무심히 편안하게 앉아 있습니다. 하지만 그리스도는 십자가 위에서 그들을 위하여 고통스러워합니다. 부처는 삶과 모든 질병으로부터의 해방을 우리에게 제시합니다. 그리스도는 질병에도 불구하고 더 풍부한 생활을 우리에게 제시합니다. 부처는 우리에게 고독한 명상과 기도를 요청합니다. 그리스도는 이러한 기본적인 훈련과 더불어 사람들의 예배 중에 계시는 하나님과 협력하도록 요청하십니다."9)

그의 몸은 십자가에 달리신 예수 그리스도와 하나가 되었으며 고난당하고 있는 북간도 조선인과도 하나가 되었다. 그는 그리스도가 그에게 제공해준 측량할 수 없는 풍성한 은혜와 위안과 영감으로 절망과 가난 속에 있는 조선인들을 싸매주며 치유하며 희망을 주었다. 그는 우리와 함께 고통스러워하시며 질병에도 불구하고 더 풍부한 삶의 길을 보여주시며 예배를 받으시는 하나님과 협력하여 망국 백성의 고난의 운명을 뛰어넘으며 복음 전파의 길, 순례자의 길을 걸었다.

3.《조선예수교장로회사기》의 조사 김계안에 대한 연대별 기록

불교의 예식과 공동생활에서 평화를 누리지 못했던 청년 구도승 김계안은 해탈을 소원하며 백두산에 올라가 백일기도를 하였다. 그러나 그는 뜻밖의 사건이 일어나 백일기도에 실패를 하였다. 낙심한 그는 하늘을 바라보며 자신도 모르게 '하나님'을 불렀다. '하나님'을 부르며 평화와 고요를 체험한 그는 스님의 옷을 벗어버리고 1902년에 고향 성진군 학남면 예동으로 돌아왔다. 그가 고향에 도착하였을 때 마을에는 1년 전에 세워진 예동교회가 있었다.[10] 그 때 마침 선교사 구례선이 외동(예동)에서 성진의 병원과 집 건축을 위해 목재를 구입하여[11] 재목으로 다듬고 있었다. 그는 일하고 있는 목수들과 자연스럽게 만났으며 그들에게 하나님에 관한 이야기를 처음으로 들었다. 목수들은 그에게 친절하고 따스하였을 뿐만 아니라 일하며 섬기는 일상의 기쁨을 보여주었다. 그리고 그에게 누가복음과 사도행전을 주었다. 그는 인간의 고난에 기꺼이 동참하는 하나님께 매료당하였다. 그는 하나님을 더 깊이 알고자 하는 영적 갈망으로 선교사 구례선을 찾아갔다. 그는 김계안의 영적 탐구를 이해하고 그의 요리사[12]로 곁에 두며 그를 지도하였다. 그리고 1902년 또는 1903년에 요리사인 그를 그의 북간도 여행에 동반하였다. 그 후 1906년에는 그는 조사로서 구례선을 따라 용정시교회[13] 설립예배에 참여하였다. 이상으로 조사 김계안의 개종과 그의 하나님에 대한 구도와 믿음의 히스토리를 간략하게 살펴보았다.

이제는《조선예수교장로회사기》의 조사 김계안에 대한 기록을 연대별로 찾아보고자 한다.

"1909년, 길주군 옥보동교회가 성립하다. 선시에 전도인 김계안이 선교사의 파송을 특피하야 차처에 복음을 래전하니 신자 팔구인이 계흥이라 교회를 설립하니라."《조선예수교장로회사기 상》, 387쪽)

"1909년, 명천군 아간장교회가 성립하다. 선시에 전도인 김계안과 이종범이 선교사의 파송을 병피하야 차처에 복음을 래전할새 당시 용암 김하력과 기동 최종륜, 최극륨과 황곡 김용봉, 장익주 등이 병신하야 열심히 전도함에 이상 3처에 각기 교회를 설립하고 각 예배당을 건축하니라"《조선예수교장로회사기 상》, 387쪽)

"1909년, 중국 동만주 용정시교회에 조사 김계안이 이주하야 간도지방에 순회 전도하니 교회대진이러라. 개 김군은 본시 불교인으로 아교에 투입하야 진리를 심구하고 전종에 열심하야 다년 권서로 근무하더니 도금 조사로 담임하니라."《조선예수교장로회사기 상》, 390쪽)

1909년에 그가 전도했던 마을에 옥보동교회, 아간장교회 등 2개의 교회를 세웠으며 그의 제자들과 함께 3개의 교회를 설립하였다. 그는 같은 해에 함경대리회의 파송으로 용정시교회 조사이면서 간도지방을 순회 전도하는 전도인으로 파송을 받았다.

그 이전의 북간도 전도자들은 개인적인 열정으로 일시적으로 복음을 전했으나 김계안은 권서인이자 조사로서 전문적인 훈련을 받은 공인으로서 북간도 1호 전도사가 되었다. 얼마나 그가 열심히 전도하였는지 1917년[14] 사기의 기록자가 "김계안이 이주하야 간도지방에 순회 전도하니 교회대진이러라"라고 비명을 지를 정도였다. 마치 사도행전이 북간도에서 펼쳐지는 것을 보는 듯하다. 당시 함경대리회가 간도에 전담 거주 전도사를 급히 파송한 것은 조선의 불안한 정세와 관련이 있다.

헤이그밀사사건 이후 고종의 강제 퇴위와 정미7조약으로 인해서 군대가 해산되고 경찰권을 빼앗기고 나라가 주권을 잃게 되자 많은 백성들이 간도로 이주하여 1909년 연변지역의 조선인들의 숫자가 무려 19만에 육박하였기 때문이고[15] 캐나다 선교부 산하의 지교회 교우들이 북간도로 이주하면서 전도자를 요청하였기 때문이다. '길동기독전도회' 또한 북간도의 이런 상황 속에서 조직되었을 것이다.

> "1910년, 명천군 화태교회가 성립하다. 선시에 교인 이두섭, 김문운, 김계안, 김택서, 지정화 등이 본군 각처에 편행 전도할 새 당시에 본처 신자가 점흥이라. 신자 주자명 가에서 회집이러니 기후에 독신자 홍재우가 차처에 이래하야 교회를 진흥케 함으로 교회가 득력하야 거액을 연보하야 10간 예배당을 신축하고 교직을 선정이러니 미기에 교내에 요사가 현출하야 신자타락어러니 유행 손용한, 이승혜의 열성안위를 득뢰하야 교회가 근보하야 광현교회와 협력하여 이영수를 조사로 연빙하고 김씨 신항을 전도로 시무하니라." 《조선예수교장로회사기 상》, 393쪽)

"1910년, 경흥군읍교회가 성립함. 선시에 신자 김계안이 본읍에 래도하야 복음을 전파할 새 흥명야학교장 김태훈과 교사 김문협17인이 동시 결신하야 야교강당에서 예배하야 교회를 설정하니라."(《조선예수교장로회사기 상》, 393쪽)

1910년, 그는 북간도에서 살며 복음을 전하고 있지만 그가 과거에 뿌렸던 복음의 씨앗들이 열매를 맺어 화태교회와 경흥군읍교회가 세워졌다.

1910년은 조선이 역사에서 사라진 뼈아픈 해였다. 조선인들은 남녀노소, 빈부귀천, 고하를 막론하고 의기소침에 빠졌으며 절망으로 허덕거렸다. 그러나 교회는 1907년의 부흥을 기억하며 국가적 위기의 돌파구를 복음 전파를 통해서 찾고자 하였다. 그리하여 1910년 독노회가 선천에서 회집하여 100만 명 전도운동을 시작하고 목사 김영제를 북간도에 전도목사로 파송하기를 결의하였다.16) 캐나다 선교부도 이에 호응하여 선교사 등이 지리를 순찰하고 구역을 획정하야 성진항 중심지를 삼고 북창, 이원, 단천, 삼수, 갑산, 길주, 명천, 경성, 부령, 회령, 종성, 온성, 경원, 경흥, 동만주, 해삼위 등지에 전력전도를 하며 '3국전도회'를 조직하여 각처에 파송하였다.17)

독노회가 파송한 목사 김영제는 북간도 1호 전도목사였다. 그러나 그는 김계안과 달리 용정으로 이주하지는 않았다.

"1911년, 중국 동만주 적안평교회가 성립하다. 선시에 전도인 김계안이 시처에 전도할 새 김봉렬이 시신하고 기후 신도가 계흥하야 40여인이 기달한지라, 목사 김영제가 래순하야 교회를 설립하고 예배당을 신축한지라. 후

래 목사난 부두일과 김내범, 이하영, 최덕준이오 장로난 이태현, 염창화, 최
봉렬이니 상계근무하야 교회 전진이러라."《조선예수교장로회사기 상》, 397쪽)

북간도에 와서 거주를 시작한지 2년 되는 1911년에 그의 전도를 받고
결신한 교우들에 의하여 적안평교회가 세워졌다.

"1912년, 명천군 상가면 와연동교회가 설립되다. 선시에 김계안, 이동휘,
김문삼, 김택서, 이종화, 이종범 등이 전도하여 근방 각처에 설립하게 됨으
로 와석촌에 교회가 설립되니 동시에 가장동에도 교회가 시작되어 이기재
댁에 회집하여 예배 보다가 시세에 따라 각처에 교회가 왕성하다가 고래의
제사문제로 퇴교하는 자가 다수함으로 교회가 자연 폐쇄하더니 시년에 평
양 김영준 목사가 동 지방에 내임하여 순찰하게 되매 우 5동을 연합하여 교
회를 조직하고 가장동 이기재 댁에 임시로 회집하게 하다. 동시에 와석동에
괴치한 예배당 재목을 운반하여 가장동에 건축하려고 하매 일동이 이가의
제목이라고 칭하고 반항함으로 성진선교부에서 성진경찰서에 고소하여 당
서의 설유로 무사히 동 9월에 설립되어 헌당을 거행하다."《조선예수교장로회
사기 하》, 356쪽)

1912년에 세워진 와연동교회는 수 년 전에 성진지역 조사들과 함께 공
동으로 복음을 전했던 상가면 와연동에 세워진 교회이다. 김계안을 비롯
한 성진지역 조사들의 헌신적인 전도와 기도가 오랜 시간에 걸쳐 열매를
맺은 것이다.

"1913년, 동년에 간도 구세동교회가 설립되다. 선시에 이종식 등 십여 인이 당지에 내왕하여 중국인으로 토지를 매수하고 도명을 '구세'라 칭하고 합심 협력하여 예배당을 건축하고 교인이 증가됨에 교회가 성립되었고 김내범 목사와 부두일선 교사, 박걸 선교사, 김계안 조사가 교회를 연속 순시하였다."《조선예수교장로회사기 하》, 358쪽)

"1913년에 간도 용정시교회에 선교사 박걸이 역 내왕하여 전도에 착수하였으며 계속하여 부두일과(W. R. Foote) 서고도(William Scott) 배례사(Fraser, Edward J. O) 등이 연접 내도하여 교회를 임무하였고 금년에 함경노회가 파견한 전도목사 김내범도 내차하여 많은 교회의 설립자가 되었으며 동시에 조사 김계안을 장로로 장립하여 당회조직 되며 강두화, 정재면, 박상룡, 김선관, 황신기, 김여용, 한덕일, 김택근, 이태준, 장석함 등이 상계하여 장로직에 임무하다."《조선예수교장로회사기 하》, 359쪽)

1913년에 세워진 구세동교회는 그의 전도로 세워진 교회가 아니었다. 그러나 그는 사기에 기록된 대로 교우들을 격려하며 갖가지 민원을 해결하며 고충을 상담하기 위하여 자주 순회하였다. 1913년에 김내범 목사는 함경노회 파송 북간도 전도목사가 되어서 북간도 선교에 많은 책임을 졌으며 선교사 박걸은 1913년 6월 6일에, 부두일과 배례사는 1914년 초에 용정으로 이주하였다. 서고도(일리엄 스코트)는 계속 순회하며 용정에 오갔으며 1922년에 거주하여 은진중학을 섬김으로서 캐나다장로회 용정선교부는 탄탄한 인적자원을 갖추어 북간도 선교부로 손색이 없게 되었다.

김내범 목사는 교회 설립 7주년을 맞이하여 조사 김계안을 장로로 선임하여 용정시교회[18])에 당회를 조직하였다. 그 뒤를 이어서 많은 장로들이 세워졌으며 용정시교회는 북간도의 중심교회로 성장하였으며 북간도 전체교회를 지도하기에 부족함이 없었다. 그 중심에서 조사이자 장로인 김계안이 있었다.

1914년 8월 26일 함경노회 제4회 정기노회가 함흥 신창리예배당에서 목사 회원 10인과 장로 13인으로 모였다. 당시 함경노회에는 29명의 신학교 지망생이 있었다. 장로 김계안의 이름이 그 지망생 명단에서 발견된다. 그러나 다음 해 신학생 계속 추천자 명단에 이름이 누락된 것으로 보아 신학 공부를 도중에 그만두었거나 아니면 그에게 주어진 신학교 이수 과정이 1년 과정이었을 것으로 보인다.

"신학생 취교자 강두화, 강두송, 채필근, 이두섭, 이정화, 김택서, 최기준, 한원칠, 김중석, 김현찬, 김광표, 이명봉, 오문근, 박명석, 김은석, 이순영, 김리현, 홍기순, 김여용, 김창현, 장례학, 김두석, 김정현, 정해룡, 강찬우, 김응길, 정기헌, 김계안 범 29인이더라."(《조선예수교장로회사기 하》, 349쪽)

"1917년, 간도 낙타하교회가 설립되다. 선시에 김계안이 전도하므로 교회가 설립되고 집사 이기홍이 인도한 후 점점진진하다."(《조선예수교장로회사기 하》, 367쪽)

1917년 김계안의 전도로 낙타하교회가 세워졌다.

1920년, 9월 18일 제6회 노회가 선교사 2인, 목사 5인, 장로 9인이 모여서 회령예배당에서 열렸다. 노회는 포셋트에 파송된 조사의 문제를 조사하기 위해서 김계안을 특별위원으로 선정하였다. 그는 문제 해결을 위해 연해주에 있는 포썻트(포시에트)를 찾아가 일처리를 할 만한 경험과 지혜와 능력이 있는 일꾼이었다.

"포썻(보써)트에 파송한 조사의 성적이 양호하지 못하다하여 특별위원 강두화, 김계안을 택하여 사실을 조사한 후, 전도국위원에게 보고하게 하여 관리할 것과 포썻트 전도비용은 부활주일 연보와 성신강림주일을 전부 쓰기로 결의하다."《조선예수교장로회사기 하》, 594쪽)

4.북간도 장로회 선교의 개척자 조사 김계안

1921년 간도노회가 조직되었다.

《조선예수교장로회사기》편찬자들은 조선민족이 간도지방에서 거류한지 40여 년 만에 하나님께서 복음을 전파하게 하셔서 구원의 은혜를 내려주셨다고 찬미하며 간도 복음전파는 선교사 구례선으로 시작되었다고 하며 북간도 선교의 역사를 간략하게 기술한다.

"영국 캐나다장로회에서 파송한 구례선(R.G.Grierson)이 1902년 함경도를 경유하여 간도와 해삼위에 전도함과 1906년 중국교인 쌴진 선생의 동양리와 양무정자에서 전도함을 위시하여 조사 김문삼과 선교사 업아력과 조사 김계안과 선교사 부두일, 박걸, 등과 목사 김내범 등이 근근자자히 상계 전도한 결과 신자가 점증하고 교회가 일흥하여 1921년에 이르러 총회의 승인을 얻어 함북노회에서 분리하여 간도노회를 조직하게 되니 이는 천부의 사랑과 구주의 은혜에서 유출한 성업이므로 감사와 찬송을 귀함을 마지 아니하노라."《조선예수교장로회사기 하》, 678쪽)

위의 기록은 북간도 선교의 선구자, 개척자들의 이름을 직접 언급하고 있다.

선교사로는 구례선, 업아력, 부두일, 박걸 등이 있으며 중국 장로회 교우로는 싼진 선생이다. 조선인으로는 조사 김문삼, 조사 김계안, 목사 김내범이 언급된다. 김내범 목사는 1913년 함경노회 파송 간도 전도 목사로 부임하여 북간도 선교에 크게 기여한 것이 분명하지만 조사 김문삼이 북간도 선교에 기여한 사실 확인은 위에 언급된 자료 외에 다른 자료가 없어서 가타부타 말하기가 어렵다.[19]

지금까지 정리한 것을 종합하면 조사 김계안이 북간도 선교의 개척자라는 것이 드러난다.

첫째, 그는 공적으로 파송된 북간도 최초 조사이며 상주 전도자였다.

그는 1909년 북간도 선교를 위해서 고향 성진 예동에서 용정으로 이사하였다. 그 후 1913년 선교사 박걸과 목사 김내범이 용정으로 와서 거주하게 될 때까지 그는 혼자 북간도에서 캐나다 선교부를 대표하는 공식 전도자로서 활동하였다.

둘째, 그는 캐나다장로회 성진 선교부 산하의 최고의 훈련된 전문인 전도자였다.

1909년 성진 선교부에 26명의 전도인이 있었는데[20] 스코트는 그를 가리켜서 권서인으로 종사하기에 충분히 공부한 사람이라고 하였다.[21] 권서인은 성서를 판매하는 사람으로 시장과 거리에 나가 쪽 복음이나 달력, 교리서를 판매하며 전도 훈련과정을 거쳐서 선교부의 공식 조사(전도자)가 되었다. 그는 구례선 선교사를 만나서 북간도 전도 조사로 파송되기까지 최소한 7년의 과정 동안 권서인과 조사로서 훈련을 받았다. 또한 그는 특별히 북간도의 굶주림이나 목마름, 추위와 외로움, 불편과 고달픔 등 어떤 환경에도 적응할 수 있는 전천후 전도자였다. 그는 스님이었던 당시 도를 깨닫기 위하여 백두산에 올라가 쌀 생식으로 100일 수련을 할 정도로 육체적으로 단련이 되었으며 자기 절제와 극복의 훈련이 된 전도자였던 것이다. 그러므로 그는 자기를 관리하며 북간도 상주 전도자로서 개척자의 길을 갈 수 있었다.

셋째, 그는 성진지역과 북간도 순회 전도자로 가장 많은 교회 설립자가 되었다.

그는 성진지역에서 6개 또는 9개의 교회를 세웠으며 북간도로 이주해 온 후에는 강원도 면적의 2배가 되는 지역을 순회하며 기독교 불모지에 복음을 전하여 적안평과 낙타하교회 등 2개의 교회를 설립하였다. 그는 사경회를 통해서 사람들을 감동의 도가니로 몰아가며 말로만 전도하는 부흥사경회의 상투적인 강사가 아니었다. 그는 전도의 결실이 맺힐 때 까지 반복적으로 사람들을 만나고 결단을 촉구하고 섬기며 변화에로 이끄는 시도사였으므로 성진에서 성진과 북간도 지역의 권서 교육과 관리를 맡았던 스코트 선교사가 그를 가리켜 초기 한국 그리스도인들 중에 전도로 결실을 가장 많이 맺은 사람이라고 평한 것이다.

넷째, 그는 15년 동안 북간도에 설립된 110여 개 교회 설립과정을 지

켜보았다.

그는 북간도의 110여 개 교회 설립의 과정을 지켜 본 산 증인이다. 그가 북간도에 오기 전에 이미 세워진 5개 교회를 제하고 그는 1923년 까지 설립된 110여 개의 교회의 태동과 설립 과정을 전임 전도자로서 애정을 가지고 기도하며 지켜보았다. 연속 순시했다고 기록된 구세동교회는 물론이고 본인 설립한 적안평교회, 낙타하교회도 무시로 순회하였을 것이다. 그는 순회하며 설교하고 기도하며 새 교우들과 새 그리스도교 공동체와 함께 고락을 나누며 지성껏 섬기며 감사와 기쁨으로 교회의 설립을 도왔을 것이다. 그러므로 스코트 선교사는 그를 사랑과 자비, 나눔과 섬김, 희생과 헌신에 그리스도인으로서 살아 있는 모범이라고 생각하였던 것이다.

다섯째, 그는 북간도 캐나다장로회 순회전도자이면서 최초의 장로로 추대되었다.

그는 1913년 장로로 선임되어 김내범 목사와 함께 용정시교회를 섬겼다. 그는 조사(전도자)로 북간도에 왔지만 광범위한 지역을 순회하며 교회와 교우들을 섬기며 용정시교회의 장로가 되었다. 그는 교회와 교우들을 사랑하며 말씀과 지혜로 겸손히 그들을 섬겼고 그들에 의해 북간도장로교회의 최초의 장로로 세워졌다. 그를 가까이서 지켜본 스코트 선교사는 영적으로 성숙한 그의 설교와 지도력, 신앙생활이 북간도를 포함하는 북한지역의 많은 교회들의 모범이 되었다고 하였다. 그는 최초의 장로로서 북간도교회 설립과 성장의 견인차 역할을 잘 감당하였다. 노회가 그를 포시에트교회 전도자 문제 해결을 위한 특별위원으로 선임된 것도 선교사들과 목회자들이 그의 지도력을 신뢰하기 때문이었다.

여섯째 그는 선교사, 조사, 권서인, 교사, 독립투사들과 함께 북간도

교회와 교우들을 섬겼다.

그는 성진선교부와 용정선교부에서 선교사 구례선, 업아력, 부두일, 박
걸, 배례사, 서고도, 민산해, 매길로 선교사를 만났고 직접 또는 간접적으
로 그들과 협력하며 함께 일하였다. 뿐만 아니라 많은 동료 권서인, 조사,
지도자, 교사들과 함께 일하였다. 북간도 상주 전도자로 파송받은 후에는
구춘선, 이동춘, 이동휘, 강백규, 마진, 김영제, 김내범, 박례헌, 이호준, 박
영헌, 최선탁, 정재면, 김약연, 김하규, 김정규, 홍순국, 박무림, 박태환, 남
공선, 양진선, 양형섭, 양형식, 김영학, 류례균, 배형식, 윤동철, 김순문, 김
강, 조성극, 김문삼, 김택서, 이응현, 오병묵, 황병길, 이명순 강두화, 강두
송, 박상룡, 김선관, 황신기, 김여용, 한덕일, 김택근, 이태준, 장석함, 문재
린, 이병하, 최봉렬, 오재영, 김립, 계봉우, 윤해, 남공선, 권두혁, 박홍식, 구
태선, 홍춘명, 김홍순, 함광실, 남인상, 지병학 등의 교회 지도자와 설립자,
교사 등을 만났다. 그들 중에는 후세에 위대한 독립운동가로 이름을 남긴
사람들이 많이 있다.

그는 캐나다장로회 선교부에 의해 공적으로 파송된 북간도 장로회 최
초 상주 전도자로서 다양한 지도자들과 함께 여러 교회와 여러 부류의 교
우들을 지도하며, 섬기며, 격려하며 실로 북간도장로회 선교의 개척자가
되었다.

5. 다른 기록과 의미를 찾아서

안타깝게도 《조선예수교장로회사기 상하》와 스코트 선교사의 《한국에

온 캐나다인들》을 제하고는 그에 대한 기록이 거의 없다. 다행스럽게 중국에서 발행된 2권의 소책자의 기독교 관련 부분에 그의 이름이 실려 있다. 아래는《룡정문사자료 2집》156쪽과 157쪽에 실린 글이다.

　　"1908년부터 룡정 조선인 신도들이 례배를 보던 초가집은 중앙교회당의 전신이다.

　　1913년 중앙교회에서는 김내범 목사를 초빙하여 처음으로 당회를 개회하고 김계안을 첫 장로로 추천했다. 초기 신도는 20여 명이었는데 초가집에서 예배를 드렸다. 1917년 김내범 목사가 사임하고 강두화가 조사로 친무했다. 1918년부터 12년간 박례헌 목사가 초빙되었고 1930년부터는 리태준 목사가 초빙되어 친무하였는데 1932년 6월 이후부터는 문재린 목사가 친무했다.

　　중앙교회에서는 1934년 3월 3일부터 13일까지 대복흥회를 개최하였는데 그 번 회를 통하여 신도 100여 명이 확충되었고 경비 4천 8백여 원을 모음으로써 80여 평의 벽돌기와로 지은 례배당을 락성하게 되었다."

　　1908년부터 1934년까지의 용정중앙교회 역사를 몇 줄로 정리하는 중에 김계안이 용정중앙교회 장로로 추대되었다는 내용이다. 그러나 장로로 추대 받은 교회가《예수교장로회사기》에 기록된 용정시교회가 아니고 용정중앙교회이므로 검증이 필요하다. 어쨌든 그가 용정에서 최초의 장로로 선임된 것은 북간도 조선인 사회에서 센세이션이었다. 그러나 그에 대한 일언반구 설명이 없는 간단명료한 서술이 참으로 야속하고 인색하기 그지없다.

　　다음은《연변문사자료 8집》, 123쪽에 실린 내용이다.

"1913년, 룡정중앙교회에서는 김내범목사를 청하여 제1차 '당회'를 열고 김계안을 제1임 장로로, 강두화를 조사로 박례헌을 목사로 정하였다. 후에 리호준이 정식으로 목사가 되었다."

내용인즉슨 1913년에 있었던 사건을 앞의 글보다 더 짧고 쉽게 쓴 것에 불과하다.

그리고는 구례선 선교사의 책,《조선을 향한 머나먼 여정》에 이름이 나오지 않은 채 간접적인 언급이 나온다.

오랜 세월이 지난 후에도 스코트 선교사의 가슴에 위대한 그리스도인으로 기억된 조사 김계안,《조선예수교장로회사기》가 "1909년, 중국 동만주 용정시교회에 조사 김계안이 이주하야 간도지방에 순회 전도하니 교회 대진이러라. 개 김군은 본시 불교인으로 아교에 투입하야 진리를 심구하고 전종에 열심하야 다년 권서로 근무하더니 도금 조사로 담임하니라." 22)라고 극찬한 인물, 김계안에 대한 역사적인 기록이 많지 않은 것을 어떻게 이해해야 할까?

그는 성진에서 러일전쟁, 을사보호조약으로 인한 외교권 박탈과 통감부 설치, 헤이그밀사파견과 고종의 폐위, 군대해산의 과정을 몸서리치게 겪었다. 1909년 용정으로 이주하여 이미 설치된 용정 일본 파출소와 용정 일본 영사관의 폭력과 수탈, 음모와 이간질을 직접적으로 체험하였다. 1910년 이후로 한일병탄의 치욕과 절망, 사망의 골짜기를 북간도 조선인들과 함께 겪었으며, 그 후로 오랜 시련과 침묵 끝에 분출한 1919년의 3·13 용정만세시위, 간도국민회조직, 크고 작은 무장독립투쟁, 봉오동전투,

청산리전투, 경신대학살, 자유시참변을 가까이에서 지켜보며 혹은 멀리서 지지하며 기도하며 지켜보며 고난과 참변의 시대를 숨 가쁘게 살았다.

그는 캐나다장로회 교회가 모체가 되어 만들어진 '간민교육회', '간민회', '독립운동의사부', '간도독립운동기성총회', '간도국민회', '국민회군'의 결성과 해체를 지근거리에서 지켜 본 사람이었다. 그런데도 어디에도 그의 이름이 나오지 않는다. 북간도 장로교 사회에서 최초의 북간도 전도자이며 1호 장로인 그의 비중이 없을 리가 없다. 어떤 역사의 소용돌이가 그를 덮쳐버린 것일까?

1921년 자유시참변이 일어난 후에 캐나다장로회 교회 안에 큰 문제가 발생하였다. '간도국민회' 주요 멤버들이 공산당에 가입한 일로 인하여 교회에 분열이 일어난 것이다. 그 일로 인하여 북간도 장로교회를 개척한 많은 사람들이 공산당에 가입하여 교회를 떠났다. 그들은 피압박민족의 해방을 약속한 레닌과 국제공산당에 열광하였다. 그들은 교회에 남은 자들을 보수 민족주의자로 불렀고 남은 자들은 떠나간 사람들을 공산주의자로 부르며 서로 격렬하게 비판하며 대립하였다.

이런 첨예한 상황 속에서 김계안은 어디에도 속하지 않았고 속할 수도 없었을 것이다. 그는 어느 한 쪽도 배제할 수 없었고 그렇다고 어느 한 쪽만 특별히 지지할 수도 없었을 것이다. 그는 하나님께만, 그리스도에게만, 그리스도의 신부인 교회에게만 속하고 싶었다. 그는 이념으로 인한 갈등과 대립으로 에너지와 시간을 소진하기보다는 일본군의 대학살과 방화로 고통과 절망, 기아와 질병, 낙심과 우울증에 빠진 민초들과 교우들을 보살피고 소실된 교회를 일으켜 세우는 일에 몰입하였다. 그러므로 마치 예수님처럼 가난하고 병들고 짓밟히고 상처받은 영혼을 몰아적으로 돌보며 섬기는 그가 공산주의자들이 보기에는 한없이 여린 의식 없는 민족주의자였고, 민족주의자들이 보기에는 한없이 이상적인 공산주의자이었을 것이다.

안타깝게도 교회 내에서 이념 대립으로 힘겨루기와 주도권 투쟁이 시작된 후, 그는 어느 쪽에도 자신을 맡기지 않았다. 그러나 그는 불가에서 나온 이후로 구원의 길과 하나님의 도를 가르쳐 준 예수님처럼 권력의 자리를 탐하거나 특별한 자리와 사람에게 속하지 않고 낮은 자리에서 초연하고 표표하게 살았다.

또 하나의 이유를 생각해 본다면 그가 조선시대 칠반천인에 해당하는 승려 출신이었기 때문에 양반과 유학자 출신의 개종자들에게 차별과 소외를 당했을 가능성이다. 일반 교우들은 그의 헌신적인 전도와 방문과 위로, 기도와 메시지를 은혜로 받아들였지만 후에 동만노회 상층 지도부를 형성하게 되는 지식인 개종자들은 민초들과 동고동락하는 그를 백안시하여 그의 이름 을 언급하지 않았을 가능성이 없다고 볼 수 없다. 이는 더 깊이 연구해야 하는 대목이므로 단정할 수는 없지만 말이다.

스코트 선교사가 그를 그리스도인으로 살아있는 모범이며 그의 설교와 전도가 북한지역의 모범이 되었다고 말했지만 구도자의 삶을 살아 온 그는 자신의 글과 기록을 남기지 않았다. 그리고 해방 이후 어느 지식인도 높은 자리와 특별한 자리에 앉은 적이 없었던 그의 비정치적이고 초라한 삶에 흥미와 관심을 가지지 않았다.

미 주

1) 윌리엄 스코트 저, 《한국에 온 캐나다인들》, 156쪽

2) 본 글은 1923년까지의 기록만 다루므로 그 이후에 그가 복음 전파에 크게 기여했을지도 모른다. 그러나 북간도에서 교회의 양적 증가는 1925년을 정점으로 해서 두드러지게 쇠퇴하였다. 1930년, 한국의 캐나다선교부 지역에서 그리스도를 주로 고백한 사람의 수는 1919년에 13,602명에서 1925년에 22,721명으로 증가했다. 그러나 그때를 절정으로 부흥의 열기는 식었고 여러 번에 걸쳐서 두드러지게 쇠퇴하였다. 1930년에 그리스도교인은 17,524명으로 줄어들었다.(《한국에 온 캐나다인들》, 236쪽 참고)

3) 양전백 외 저, 《조선예수교장로회사기 하》, 580쪽

4) 서굉일 저, 《북간도민족운동의 선구자 규암 김약연선생》, 238쪽

5) 차재명 저, 《조선예수교장로회사기 상》, 243쪽

6) 차재명 저, 《조선예수교장로회사기 상》, 400쪽

7) 양전백 외 저, 《조선예수교장로회사기 하》, 680쪽

8) 윌리엄 스코트 저, 《한국에 온 캐나다인들》, 212~219쪽

9) 윌리엄 스코트 저, 《한국에 온 캐나다인들》, 218~219쪽

10) 차재명 저, 《조선예수교장로회사기 상》, 145쪽

11) 윌리엄 스코트 저, 《한국에 온 캐나다 사람들》, 122쪽

12) 로버트 그리어슨 저, 《조선을 향한 머나먼 여정》, 37쪽

13) 연변에서 나온 문사자료 제 8집에 용정시교회는 1906년에 홍순국과 박무림에 의해 건립되었고 용정중앙교회는 1907년에 정재면에 의해 건립되었다고 정리되어 있다.(《연변문사자료 8집》, 118쪽). 《조선예수교장로회사기 상, 227쪽》 용정시교회 설립자를 구춘선과 이보연이라고 명시하고 있다. 용정중앙교회 건립자는 정재면으로 나온다.

14) 조선예수교장로회사기 편찬위원회가 꾸려진 것은 1916년이었다.

15) 심영숙 저, 《중국조선족 력사독본》, 31쪽

16) 차재명 저, 《조선예수교장로회사기 상》, 243쪽

17) 차재명 저, 《조선예수교장로회사기 상》, 399, 340쪽

18) 《조선예수교장로회사기》에서는 김계안이 용정시교회의 장로로 임직되는데 《룡정문사자료 2집》과 《연변문사자료 8집》인 종교사자료집에는 룡정중앙교회 장로로 나온다. 용정시교회와 용정중앙교회가 시작은 다르게 했지만 도중에 한 개의 교회로 합해진 것인지 아니면 도중에 한 개 교회가 문을 닫은 것인지 아니면 어느 한 쪽의 기술이 잘못된 것인지를 속히 찾아내야 한다.

19) 《조선예수교장로회사기》에 나오는 김문삼에 관련된 기록은 아래와 같다.

　* 1913년 신학생 취교자 명단에 그의 이름이 나온다.(《조선예수교장로회사지 하》, 359쪽)

　* 1910년 회령군읍교회가 문제 해결자로 성진선교사회 특파를 받은 기록.(《조선예수교장로회사지 하》, 393쪽)

　* 1912년, 김계안, 이동휘. 김문삼, 김택서 등과 함께 복음을 전해서 명천군 상가면 와연 동교회를 세웠다.(《조선예수교장로회사기 하》, 356쪽)

　* 1918년 무오독립선언서에 김문삼도 서명하였다.《간도 민족독립운동의 지도자 김약연》, 125쪽

20) 윌리엄 스코트 저, 《한국에 온 캐나다인들》, 137쪽

21) 매서인, 성서를 판매하는 사람으로 전도 훈련의 과정을 거쳐서 조사가 되었다.

22) 차재명 저, 《조선예수교장로회사기 상》, 390쪽

참고서적

• 차재명 원저, 《조선예수교장로회사기 상》, 한국기독교사연구소, 2018

• 양전백, 함태영 외 원저, 《조선예수교장로회사기 하》, 한국기독교사연구소, 2017

• 윌리엄 스코트 저, 《한국에 온 캐나다인들》, 한국기독교장로회출판사, 2009

• 로버트 그리어슨 저, 《조선을 향한 머나먼 여정》, 한신대학교출판부, 2014

- 심영숙 저, 《중국조선족 력사독본》, 민족출판사, 2016

- 정협룡정현문사자료연구위원회 편, 《룡정문사자료2집》, 룡정현기관인쇄공장, 1988

- 호이전, 문홍복 주필, 《연변문사자료 8집, 종교사료집》, 문사자료위원회편집출판, 1997

- 김방 저, 《대한민국임시정부의 초대 국무총리 이동휘》, 역사공간, 2013

- 중국조선민족발자취총서 편집위원회, 《개척》, 민족출판사, 1999

- 서굉일 외 저, 《북간도민족운동의 선구자 규암 김약연선생》, 고려글방, 1997

- 서대숙 저, 《간도 민족독립운동의 지도자 김약연》, 역사공간, 2017

- 중국조선민족문화사대계 편집위원, 《종교사》, 민족출판사, 2006

북간도 독립운동가
구춘선, 황병길, 이동춘의 연보와 공통점

간도국민회 회장 구춘선

구춘선은 북관의 땅이 자연재해와 기아에 극심하게 시달리기 시작하는 1860년 도문을 마주보고 있는 온성에서 태어났다. 흉년에 시달린 나머지 가족 전체가 1897년 북간도로 이주하였다. 1903년에는 양수천자에서 간도관리사로 부임한 이범윤을 도와서 일하다가 1905년 러일전쟁이 끝난 후 용정으로 이사하였다.

기록에 의하면 그는 용정 최초의 크리스천으로 1906년 구례선선교사, 홍순국 조사와 함께 용정시교회를 개척, 설립하였으며, 1913년 하마탕교회를 세워 교회 조사(전도사)로 활동하였다. 또한 교육가로서 하마탕에 '보진학교'를 세웠다.

그는 이동춘, 정재면, 김약연 등과 함께 '간민교육회', '간민회'의 주요 간부로서 활동하며 '삼국전도회'의 일원으로 구국신앙을 외치며 교회를 개척하고 구국교육을 위하여 학교를 세우는 등 북간도 조선 이주민들의 생활과 계몽 및 교육에 최선을 다하였다. 그는 1919년 '독립운동의사부'

의 지도자의 한 명으로 3·13만세시위에 참여하였고 3·13만세시위 이후 '독립운동의사부'의 임원들과 함께 '간도독립운동기성총회'를 세우고 회장이 되었다. 3월 25일을 전후하여 '간도독립운동기성총회'를 '간도국민회'로 개칭하였으며 4월에는 임시정부와도 연계하였다.

'간도국민회'는 당시 국내외를 망라해서 가장 큰 독립운동단체였으며 그는 회장으로서 북간도에서 설립된 30여 개의 독립운동단체들을 연합시키고자 노력하였다. 1차로 도독부, 대한독립군, 신민단, 국민회군을 연합시켜서 '북로독군부'를 만들어 봉오동전투를 승리로 이끌었다. 그는 독립군의 무장을 위하여 간도국민회 지회를 통해서 17만원이라는 거금을 모금하여 대한독립단을 비롯한 독립군에게 무기를 제공하였다.

그 당시 국민회가 모금한 17만원이 얼마나 큰 거액인가를 확인할 수 있다. 1920년 1월 4일 길회선(길림~회령) 철도 부설비용으로 용정에 온 자금이 그 당시 15만원이었다. 그 돈을 임국정, 한상호 등 '철혈광복단'이 탈취하였는데 당시 소총 한 자루에 30원이었고 15만 원이면 5,000명을 무장시킬 수 있었다고 전한다. 당시 국민회가 모금한 17만 원은 한 개 사단을 충분히 중무장할 수 있는 비용으로 현재의 가치로 환산하면 85억 원에 가까운 돈이다.

봉오동전투 이후, 세 차례에 걸쳐 무장단체들의 연합을 위하여 노력하였으나 북로군정서가 조선진공작전은 시기상조라는 주장을 앞세우는 바람에 연합작전이 무산되었다. 그리하여 도독부, 대한독립군, 신민단, 국민회군은 각자의 길로 갔다. 그러나 구춘선은 10월 13일 화룡현 하마탕에서 간도를 침략한 일본군과의 전투를 대비하여 대한독립군, 국민회군, 한민회군, 의민단, 신민단을 연합시켜 홍범도연합부대를 만들었다. 홍범도연합부대는 완류구전투, 어랑촌전투, 고동하곡전투 등에서 혁혁한 공을 세워 청산리전투를 승리로 이끌었다.

대부분의 한국인들은 청산리전투 하면 김좌진 장군만을 떠올리는데 이제라도 우리 국민들이 청산리전투의 주력부대가 홍범도연합부대였고, 홍범도연합부대가 승리한 것은 배후에서 연합과 전투를 후원하고 협조한 간도국민회와 구춘선 있었기 때문이라는 사실 또한 알게 되길 바란다.

구춘선은 경신참변과 자유시 참변 이후에 '국민회' 성원들과 함께 '고려공산당'에 가입하여 이동휘 노선과 적기단 활동을 적극 지원하였다.

1924년에는 은퇴를 선언하고 현재 왕청현에 소속된 하마탕으로 돌아와서 교회 조사로서 시무하며 '간도국민회' 재건에 힘을 다하였다. 그는 마지막까지 하마탕교회 지도자로서의 삶을 살았고 1944년 세상을 떠났다.

그러나 그가 공산당에 가입한 일로 인하여 해방 이후, 한국사회에서 기피를 당하는 인물이 되었고 오늘날까지도 그에 대한 연구가 활발하지 않은 까닭이 여기에 있다.

기독교우회 회장, 훈춘한민회 군사부장 황병길

황병길은 1885년 음력 4월 15일, 함경북도 경원군 양하면에서 소작인의 아들로 태어났다. 그는 1904년 러일전쟁당시 러시아군 통역관으로 참전하였으며 이범윤, 이위종, 최재형이 발의한 창의회에 의병으로 가입하여 1908년 신아산전투, 서수라전투 등에 안중근과 함께 참전하였다. 그러나 회령전투에 패배한 후, 연추로 돌아와서 1909년 초에 안중근과 함께 단지동맹을 맺어 무명지를 잘랐다. 그 후, 러시아의 조선독립운동가 추방을 피해 연추에서 훈춘으로 나왔으며 훈춘현의 연통라자에 주거를 정하였다.

1909년 훈춘에서 백규삼, 오병묵 등과 함께 '기독교우회'를 만들어서 회장으로서 구국교육, 구국신앙 운동을 펼쳤다. 그의 열렬한 활동으로 훈춘현에 많은 민족학교와 교회가 세워졌다. 그는 훈춘성내교회를 설립하였으며 신풍학교와 북일학교 설립에 기여하였다. 그는 1912년에 전 훈춘 순경국장 왕결청, 길림참모부원 빈보현, 오병묵, 이종활, 윤해 등과 함께 한족과 조선인이 연대하여 항일운동을 꾀하는 '둔전영'에 발기인으로 참여하였다. 또한 같은 해인 1912년에 상인들에게 항일사상 고취시키기 위하여 김학천과 함께 '훈춘상무회'를 조직하였다.

그는 1917년 10월에 훈춘일본영사분관에 체포되었고 1918년 일제는 그를 친일선전에 이용하고자 조선시찰단 단장으로 세웠다. 그는 시찰단 단장으로서 4월 28일 훈춘을 떠나서 5월 25일에 훈춘으로 돌아왔다. 그는 6월 2일에 일제가 기획한 시찰보고회에 예정대로 참석하였으나 일제의 회유와 위협에도 불구하고 그는 독립운동에 대한 신념과 용기를 결코 잃지 않았다.

그는 1920년 3월 20일에 훈춘 만세시위를 주도하였고 '기독교우회'를 '훈춘한민회'로 계승 발전시켰다. 그는 훈춘한민회 산하에 급진단을 두어 무장독립군을 친히 양성, 훈련시켰으며, 급진단을 의사단과 포수단과 함께 묶어 군무부로 개편하고 발전시켜서 훈춘한민회의 독립군 부대로 만들었다. 그는 남별리, 탑도구, 토문자, 대황구, 두황자 등지의 산속에 비밀

아지트를 만들어 한민회 소속의 독립군을 훈련시켰다.

1920년 음력 4월 중순, 그가 토문자 일대의 비밀 아지트에 머물고 있을 때 연해주에 주둔한 일본군의 불시 습격을 받았다. 그는 포위망을 뚫고 도피하였지만 춘화에서 마적달까지 40km 산길에서 밤새도록 비를 맞았고 지쳐서 쓰러졌다. 그는 급성 폐렴에 걸렸고 6월 1일, 봉오동전투를 사흘 앞두고 36세의 젊은 나이에 사망하였다. 그는 갔지만 그가 양성한 한민회군 200명은 홍범도연합군부대로 청산리전투에 참여하여 혁혁한 공을 세웠다. 뿐만 아니라 그의 아내는 '훈춘애국부인회'로 부회장으로, 네 명의 자녀는 모두 다 항일유격대와 항일연군에서 독립투사로 치열하게 살았으며 특별히 둘째 딸 황정신과 아들 황정해는 전투 중에 순국하였다.

오록정의 통역관, 간민교육회 회장 이동춘

이동춘은 1872년 함경북도 종성에서 태어났으며 어렸을 때 부모를 따라서 화룡현 광제욕(현재 용정시 광개향)으로 범월잠입하였다. 일찍이 한족 서당에서 공부하여 한어에 탁월하였으며 중국경찰학당을 졸업하였다. 그는 청의 지방 사무소인 〈광제욕분방경력아문〉의 통역관으로 취업하여 어린 나이에 중국관리가 되었다. 그 일로 인하여 1894년 서울의 원세개의 〈총리교섭통상대신아문〉에서 '파총' 관직으로 발탁되어 통역하는 파격적인 기회를 얻었다.

1904년 광제욕으로 돌아와서 1907년에 양정학당을 세워 조선인과 중국인이 함께 수학하는 교육을 실시하였다. 조선과 청, 두 나라 학생들이 함께 공부하는 양정학당은 출범과 함께 북간도사회에 널리 알려졌고 특별히 1907년 10월, 청나라 자희태후 '만수절' 때 이동춘은 양정학당 60명의 학생들과 함께 국자가 연길 변무공서 앞에서 체조와 노래를 공연하였다. 그는 이 공연을 통해 용정 간도파출소에 조선인이 일본 파출소의 관할이 아님을 선언하였고 이로서 일본경찰의 요주의 인물이 되었다.

그는 양정학당의 자립을 위해 학당용 경작지로 60헥타르의 땅을 신청하여 청의 지방 관청으로부터 기부를 받았다. 그러나 교사 건축과 교과서 구입은 모금을 통하여 해결하였다. 1908년 3월, 양정학당 설립 1주년이 되었을 때 중국 관리 허덕유의 제안으로 양정학당이 관립학당으로 승격되자 그는 길림성 주지사 오록정의 요청으로 양정학당을 떠나서 변무공서 교섭과 통역관으로 부임하였다. 그는 오록정의 순경학당을 조선인과 중국인이 함께 수학하는 학교로 만들었으며 독립운동가들과 함께 국자가 부근에 민족교육을 하는 '길동기독학교'를 만들었다. 1910년에는 국자가 '동로 초등소학당'을 고쳐서 '간민모범학당'으로 만들어서 중국 국적을 가진 조선인들이 중국인과 똑 같은 교육을 받을 수 있는 길을 열어주었다. 1913년에는 '길신여자학교'의 교장 직무를 맡아보았다.

그는 안창호의 권고로 1909년 샌프란시스코에 본부가 있는 '대한인국민회'의 간도지회 외교원 책임을 맡았다. 뿐만 아니라 같은 해 9월에 북간도 조선 이주민사회의 최초의 공식단체 '간민교육회'를 창립하였으며 친히 교재를 만들어서 조선인학교에 보급하였다. 그는 기관지《교육보》를 발행하였으며 청년들에게 민족의식과 독립운동에 방점을 두는 글들을 기고하여 청년들의 독립정신을 고양시켰다.

1912년 조선인자치를 실시하고자 하는 '간민회' 설립 준비위원으로 민국의 부총통을 만났으며 1913년 설립 후에는 식산흥업과장으로서 간도 조선인들의 식생활향상과 농업개발, 항일교육 및 항일 의식 고취시키는 데 앞장을 섰다. 그는 1915년 연길도윤 도빈이 '획일간민교육방법'을 공포하자, 조선인이 일제의 통치를 벗어나기 위하여 중국교육방침을 의거하면서도 언어 등 제반 특수상황을 감안하여 중국교재를 조선어로 번역하여 사용하며 조선학교에서는 조선역사와 조선 글을 필수로 가르쳐야한다고 제언하여 승인을 받았다. 무엇보다도 그는 "조선인의 중국 귀화입적과 토지 소유 합법화"라는 조선인 간도 이주사와 독립운동사에 획을 긋는 뚜렷한 공을 세웠다.

그는 20세기 초 북간도 사회의 독립운동을 이끈 교육가이자 독립운동가 태두로서 손색이 없는 삶을 살았으며 1940년 용정에서 세상을 떠났다.

구춘선, 황병길, 이동춘의 공통점

세 분은 1920년 6월 황병길이 순국할 때까지 10여 년을 북간도, 연변이라는 같은 공간에서 함께 활동하였다. 출생지가 저마다 다른 그들을 하나의 장으로 인도해준 연결고리는 캐나다장로회 선교부였다.

첫째 공통점은 세 분이 신앙구국의 일념으로 캐나다장로회 선교부의 전도 활동에 적극 참여하였으며 교회를 개척한 것이다.

구춘선은 용정시교회와 하마탕교회, 황병길은 훈춘성내교회와 연통라자교회. 이동춘은 마적달교회를 세웠다.

둘째 공통점은 세 분이 교육구국의 일념으로 캐나다장로회 교육선교

활동에 적극 호응하였다는 것이다.

구춘선은 보진학교 세웠고 황병길은 지역의 교회 지도자들과 함께 신풍학교와 북일학교를 세웠다. 그리고 훈춘현에 10여 개의 사립학교를 세우는데 선교사와 함께 긴밀하게 협력하였다. 이동춘은 양정학당과 길동기독학당을 세웠으며 '간민교육회' 회장으로서 북간도 지역에 많은 학교가 세워지도록 물심양면으로 후원하였다.

셋째 공통점은 세 분이 일본의 용정간도총영사관과 영사관분관 설치에 저항하며 '간민교육회', '간민회' 연합활동을 통하여 항일운동과 계몽운동에 앞장을 섰다는 점이다. 그분들은 명예와 공로, 지위와 권위로 다투지 않고 북간도사회와 독립운동단체들의 연합과 연대, 협력과 협동을 추구하였다.

넷째 공통점은 세 분이 다 3·13용정만세시위, 3·20훈춘만세시위에 적극 참여하였다는 점이다.

다섯째 공통점은 그분들이 만세시위 후에 독립운동단체인 '간도국민회' 설립에 함께 참여하였다는 점이다. 구춘선과 이동춘은 '간도국민회', 황병길은 '간도국민회' 훈춘지회인 '훈춘한민회' 지도자였다.

세 분은 20세기 초기 북간도 독립운동의 태두로서 자신들의 삶 전부를 독립운동이라는 용광로에 고스란히 불태웠다. 그러나 그분들의 치열한 삶, 헌신과 공로에 비해 그분들의 생애와 활동이 우리에게 별로 알려지지 않았다.

그 이유는 그분들이 해방되기 이전에 사망하셨다는 점, 해방 이후 그분들의 자녀들이 한국으로 아무도 나오지 않았다는 점, 구춘선은 공산당에 가입하였고 황병길은 네 자녀는 전원이 사회주의자로서 항일투사였다는 점, 세 분이 크리스천 독립투사이기 때문에 연변의 학자들이 자유로이 연구하기 쉽지 않다는 점, 분단의 상황에서 한국과 한국교회들에게 연변은 심리적으로 먼 곳이었다는 점, 정치적인 이유로 접근이 어려웠다는 점 등을 들을 수 있을 것이다.

이제 한국 사회와 교회가 열린 자세로 그분들을 연구하여 그분들의 나라 사랑의 열정과 헌신과 신앙을 우리에게 드러내주길 기다린다. 그리하여 우리 후세들이 그분들을 배우고 익혀서 그분들의 꿈, 21세기 한민족의 화합과 일치의 꿈이 이루어지는 날이 속히 오길 간절히 빈다.

북간도 독립운동의 태두들! 그분들이 계셨기에 오늘 우리가 있다. 그분들이 태두에 걸맞게 존경과 예우 받는 한국사회를 꿈꾼다.

자이니치 시무(時務)의 역사학자
강덕상 스토리

　연변의 학자들이 만주에서 일어난 독립운동사와 이민사, 교육사 등의 글을 쓸 때 가장 많이 이용하는 책이 현규환의《韓國流移民史》상권과 강덕상의《현대사자료집 1~6권》이었다. 많은 학자들이 인용하는 빈도를 보면서 그분들의 책이 보통 권위가 있는 책이 아니라고 감을 잡았다. 그러나 현규환이나 강덕상이나 다 처음 듣는 이름이고 독립운동사에 관심은 있지만 재미로 읽는 수준이었기 때문에 굳이 알아보려고 하지 않았다. 그러나 책을 읽으면서 독립운동가와 독립운동사를 보는 나의 관점이 생겨서 하나 둘 글을 쓰기 시작하게 되었다. 그럴 때마다 학자들이 인용한 그들의 글을 그대로 재인용하면서 그분들에게 죄송하고 부끄러웠다. 코로나로 외부활동을 삼가고 집에 들어앉으니 책을 읽고 글을 쓰는 일에 집중할 수 있어 그분들의 책을 차분히 찾아볼 여유가 생겼다.

　현규환의《韓國流移民史》상하권은 한 달 정도 수소문해서 1967년도와 1976년도에 출판된 중고책을 간신히 찾았다. 책을 찾은 기쁨이 참으로 컸다. 그러나 순 한글 책이 아니고 국한문 혼용이 반반이어서 당혹스러웠다. 그래도 더듬거리며 읽을 수 있을 수 있어서 저자와 나에게까지 와준

책에게 감사의 인사를 하였다.

현규환은 《韓國流移民史》 상권에서 권두언을 이렇게 시작한다.

"반만년의 역사를 이어온 우리 민족사중 고래로부터 적지 않은 수가 사정은 여하간에 우리 민족이 자리 잡고 있었던 만주나 한반도를 벗어나 유리하였다.

이들 유리자들은 시간의 경과에 따라 민족본사에서 떨어져 나가 영영 망각되고 타민족 속에 파묻히어 그 기구한 생을 외방에서 마치었으며 대부분이 이름 없는 그대로 가버리고 말았다.

그러나 이들 또한 우리 한민족임에는 틀림없고 그네들의 피는 중국 일본 등 동아 사회의 어느 곳엔가는 가냘프게나마 스며있을 것을 의심치 않는 바다.

이들의 문화가 가장 뚜렷이 빛을 발한 곳은 일본의 예를 찾아 볼 수 있으니 고구려 신라 백제의 유민이 당시 일본에 가져다 준 문화적인 공헌은 일본의 문화적 각성에 신기원을 이룩했으며 문화발전에 원천적이면서도 주도적이었다는 것은 오늘날 귀화인 문화 한래문화로 불리어 높이 평가되고 있는 것으로도 알 수 있는 일이라 하겠다.

(생략)

우리 민족이 공공연히 쇄국의 사슬을 풀고 흘러 나간 것은 1860년 이후의 일이며 그 주류는 만주에 갔고 (약 이백만 이상) 노령에 갔으며 (약 사십만) 후에는 일본으로 갔다.(약 2백만)

(생략)

본서가 목적한 바는 이러한 민족지류에 대한 기록이 민족본사에서 빠져서는 안 될 중요한 위치에 있다는 점과 과거 분산 상태에 놓여진 수많은 우리 민족을 다시 유기적인 민족 발전단위를 규합하는데 기본 자료를 제공하는 것 등에 있으며 이것은 현하 한국이 처해있는 시점에서 볼 때 결코 무의미한 일이 아니라고 확신하는 바이다."(현규환 저,《韓國流移民史》, 상권 7, 8쪽)

권두언을 읽으면서 가슴이 울컥하였다. 저자의 뜨거운 민족애와 남북화해와 일치에의 간절한 염원이 강렬하게 느껴졌다. 그는 민족의 주류에서 떠난 이민자들이라 하여도 한민족은 어디에 살든지 민족유기체, 공동체의 일원이라고 천명하면서 우리 민족에게 언젠가 화합과 일치, 통일의 날이 올 때 자신의 자료가 민족의 대동단결, 규합에 필요한 근거가 될 것이라는 민족의 앞날에 대한 희망으로 글을 썼다고 하였다.

의사로서 민족의 이합집산에 관심을 가지고 엄청난 분량의 글을 남긴 현규환은 1901년 두만강을 사이에 두고 러시아와 청나라를 바라볼 수 있는 함경북도 경성에서 태어났다. 경성의학전문학교를 졸업한 후, 만주의과대학에서 위생학을 연구하였으며 의학박사학위를 받았다. 그는 만주의과대학 소속 개척의학연구위원으로 종사하였으며 해방 후에는 대한적십자사 보건부장과 서울적십자병원 원장을 역임하였으며 대한의학협회 상임이사, 대한산업보건의학협회이사, 대한결핵협회 서울지부장으로서도 활동하였다.

그의 저서로는《재만조선인의 생활 재건축》,《우리의 신생활 설계도》,《항급온돌의 위생학적 연구》,《韓國流移民史 상하권》등이 있다.

강덕상의 책을 찾으면서 그가 한국인이 아니고 재일한인, 자이니치라는 사실에 놀랐다. 그는 일본에서 한국 근대사 엄밀히 말하면 일본의 식민지 지배사를 조선인 관점에서 연구한 학자이나 모든 글을 일본어로 썼다. 한글로 인쇄된 그의 책 원본을 구해서 마음껏 공부하며 글을 쓰려는 생각이 물거품이 되는 순간이었다. 일본어를 전혀 모르는데다 그의 저서 《현대사자료집》이 워낙에 방대하여 어떤 것이 한국어로 번역이 되었는지도 몰랐다. 무엇보다 《현대사자료 27, 28》 조선독립운동 편을 구하고 싶은데 전문가도 아니고 전공자도 아니어서 어디서 어떻게 구해야 하는지도 몰랐다. 인터넷 중고서점에 광고를 띄우고 기다리는데 일본어로 쓴 책들만 구할 수 있다고 한다. 겨우 《현대사자료집》의 일부인 《관동대지진과 조선인학살》은 표지만 구경하였고 그의 필생의 역작인 여운형 연구서 4권 중 2권 《여운형평전2—상해임시정부》만 김광열이 번역한 것을 구입해서 재미있게 읽었다.

그리고 정말 운 좋게 11월 말에 《시무(時務)의 역사학자 강덕상》을 통해서 자이니치 재일사학자 강덕상의 스토리를 만났다. 좀 더 일찍 독립운동사 책을 관심 있게 읽었으면 그의 생전에 만났었을 수도 있었을 것이라는 아쉬움이 참으로 컸다. 관동대지진에 대하여 일찍 눈을 뜨지 못한 것이 못내 가슴 아팠다.

《시무(時務)의 역사학자 강덕상》은 저자가 일본의 황민으로 성장하여 많은 방황과 고민 끝에 '조선인 선언'을 하고 한국과 일본 어느 쪽에서도 속하지 못한 자로, 온갖 차별과 소외를 당한 자이니치 역사가로서 한국 현대사 자료 발굴과 연구를 통하여 자신과 재일한인 사학자들이 감당한 시무(時務) 즉 '시대의 의무', '역사가의 사명'을 절절하게 그러나 절제된 자세와 태도로 말하고 있다.

강덕상은 1934년 12월 그가 태어난 지 2년 10개월이 되었을 때 어머니를 따라 일본으로 건너가 1940년 창씨 개명령 공포에 따라 '신노 도쿠소'로 성장하였다.

1945년 조선이 독립의 날에 그는 태극기를 처음으로 보았으며 초상집이 된 일본인들의 거리와 잔치집이 된 조선인 거리를 경험하였다.

해방 당시 240만 명의 재일조선인들이 1년인가 1년 반 사이에 65만 명으로 줄어 들었다. 그러나 그의 가족은 떠나지 않았고 그는 일본어를 모국어로 사용하는 청년으로 조선어를 모국어 사용하는 청년들이 알 수 없는 고독과 고뇌, 불안에 시달렸다.

그는 대학을 진학하면서 일본의 조선인 차별의 실체를 뼈저리게 체험하였다. 수산학교에 가고자 했으나 입시 원서를 낼 자격이 없었다. 비행학교도 마찬가지였다. 그는 진학을 포기하고 NHK 방송국에 지원하였지만 채용창구에서 거부를 당했고 아사히신문도 마찬가지였다. 심지어는 소방관도 할 수 없다는 사실을 알았다. 그는 모든 길이 막힌 상태에서 역사 공부를 선택하였고 와세다대학교에서 중국사를 시작하였다.

그는 와세다대학교 1학년 재학 시절에 레드퍼지1) 반대투쟁으로 퇴학당했으나 다음 해 봄에 복학이 허용되어 학교로 돌아갔다. 그러나 그는 재학 중에 조선에 관한 이야기를 한 번도 하지 않았다. 그는 졸업논문을 쓰면서 훗날에《일본의 한국병합》,《일본 통치하의 조선》등의 책을 쓴 야마베로부터 "조선인이면 조선을 공부해야지!"라는 충고를 듣고 일생의 교훈을 삼게 되었다. 또한 그의 "조선사는 일본사의 왜곡을 바로잡는 거울이다."는 말과 "그러니 너는 조선사를 배워야 한다. 그리고 일본과의 다리를 놓는 그런 중개 역할이 중요하지 않겠는가?"라는 말에 자이니치 역사학도로서 심지를 굳혔다. 그는 "이토가 조선에 무엇을 했는가를 생각하면 죽음을 당해야 마땅하다"고 말한 도쿄대학교의 철학교수인 이데 다카시에 의해서도 조선사 공부에 등 떠밀렸다.

그는 와세다 마지막 학년에서 평생의 조선사 연구의 동반자가 되는 미야타 세츠꼬를 만났고 함께 '역사부회'라고 부르는 연구회를 조직하여 중국어 원문을 읽고 중국사 연구를 시작하였다. 그는 대학교를 졸업하였지만 자신이 원하는 취업을 하지 못하였다. 그러나 남과 북의 조국도 재일민족단체들도 차별당하는 자이니치에게 아무런 도움을 주지 않았다. 그는 당시 민족단체들이 일본정부의 자이니치에 대한 차별과 배제와 탄압을 비판하였으나 함께 연합해서 일본 정부와 치열하게 싸울 생각은 하지 않고 항상 마음을 조국에 두고 남과 북의 나라에 공헌할 것과 훈장 받을 일만 하고 있다는 생각이 들어 스스로 뭔가를 하지 않으면 아무것도 할 수 없을 것이라는 느낌을 가지고 대학원 진학을 결정하였다.

그는 내면의 변화를 겪으며 중국연구회 안에서 조선사 연구를 시작하였고 마침내 조선인 선언을 하였다. "지금까지 일본인으로 살아왔고, 일본인으로서 너희들을 사귀어 왔어. 그러나 그것은 나의 나약함이었어. 사실 난 조선인이야. 내 본명은 강덕상이다!" 그리고 그는 중국사와 결별하였다.

와세다 역사부회 동료였던 미야타가 우방협회2) 호즈미 신로쿠로3)의 도움으로 조선의 3·1운동을 졸업 논문으로 쓴 것이 기회가 되어 그는 시미즈 다이지, 미야타 세츠코, 권영욱 외 1인과 함께 우방협회의 '조선근대사료연구회' 발족에 참여하였다. 우방협회에서는 호즈미 신로쿠로, 곤도 겐이치, 시부야 레이지 3명이 참여를 하였다. 물론 우방협회는 조선인들이 생각하는 자료를 남기겠다는 것은 아니었다. 그러나 그런 자료를 서로 이용하는 상호 관계 속에서 작업이 진행되었다. 그는 조선 침략자, 관료들의 자료를 정리하면서 조선 근대사를 마스터하였다.

우방협회 스터디 모임은 주 1회 강사를 정하고 제목에 맞는 공부를 하고 강사에게 질문을 던지는 형식의 세미나였고 시작한 지 얼만 안 되어 도쿄대학의 가지무라와 다케다와 기타무라가 참여하여 호즈미 세미나는 와세다와 도쿄대학교의 동아리 세미나가 되었다. 세미나는 500회 정도 계속되었고 그러는 동안에 금병동, 야마베 겐타로, 박경식 선생도 참여하였고 한국 유학생들도 많이 참여하였다. 기록은 모두 녹음 되어 가쿠슈인 대학에 보관되고 중요한 것은 활자로 출판하였다.

1959년 우방협회의 '조선근대사료연구회'를 모체로 하여 그는 미야타와 가지무라와 함께 셋이 이끌어 가는 '조선사연구회'[4]를 만들었다. 그리고 1960년 메이지대학교의 박사과정에 들어갔다.

그는 1963년 메이지 대학교에서 박사연구과정을 수료하고 《현대사자료 6 관동대진재와 조선인》을 발표한 이래 줄기차게 〈조선근대사료연구회〉가 발굴한 현대사 자료를 통하여 역으로 일본이 식민지 조선에서 지지른 만행을 고발하며 일본 측 그리고 남북과 다른 견해와 주장으로 식민지 역사를 읽었다.

그는 3·1독립운동을 연구하는 과정에서 박경식과 논쟁을 벌였다. 박경식은 3·1독립선언서를 작성한 민족 대표 33인을 높이 평가하였다. 그러나 그는 33인의 전 생애를 보았고 그들이 조선 백성을 대표하지 않는다고 생각하였다. 그는 3·1운동으로 독립이 달성된 것도 아니고 33인 민족 대표라고 불리는 사람들 중 2명을 제하고 다 전향하였기 때문에 문제가 크다고 생각하였다. 그러나 박경식은 3·1 독립선언으로 역사를 일단 구분하고 3·1운동에만 한정해 33인을 평가하였다. 그러므로 박경식에게 3·1운동은 한민족의 위대한 거사였다. 3·1운동을 전혀 다른 시각으로 보는 그들의 논쟁은 결말이 나지 않았다.

강덕상은 3·1운동이 일본 2·8선언에서 출발했다는 일반적인 주장을 반박한다. 3·1운동은 상하이에서 출발한 것이 명명백백하다는 것이다. 학자들은 일반적으로 도쿄 간다의 YMCA에서 이루어진 2·8선언을 중시하여 3·1운동의 출발이 도쿄에서 시작되었다고 하나 그는 2·8선언이 상하이에서 출발하여 도쿄를 경유한 것으로 본다. 그는 상하이의 '신아동제회'를 바탕으로 하여 결성된 '신한청년당'을 3·1운동의 모태로 본다. 여운형이 주도한 신한청년당이 김규식을 파리강화회의에 신한청년당의 자격으로 파송했다. 미국에도 유학생들의 분발을 촉구하기 위해서 대표를 보냈고, 도쿄에도 장덕수를 보내서 유학생을 조직하였다. 그들이 조직한 일본유학생회가 2·8선언의 주역이 되어 2·8선언을 하였고, 그 후 2·8선언에 참여한 대부분의 학생들이 상하이로 떠났다. 그뿐 아니라 신한청년당은 만주와 조선 국내에 대표를 파송하였다. 여운형은 3월 1일 이전에 독립선언서에 서명한 사람들을 만나서 거국적인 만세시위를 주동하였다. 그러므로 그는 결코 3·1운동이 일본 유학생들에 의해서 촉발된 것이 아니라고 주장한다.

이윽고 그는 여운형이 독립운동사에서 북두칠성처럼 빛나는 존재임에도 남북 양쪽이 그를 올바르게 평가하지 않는 불편한 사실에 직면하여 사실과 진실의 역사 규명을 위하여 그에 대한 평전을 쓰기로 마음먹었다. 북쪽에서는 김일성으로 모든 것이 수렴되고, 남쪽에서는 김구와 이승만으로 수렴되며 여운형은 조선사 속에서 마치 반역자 같은 위치에 놓여 흔적도 없이 사라졌다. 그러나 강덕상은 여운형이야말로 남북한이 함께 공유하며 분단의 심리적인 통일을 이끌어갈 지도자로 생각하고 그에 대한 연구를 통하여 4권의 여운형 평전을 썼다.

그도 현규환과 같은 마음으로 남북과 중국과 러시아, 일본에 나뉘어 있는 한민족이 멀지 않은 미래에 화해와 일치·대동단결하기를 염원하며 그에 필요한 기본 자료를 제공하기 위해 20년이라는 긴 세월에 바쳐《여운형평전 1, 2, 3, 4권》을 우리에게 유산으로 남겨준 것이다.

그의 갑오농민전쟁에 대한 기록은 우리가 알고 있는 것과 많이 다르다. 농민전쟁은 그의 책 181쪽 몇 줄 밖에 나오지 않지만 그는 우리가 상식적으로 알고 있는 것과 아주 다른 말을 하고 있다.

"갑오농민전쟁에 대해서도 마찬가지입니다. 최근에는 용어가 약간 바뀌었습니다만, 일반적으로 '동학당의 난'으로 불렸습니다. 그런데 이는 종교의 난이 아닙니다. 그야말로 어찌 보면 한 나라의 운명을 바꿀 수 있는 혁명사입니다. 그걸 일본군이 토벌한다는 게 도대체 무슨 소리냐고 문제를 제기하지요. 일본군은 농민군을 도둑이라고 말했지요. 동학비(東學匪) 또는 비적(匪賊)이라는 인식 위에서 학살을 감행한 거예요. 그게 무슨 일인가에 대해서는, 예를 들어 일본에 미군이 진주한 다음 일본에서 혁명이 일어나면 미군이 출동해 죽인 것과 동일한 것이라고 설명했습니다."(《시무(時務)의 역사학자 강덕상》, 181쪽)

그는 여러 대학교의 강사를 전전한 끝에 아주 늦게 은퇴할 나이가 다 되어가는 59세, 1989년에 자이니치로서는 최초로 정식으로 히토쓰바시

대학 사회학부 교수가 되었다. 1995년, 65세에 히토쓰바시대학에서 정년 퇴직을 하고 시가현립대학 인간문화학부의 교수가 되어 2002년에 은퇴를 하였다.

그는 1992년에 히토쓰바시 대학의 교수로 부임하는 동안에 자이니치로서 외롭고 아픈 삶을 살아온 자이니치 박재일과 의기투합하여 자이니치로서 살아야 하는 후예들에게 존재의 의미와 가치를 제공하는 작업을 시도하였다. 그는 박재일과 함께 1992년 11월, 제삼자로 세상을 살아가야 하는 자이니치를 위한 '문화센터 아리랑'을 만들었다.

당시 그는 자이니치로서 자란 자신과 문화센터 아리랑을 구상한 박재일과 자신의 심경을 피력하였다.

"우리는 찌르는 듯한 민족 차별의 대상이었고, 그것을 피하기 위해 어쩌다 어머니와 거리에서 만나면 도망쳐 자취를 감추기도 했습니다. 어머니가 이름을 불러도 모른 체하면서 마치 남처럼 행세한 적도 있습니다. 두 사람 모두 비슷한 체험을 갖고 있었지요.

'천황의 강한 방패가 되어 길을 떠나는 우리!', 황국 소년으로 살았던 중학교 시절부터 1945년8월 15일 해방의 충격, 민족 교육을 받을 기회가 없었던 소년이 해방 후의 민족과 모국을 눈부시게 바라보면서 느낀 좌절감, 자이니치의 앞을 가로막는 벽과도 같은 일본 사회와의 갈등, 자신이 서야 할 자리는 어디인지, 스스로를 찾는 과정에서의 방황 등 살아온 시기와 경험도 겹쳐져 있었습니다. 그것은 이미 민족적 소양을 지닌 모국 출신의 선배들과 남다른 감회로 다가왔지요."《시무(時務)의 역사학자 강덕상》, 173쪽)

그는 2002년 자이니치를 더 알리기 위하여 자이니치 1세대들의 유물을 확보하고 그들의 생활문화를 전시할 장을 만들기 위하여 민단에서 제시하는 '역사자료관'을 만드는 일에 위원장으로 협조하였으며 완성 후에는 관장이 되었다. 자료관의 명칭을 '재일한인역사자료관'으로 결정하였다. 그는 자료관의 이름 결정과 유물 수집 과정에서 일어났던 아픔을 토로한다.

"국가가 아니니 '한국'이라고 붙일 수 없었지요. 그렇다고 조선자료관이라고 할 수 없었습니다. 고심 끝에 '한인'을 붙이기로 했습니다. '한인'이라면 남북한을 포섭할 수 있습니다. 이 결정에 대해 주변에서 상당한 저항이 있었습니다. 그래서 저를 '수박'이라고 부르는 사람들이 있습니다. 겉은 파랗지만 속은 빨갛다는 것이지요.

자이니치의 입장에서 분단된 조국을 바라보면 국가와 민족을 나누어 생각할 수밖에 없습니다. 자료관에는 일본의 민족학교에 대한 탄압 자료 등 조선학교 관련 자료도 많이 있습니다. 자료를 수집하면서 "왜 자료관에 조선학교 것을 가지고 오느냐"는 이야기도 많이 들었습니다. 하지만 저는 자료관은 민단과 별개의 단체라는 점을 강조했습니다. 물론 자료관은 민단을 통해 한국 정부로부터 보조금을 받습니다만, 민단하고는 다른 단체니까 간섭하면 안 된다고 판단합니다."《시무(時務)의 역사학자 강덕상》, 193, 194쪽)

그는 관동대진재와 조선인에서 일본의 계엄령 선포를 일본 정부의 조선인에 대한 선전포고로 규명한다. 내란 또는 전쟁 때만 발령되는 계엄령이 자연재해에 대해 발령되고 내란을 일으키는 자가 없음에도 불구하고 당시 내무대신 미즈노 렌타로가 "적은 조선인이다!"라고 말하며 9월 2일 오후 6시에 계엄령을 선포하였다. 그러나 그는 계엄령은 9월 2일 오전 8시 무렵에 열린 내각 회의와 그 후 섭정이 계엄령을 재가했다는 사실과 내무성 경보국장 이름으로 발신된 전문에 "이미 도쿄에는 일부 계엄령을 시행했다."라는 내용을 감안하면 조선인은 아침 8시 소집된 내각회의에서 반란자로 조작됨과 동시에 선전포고를 받았다는 것이다.

그는 관동대진재의 일본군관민에 의한 조선인학살을 갑오농민전쟁, 조선인 의병 학살, 3·1운동의 학살, 간도의 조선인 대학살의 연속선상에서 바라보며 '차별과 폭력'이 지배하는 식민지 정권의 산물이라고 표현하였다.

그는 우방협회의 '조선근대사료연구회'에 참여하여 수많은 한국의 현대사자료 발굴과 정리에 참여하였으며 한국현대사 관련 많은 책을 저술하였다.

그의 저서로는 《현대사자료 6 관동대진재와 조선인》, 《현대사자료 25 조선 1 3·1운동 1》, 《현대사자료 26 조선 2 3·1운동 2》, 《현대사자료 27 조선 3 독립운동 1》, 《현대사자료 28 조선 4 독립운동 2》, 《현대사자료 29 조선 5 공산주의운동 1》, 《조선독립운동혈사 1》, 《조선독립운동혈사 2》, 《관동대진재》, 《현대사자료 30 조선 6 공산주의운동 2》, 《방귀달 어머니 생각》, 《독립운동의 군상》, 《전후보상문제자료집 제8집》, 《조선인학도출진》, 《여운형평전 1 조선 3·1 독립운동》, 《관동대진재·학살의 기억》, 《여운형평전 2 상해임시정부》, 《우키요에 속의 조선과 중국》, 《여운형평전 3 중국국민혁명의 친구로서》, 《여운형평전 4 일제말기 암흑시대의 등불로서》 등이 있다.

한국어로 번역된 책은 《여운형과 상해임시정부》, 《일제 강점기 말 조선

학도병의 자화상》,《관동대지진과 조선인 학살》,《우키요에 속의 조선과 중국》,《여운형평전 1》,《학살의 기억·관동대지진》,《근현대 한일관계와 재일동포》,《조선인의 죽음》,《조선독립운동의 군상》 등이 있다.

그는 《여운형평전 3, 4권》으로 한국독립기념관 학술상을 수상하였다. 독립기념관은 수상의 이유를 아래와 같이 밝혔다.

"강덕상 선생이 저술한 《여운형평전》은 총 4권으로 제 1권은 2002년에, 제 2권은 2005년에, 제 3권이 2018년에, 제 4권이 2019년에 발간되었습니다. 평전 완간까지 20년이 걸린 것입니다. 대상 저서는 《여운형평전》 3권과 4권입니다.

학술상 선정 심사위원회는 한국 근대사 연구자로서 강덕상 선생이 펴낸 《현대사자료 1~6》을 읽지 않고는 연구를 할 수 없을 정도이기 때문에, 애당초 학계에 끼친 강덕상 선생의 공적은 비교가 불가능하다고 극찬했습니다. 더욱이 이번 수상작은 단순한 이야기식 인물 평전이 아니라, 여운형을 통해 독립운동의 전체 모습을 드러내고 해방 정국 당시 좌우 합작을 위해 힘쓴 활동상을 밝히기 위해 원전 자료를 풍부히 수록함으로써 여운형에 대한 학술 연구의 집대성으로 평가할 만하다고 밝혔습니다. 또한 남북통일을 지향한 여운형의 삶을 추적하는 과정이 자이니치로서 저자의 평생의 염원을 담아내는 과정이기도 했다는 점이 잘 드러나 읽는 이에게 감동을 주고 있다고 평가했습니다."《시무(時務)의 역사학자 강덕상》, 257쪽)

그는 2021년 6월 12일, 오랜 투병 중에 세상을 떠났다. 그러나 그는 사랑하는 자이니치들과 화합과 통일을 염원하는 남북한 한인들의 가슴에

별처럼 살아 있을 것이다.

그가 투병 중에 마지막까지 붙잡은 것은 남북에서 거세된 여운형이었다.

그는 남한에서는 이승만과 군사정권에 의해 의도적으로 왜곡 축소되고, 북한에서는 독립운동이 김일성 개인의 혁명운동으로 일원화, 통합되면서 묻혀버린 탁월한 독립운동가 여운형이 남북이 바르게 평가하며 함께 만나야 할 현재의 지도자임을 강조한다. 그는 남북한 한국인들이 해방 직후부터 저격을 당하는 순간까지 혼신을 다하여 남북통일을 위해 자신을 던진 여운형의 투쟁을 공유해야 민족의식의 심리적 통일이 가능하다고 본다. 그는 세계를 무대로 삼아 '조선의 독립운동에 인생을 바친 운동가' 여운형이 한국의 미래를 여는 현재와 미래의 지도자로 부활하며 그의 정신적인 영향이 한반도에 편만해질 때 화합의 희망이 이루어질 것으로 전망한다. 그의 여운형에 대한 통찰과 이해에 공감하며 자이니치로서 일상화된 소외와 폭력에 굴하지 않은 그의 치열한 삶에 경의를 표한다. 자이니치들에게 가한 일본사회의 차별과 배타, 고독과 단절에 병들지 않고 올곧게 자이니치의 정체성을 탐문한 그의 생애 앞에 옷깃을 여민다. 빈곤과 과로의 와중에서 한국 근대사의 방대한 자료와 여운형 선생을 통해서 보여준 독립운동에 대한 심원한 통찰과 기록에 감사를 드리며 기립 박수를 보낸다.

한국의 근대사를 정리한 강덕상 선생과 《韓國流移民史》를 써주신 현규환 선생이 계시기에 한국의 근대사는 왜곡과 은폐, 과장과 위작을 극복하며 민초의 신음과 함성으로 펼쳐질 것이다.

미주

1) 레드퍼지 - 공산주의자와 그 동조자를 공직이나 민간기업에서 추방하는 행위.

2) 우방협회 - 1950년 가을 호즈미 신로쿠로를 중심으로 한 동화협회 유록자들이 한일 관계의 혼미를 염려하여 조선에 관한 제반 문제를 조사·연구하고 이를 실천 보급할 목적으로 조선연구소를 설립하려고 한 데서 비롯되었다. "조선에 있던 자가 자기의 과거 지식과 경험 그리고 오랜 경험에 대한 자기비판을 기초로 하여 일반인의 이해와 보급에 노력해 가기 위해", "조선에 있던 우리 국가에 대한 마지막 의무로서 한일 양국의 문제에 관여해야 한다"는 것이 호즈미의 생각이었다. 젊은 학생 연구자들과 함께 조선 근대 사료의 기록 작성의 장이 된 '호즈미 제미'는 1958년부터 1970년까지 진행되었다. 이후 기록은 '우방 문고'로서 가쿠슈인대학 동양문화연구소에 소장되었다.

3) 호즈미 신로쿠로(1889~1970). 1933년 도쿄대학 법학부 졸업 후, 문관고등시험에 합격. 조선총독부에 들어갔고 1932년 우가키 가즈시게 총독 밑에서 식산국장으로 9년간 근무. 이후 조선상공회의소 회장, 경성전기주식회사 사장 등을 역임하고, 1945년 패전 당시 조선인양동포세화인회를 조직하여 인양에 진력했다. 1947년 참의원 의원에 당선. 1952년 재단법인 우방협회를 설립하고 이사장에 취임. 1958년 젊은 학생연구자들과 함께 조선근대사료연구회를 설립하여 전 총독부 일본인 관료 129명에 관한 청취 조사를 실시하여 418개의 녹음 기록을 남겼다.

4) 조선사연구회 - 김종국이 1950년대 초반 도리츠대학 교수인 하타다 다카시를 찾아온 것을 계기로 도리츠 대학에서 '고려사, 식화사' 세미나가 시작되었다. 여기에 외부 연구자나 학생도 모여 창설기의 연구회를 만들었다. 이와는 별도로 1958년 5월 7일 우방협회 안에 '조선근대사료연구회'가 발족되었고, 가쿠슈인대학 동양문화연구소에서는 스에마쓰 야스카즈를 중심으로 '이조조실록을 읽는 모임'이 만들어져 점차 조선에 대한 연구와 관심이 싹트기 시작하였다. 이런 동향을 배경으로 하타다 세미나 안에서 도쿄 근교의 조선사 연구자들이 모여 연구회를 만들자는 의견이 나왔다. 그리하여 하타다를 중심으로 조선사의 과학적 연구를 목적으로 도쿄에서 연구회가 설립되

었다 이에 호응해 간사이에서도 연구회가 만들어지고 이후 모든 조직이 합동해 전국 조직이 되었다.

참고서적

• 현규환 저,《韓國流移民史》, 어문각, 1967
• 강덕상 기록 간행위원회 편집, 이규수 번역,《시무의 역사학자 강덕상》, 어문학사, 2021.10.31.
• 강덕상 저, 김광열 역,《여운형과 상해임시정부》, 도서출판 선인, 2017

4부
—

캐나다장로회
교회와
북간도
독립운동

북간도 독립운동을 추동한
캐나다장로회 교회들과 설립자들

2020년 코로나는 참으로 위대하였다.

수많은 사람들을 순식간에 병고와 죽음, 굶주림과 공포로 몰아갔으며 첨예하게 대립하는 강대국들로 하여금 백신과 치료약 개발을 위하여 서로 협력하며 공조하게 만들었다.

뿐만 아니라 인간의 죄성(罪性)과 문명의 한계, 과학의 오만을 숙고하게 만들었으며 삶이 무엇인지? 어떻게 살아야 하는지?를 집단적으로 대중적으로 성찰할 기회를 주었다.

코로나가 준 천재일우의 기회가 인류에게 진실로 거듭남의 기회가 되길 간절히 바란다. 인류가 맘몬이즘의 그럴듯한 속임수 무한 탐욕과 무한 소유, 무한 경쟁과 무한 소비의 악순환에서 벗어나 서열 없는 사회, 초아적인 봉사와 조건 없는 나눔으로 새로운 생명의 질서가 수립되길 빈다.

사라진 이름을 부르는 작업

연길에서 머물면서 말없이 사라진 것들과 잊힌 것에 대한 아픔, 그리움과 감사함으로 많이 울었다. 해방 이후 정치가들의 이념과 이해타산으로 취사선택되어져 우리 시야 밖으로 쫓겨난 북간도독립운동의 진실과 팩트를 알고자 고서를 뒤지며 많은 밤들을 하얗게 지새웠다. 그런 과정에서 만난 1800년대 중후반에 조선양반과 관료들의 수탈에 못 이겨 생명을 걸고 두만강을 건넜던 조선의 천민들, 그 천민들이 세운 교회와 독립운동, 경신참변시 일본군에게 학살당한 수천의 성도들과 불탄 교회들 그리고 1941년 만주국 치하에서 '만주조선기독련맹'에 가입하였다가 끝내는 중국의 탄압으로 역사 밖으로 떠난 교회들을 만났다.

그들은 나의 역사 이해와 인식을 뒤집어 버렸다. 생명과 민(民), 진리가 주가 되는 역사의식, 예수 그리스도의 십자가와 부활에 동참하는 역사적이며 동시에 초역사적인 교회에 대하여 깊은 깨달음을 주었다.

그들은 백 년도 안 되는 짧은 사이에 봉건왕조 청나라, 러시아, 중화민국, 동북군벌, 제국주의 일본과 만주국 그리고 친일파 앞잡이들, 세력을 다투는 민족주의 독립운동가와 공산주의 독립운동가, 공산주의 중국을 온몸으로 겪었다. 뿐만 아니라 중국과 한인 지주들의 횡포와 수탈, 토비와 마적단의 약탈과 위협, 중국 관리와 중국인들의 차별과 핍박, 가뭄과 홍수에 포위되어 살았다. 그런 암담한 환경 속에서 자작농이나 소작농으로 농사를 지으며 나라의 독립을 꿈꾸며 신앙으로 산 그분들에게 하나님의 부재처럼 느껴지는 1920년 경신년 대학살은 아무리 생각해도 너무 가혹하였다.

그들이 하나님께 독립을 간청하며 기도를 바쳤던, 안전이 보장된다고 믿었던 교회당 안에서 불에 타죽으며 무슨 생각을 했을 것인가? 생각하면 가슴이 먹먹해진다. 하나님께 버림받은 그들의 당혹과 경악, 절망과 고통 그럼에도 불구하고 배교하지 않고 순교한 그들을 묵상하며 사라진 교회, 잊힌 사람들을 기억하며 그들과 함께 살고 싶어서 본 글을 쓴다.

오늘 여기에 산산이 부서진 이름을 적어 본다.
지금 이 시간에 허공중에 사라진 이름을 불러 본다.
하나님의 우주적인 교회로 사라진 북간도 교회들의 이름을 적어 본다.
순교하였으나 어디에서도 추모되지 않는 성도들의 이름을 불러 본다.

독립운동사에 찬란한 봉오동전투와 청산리전투를 자랑하면서도 그 전투가 가능하도록 모든 것을 아낌없이 바친 캐나다장로회 교회와 성도들, 그 결과로 일본군에게 대학살의 고통을 당한 교회와 성도들에 대하여 무관심하고 무지한 한국인들의 양극화된 역사의식을 애도하며 1906년에서 1923년 사이에 개척된 교회 이름을 연도별로 기록해보았다. 시대 구분과 교회 이름은 《조선예수교장로회사기 상하권》에 근거하였다. 그러나 《조선예수교장로회사기 상하권》에 나오지 않으나 다른 책에 나오는 교회와 설립자의 이름은 그 책에 적힌 원이름을 한국식문법에 맞추지 않고 그대로 적었다. 같은 교회의 이름이 서로 다르게 쓰이어진 것이 확실한 경우에는 주에서 설명하였지만 분명하지 않은 경우에는 두 개의 이름을 다 적어서 한 개 교회가 두 개처럼 기록되었을 가능성도 있다고 본다.

1. 캐나다장로회 선교사들의 내한과 북간도 선교

북간도에서의 초창기 교회 설립은 감리교와 캐나다장로회에 의해 시작되었다. 그러나 장로교와 감리교의 선교지 분할정책으로 북간도가 캐나다장로회 선교구역으로 확정됨에 따라 감리교선교부는 개척한 교회들을 캐나다장로회에 넘겨주고 떠났다. 그리하여 북간도는 1907년부터 캐나다장로회의 단독 선교구역이 되었다.

캐나다장로회가 한국선교에 관심을 가지게 된 것은 김세(William JOHN McKenzie) 죽음 이후였다. 그는 1893년 메리타임 연회에서 자신의 한국선교에 대한 비전을 간단하게 나누고 10월 26일 트루로의 교회 성도들의 격려를 받고 벤쿠버로 떠났다. 그리고 11월 12일 밴쿠버에서 배를 타고 한국으로 왔다. 그는 일기에 "하나님, 이제부터는 한국이 내가 받아들일 땅이 되게 해주소서. 나로 하여금 하나님의 영광을 위해 오랫동안 한국에 머물며 일하게 하소서! 그리하여 죽음이 나를 삼킬 때, 예수님께서 재림하시는 큰 나팔소리가 울릴 때까지 내 유골을 그들과 함께 썩게 하소서."라고 자신의 심정을 기록하였다.[1]

1894년 캐나다선교사 김세(맥켄지)가 황해도 장연군 송천(솔내)에 와서 거주하며 열심히 전도하였다. 그는 한국인과 동일한 수준의 열악한 집에서 거주하며 형편없는 식사와 기후에 시달렸다. 최선을 다하여 자력으로 교회 건축을 하고 남녀학교를 세우며 교육과 목회를 겸하였다. 결국 그는 과로 때문에 말라리아 열병과 일사병에 걸린 증세 그리고 정신 착란이 일어났다. 그는 1895년 6월에 스스로 생명을 끊었다.

그의 사망 소식을 전해들은 캐나다장로회는 3년에 걸친 찬반토론과 기도 끝에 1897년 메리타임연회에서 111대 25로 한국선교를 가결하였다. 해외선교위원회는 1898년 2월에 구례선(Robert Grierson)과 부두일(William Rufus Foote)의 지원을 받아들이고 선교사로 임명하였다. 그 후 4월에 마구례(Duncan M. McRae)를 세 번째 한국 선교사로 파송하기로 결정하였다. 그들은 캐나다장로회가 파송하는 최초의 한국 선교의 개척자들로서 1898년 7월 20일에 메리타임을 출발하였다. 8월 14일 요코하마에 도착하였으며 24일에 나가사키에서 히고마루를 타고 9월 8일 제물포에 도착하였다. 그들이 도착한 1898년 9월은 조선장로회사기2)에 의하면 선교사공의회시대(1893~1900)3)로 분류되고 있는 시대이다.

그들은 10월에 미국 북장로회, 호주장로회, 미국 남장로회로 구성된 장로회 공의회에서 공식적으로 등록하여 캐나다장로회로 승인을 받았다. 그리고 공의회에 의해서 부산과 원산 두 지역을 선교지로 제안을 받았다. 그들은 캐나다 출신의 선교사인 게일, 펜윅, 하디가 살았던 원산을 선교지로 택하였다. 그들은 원산에서 캐나다장로회선교사회를 조직하고 그 지역에서 활동하고 있었던 미국 북장로회 선교사회로부터 설립된 교회와 사무 일체를 인수인계 받았다.

캐나다선교회 소속 선교사들은 독노회시대(1907년~1911년 말)에는 함경대리회에 속해서 활동하였으며 치리기관으로서 상회가 조직된 총회시대(1912년~1923년)에는 함경노회(1912년~1917년), 함북노회(1918년~1921년)에 소속 되어서 성진과 원산, 함흥을 중심으로 활동을 하며 해삼위와 북간도지역 전도에도 관심을 가지고 선교활동을 하였다. 그 결과로 1921년 간도노회가 함북노회에서 분리하여 조직되었고 선교사 박걸, 서고도,

배례사가 용정 선교부에 거주하며 선교회를 이끌게 되었다.

2. 조선예수교장로회 계발시대(1865~1892)

조선예수교장로회사기는 공의회시대 이전의 시대를 계발시대(1865~
1892)라고 불렀다.[4]

이 시대에는 제너럴 셔만호를 타고 들어왔다가 순교한 토마스 목사, 스
코틀랜드 선교사 존 로스와 매킨타이어 선교사를 통해 세례 받은 의주 상
인, 김진기, 이응찬, 백홍준의 성경 번역과 매서인 서상륜과 이성하 등의
조선 국내 성경 판매와 포교활동 등이 있었다.

1884년 조미조약 후, 미국의 북장로회 선교사인 의사 알랜이 서울에
거주를 시작한 이후, 언더우드와 아펜젤러 선교사가 들어오고, 의사 헤론
이 들어와서 교회 창립을 시작하였다. 알렌은 조선정부의 제공으로 '광혜
원'을 세웠으며 헐버트는 '육영공원'의 교장이 되었다. 그들은 의료, 교육,
전도 활동으로 최선을 다하며 복음을 전하였고 연이어 입국하는 선교사
들과 함께 남북미선교사회를 각기 조직하였으며 선교 지역을 분할하여
복음을 전하였다. 뿐만 아니라 장로교선교사회는 감리회와 함께 협의회
를 만들어서 상호협조 하였으며 중국 선교사 로스가 개종시킨 조선인 신
도들을 이명 받고, 일본과 봉천에서 번역된 성경의 오역(誤譯)을 바로잡
기 위하여 성경번역에 합의하고 예수교서회를 설립하였다.

1888년 원두우(Horace Grant Underwood) 선교사가 황해도 송천에서 7인
에게 세례를 주고 교회를 세웠다. 당시 그는 매서인 4명을 선정하여 1명

은 서울 근처에, 1명은 장연 근처에, 1명은 평양 근처에, 1명은 의주 근처에서 전도하게 하였다. 이것이 조선 교역자 임명의 첫걸음이었다.

1889년 게일은 영남 각 군을 순행 전도하였으며 원두우는 관서 각 군을 순행 전도하는 중에 의주압록강 상에서 32명에게 세례를 베풀었다.

같은 해에 호주 선교사 데이비스(Henry Davis)가 도착하여 부산에서 전도를 시작하였다.

교회가 세워지고 신도들이 증가함에 따라 초창기 계발의 시대가 끝나고 공의회시대가 열렸다.

3. 공의회 시대(1893~1906)

공의회 시대는 공의회의 회원이 선교사로만 구성된 선교사공의회 시대(1893년~1900년)와 선교사와 조선인 총대로 구성된 합동공의회 시대(1901년~1906년)로 나뉜다.

1) 선교사공의회 시대(1893년~1900년)

캐나다 선교사들은 선교사공의회 시대에 해당되는 1898년에 내한하였다. 그들은 원산 일대를 선교지로 분할 받은 후에 조사, 권서인, 어학교사와 함께 함경북도지역을 순회하며 전도하였다. 그들은 열정적으로 복음을 전하여 2년 사이에 8개의 교회를 세웠다. 성진교회, 홍원읍교회, 예동교회, 정평읍교회, 영흥군 진흥교회, 영흥읍교회, 단천군 원덕리교회, 경성군읍교회가 그들에 의해 세워진 교회이다.

그러나 캐나다장로회 교회가 북간도에 세워지기까지는 8년이라는 긴 세월이 필요하였다.

2) 합동공의회 시대(1901년~1906년)

1902년에 구례선 선교사가 함경도를 경유하며 실시했던 용정 순회 전도가 큰 결실을 맺었다.

1906년에 용정시교회가 세워졌는데 이 교회야말로 캐나다장로회 선교사들에 의해서 세워진 북간도 최초의 장로교회이다.《연변문사자료전집 8권》118쪽은 창립자를 홍순국과 박무림으로 기록하고 있으며《조선예수교장로회사기 상》227쪽은 용정시교회 설립에 대하여 아래와 같이 다른 기록을 하고 있다.

> "선시에 선교사 구례선(R. G. Grierson)이 북만주와 서백리아 등지에 산재한 조선인에게 전도할 목적으로 자기의 부친과 업아력(A. F. Robb)과 홍순국으로 동행하며 복음을 전할 시에 신주한 자와 타지에서 당지에 온 신자들이 합하여 집회 예배하는 중 영수 구춘선, 집사 이보연이 인도인이 되어 교회를 성립하니 그 때로부터 용정은 전도의 근거지가 되어 선교사 구례선, 업아력(A. F. Robb), 부두일(W. R. Footel), 매길노, 박걸(A. H. Baker)등이 차례로 순회하는 중 교인이 증가하여 교회가 점차 전진하니라."

두 번째로 세워진 장로교회는 양무정자(양목정자)교회이다. 전도인 안순영과 중국 장로교인 단금의 노력으로 세워졌으며 선교사 업아력이 왕래하며 교회를 성장시켰다.

세 번째로 세워진 교회는 광제암(광제욕)교회이다. 김련보와 한학렬이 믿은 후에 신자들이 늘어남에 김영제 목사가 교회를 설립하였다. 그 후에 선교사 박걸과 목사 김내범, 최덕준이 시무하였으며 예배당을 건축하였다.

4. 독노회시대(1907~1911)

함경대리회 소속시기

1907년 9월 17일 미국남북장로회, 캐나다장로회, 호주장로회 4교파 선교사공의회 결정에 따라 조선예수교장로회 독노회가 조직되었다. 독노회시대는 1907년에 시작되어 1911년까지 계속 되었으며 거리, 기후 등의 문제로 신속한 노회 모임이 어려우므로 경충대리회, 평북대리회, 평남대리회, 황해대리회, 전라대리회, 경상대리회와 함경대리회를 설치하여 노회의 위임사건을 처리하게 하였다. 이 시대에 북간도는 함경대리회에 속하였다.

독노회시대에 북간도에 많은 교회가 세워졌다.

독노회시대에 함경대리회는 원산, 함흥, 성진, 회령, 동만주 5구로 나누어졌으며 각 구마다 선교사회가 세워지고 전도회가 조직되어 전도인을 파송하여 복음을 전하게 하여 복음이 왕성하게 퍼져 교회설립이 활발하였다.

1907년에 남감리회 선교사 하리영과 전도인 이화춘이 남공선과 함께 세운 와룡동교회가 장로교와 감리교의 분계조약에 의하여 장로교 쪽으로 이전되었다. 선교사 부두일과 김영제 목사가 교대로 시무하였다.

같은 해에 정재면의 전도로 용정 중앙교회가 세워졌다.

1908년

모아산교회가 세워졌다. 이응현의 전도로 이병춘과 몇 사람이 믿기 시작하여 교인이 점차 증가하여 선교사 부두일, 박걸과 조사 김영제와 김내범이 순회하며 관리하였다.

1909년

명동교회가 세워졌다. 정재면의 전도로 김약연, 김하규, 김정규, 문정호, 문치정, 최봉기 등이 믿었으며 선교사 박걸과 목사 김영제가 순회하였다.

같은 해에 호천포교회가 세워졌다. 최봉렬이 전도하여 한수량이 믿으면서 교도가 증가하였다. 선교사 박걸과 목사 김영제가 순회하였다.

같은 해에 훈춘성내교회가 세워졌다. 신자 오병묵과 황병길이 중국교회 제도를 따라서 함께 강당을 마련하여 예배와 전도를 겸하였으며 학교도 세워서 동포 자녀들을 교육하였다. 선교사 박걸과 조사 김내범이 순회하였다.

같은 해에 김계안 조사가 용정의 순회 전도인으로 함경대리회에 의행 공식 파송되었다.

그는 불교인으로서 기독교에 개종하여 열심히 전도하였으며 권서로 근무하다가 조사로서 용정시교회에 부임하였다.

1910년

용정시교회가 예배당을 신축하였다.

같은 해에 만진기교회가 세워졌다. 교인 한수현의 전도로 강성황, 강용철이 먼저 믿었고 강씨 일가들이 미구에 교회를 설립하였고 김내범 목사와 서창희 조사가 지도하였다.

같은 해에 훈춘 덕혜향에 대황구교회가 세워졌다. 교인 김하정과 김동현이 자주 드나들며 복음을 전하였고 신자들이 늘어나서 교회를 설립하였다. 박걸 선교사와 김내범 목사가 순회하였으며 후에는 이병하 목사가 시무하였고 장용하 장로가 장립되어 당회를 조직하였다.

같은 해에 훈춘 차대인구교회가 세워졌다. 교인 김강, 김병현(김병관), 김명규가 전도하여 교회를 설립하여 박걸 선교사, 서고도 선교사, 이병하 목사가 돌려가며 시무하였다.

같은 해에 훈춘 경신향에 옥천동교회가 세워졌다. 교인 이춘이 자주 왕래하며 전도하였고 신자가 늘어나며 교회가 부흥하여 박걸 선교사와 이병하 목사가 번갈아 시무하였다.

1910년에 100만 명 전도대가 서울에서부터 시작하여 각 처에 가서 전도하였으며 그 영향으로 삼국전도회를 조직하여 성진항을 중심으로 북청. 이원, 단천, 삼수, 갑산, 길주, 명천, 경성, 부령, 회령, 종성, 온성, 경원, 경흥, 북간도(동만주), 해삼위 등지에 전력전도를 하였다.

1911년

장백현교회가 세워졌다. 교인 이은경, 조덕수, 이주섭 등이 내지에서 그 마을에 이사하여 동현 신흥덕촌에 복음을 전하여 교회가 크게 부흥하였다.

같은 해에 장은평교회가 세워졌다. 성진사람 양진섭이 12호(戶), 72인을 이끌고 명암촌으로 이주하여 교회를 설립하고 마을 이름을 장은평으로 지었다. 박걸 선교사와 부두일 선교사. 김영제 목사, 김내범 목사가 서로 번갈아 계속해서 시무를 하였다. 양형식, 양종식, 이태언, 양창식이 장로로서 시무하였다. 교인들이 300여 명이 넘었으며 계속해서 부흥일로에 있었다.

같은 해에 적안평교회가 세워졌다. 조사 김계안과 강백규[5]의 전도로 김봉렬이 믿고 신도가 계속적으로 증가하자 김영제 목사가 순회하며 교회를 설립하였다. 후에 부두일 선교사 김내범 목사, 이하영 목사, 최덕준 목사가 시무하였으며 이태현, 염창화, 최봉렬이 장로로 세워졌다.

같은 해에 국자가교회(소영자교회)가 세워졌다. 평양교인 유기연이 이사하여 복음을 전하여 신자 수가 늘어나자 교회당을 건축하였다. 박걸 선교사와 김영제 목사가 왕래하여 정식으로 교회를 설립하였고 부두일 선교사, 김내범, 최덕준, 유지선 목사와와 유찬희, 서성권, 박의섭, 유우일, 유흥원 장로가 연이어 계속 시무하여 교회가 왕성해졌다.

같은 해에 정동교회가 세워졌다. 교인 강익태의 전도로 유한풍이 믿고 신자가 증가하여 40여 인이 모이니 김내범 목사가 왕래하며 교회를 설립하고 유한풍이 집사가 되어 시무하였다.

같은 해에 화용현교회[6]가 세워졌다. 성진교인 남성호가 전도함에 신자가 많아져서 교회를 설립하였고 당시에 최선탁 목사와 문재린 조사가 시무하였다.

같은 해에 은포교회가 세워졌다. 김약연의 전도로 심성문과 엄방진이 믿고 신자가 계속 늘어남에 교회가 설립되었고 최선탁 목사와 문재린 조사, 김용연, 김원변, 윤영복 집사가 시무하였다.

같은 해에 두도구교회가 세워졌다. 교인 강찬규, 홍일표가 방문하여 복음을 전하여 신도들이 적지 않게 일어남에 따라 박걸 선교사와 김내범 목사가 연차 방문하여 교회를 설립하였다.

교회당 건축 후에는 이순창, 조명환, 조병수 장로를를 장립하고 당회를 조직하였다.

같은 해에 간장암교회가 세워졌다. 교인 강백규의 전도로 김영섭, 김동의, 김동희 등 10여 명이 믿고 교회를 설립하였으며 박걸 선교사와 김영제 목사가 순회하여 교회가 부흥을 하였고 예배당을 건축하고 현기윤을 장로로 장립하였으며 당회를 조직하였다.

같은 해에 훈춘 용지향에 신풍교회가 세워졌다. 교인 진형권의 전도로 신자가 늘어나서 교회가 설립되었고 박걸 선교사와 이병영 목사[7]가 순회하며 보살폈다.

같은 해에 일송정교회가 세워졌다. 교인 공원보와 박병섭의 전도로 신자가 늘어나서 교회가 설립되었고 박걸 선교사와 이병하 목사가 순회하며 섬겼다.

같은 해에 훈춘 경신향에 금당촌교회가 세워졌다. 오재영의 전도로 신자가 늘어났으며 배례사 선교사와 이병하 목사 순회하며 시무하였다.

5. 총회시대(1912~1923)

1912년 9월 1일에 조선예수교장로회가 평양 경창리 여성경학원에 회집하여 총회를 조직하였다. 조선예수교장로회 독립노회를 조직한 지 5, 6년 만에 교회가 각처에 많이 세워져서 사무의 양이 방대해지고 복잡해짐에 따라 노회에서 총회 조직에 대한 안건이 제기되었다. 이에 따라 총회 조직위원회가 조직되어 준비를 하고 1912년 9월 1일에 전 노회장 이눌서의 사회로 제 1회 총회가 성립되었다.

총회시대에 북간도 지역은 처음에는 함경노회, 함북노회에 소속되었으나 1921년에는 간도노회의 성립으로 조선예수교장로회 산하의 유일한 재외 노회가 되었다.

1) 함경노회(1912~1917) 소속 시대

1912년 1월 29일 함경노회가 창립되어 원산 상리 상동예배당에서 제 1회로 소집되었다.

1912년

훈춘 구사평교회가 세워졌다. 이태가 전도하여 3, 4인이 믿게 되어 여러 시험을 거치며 교회가 설립되었다. 이병하 목사가 책임을 맡았다.

같은 해에 의란구남 탕동교회가[8] 세워졌다. 교인 최석화가 지역에 와서 전도하여 새 신자가 증가하여 예배당을 건축하고 김내범 목사가 성실하게 노력하여 당회를 조직하였다. 김순문 장로가 책임을 맡았고 박걸, 부두일 선교사와 최덕준 목사가 연이어 교회를 섬겼다.

같은 해에 훈춘 마적달교회가 세워졌다. 리동춘이 전도하여 신자가 늘어났으며 배례사 선교사와 리병하 목사가 순회하며 시무하였다.

같은 해에 하다문교회가 세워졌다. 리병하 목사가 전도하였으며 배례사 선교사가 함께 섬겼다.

1913년

합명당교회(하마탕교회)가 세워졌다. 교인 구태선과 계봉우 등 십여 인이 집단으로 와서 거주하는 중에 예배당을 건축하였고 김내범 목사가 와서 교회를 설립하였다. 그 후에 박걸, 부두일, 배례사(Fraser, Edward J.O) 선교사와 최덕준 목사가 연이어 시무하고 당회를 조직하였으며 구춘선, 김지송이 장로로 섬겼다. 교회가 성장하는 중에 교우 40여 명이 풍토병(토질병)으로 사망하여 민산해(Stanly H. Martin) 의사가 와서 문제의 원인을 찾았으나 그 후에도 비참하였다.

같은 해에 구세동교회가 세워졌다. 교인 이종식 등 십여 명이 중국인의 토지를 매수하여 마을 이름을 구세동이라 짓고 예배당을 건축하였다. 김 김내범 목사와 부두일, 박걸 선교사, 김계안 조사가 순회하며 섬겼다.

같은 해에 광제촌교회가 세워졌다. 교인 안극선과 김경필이 교회를 시작하였다.

같은 해에 간도 명동교회에 여전도회가 조직되었고 수처9) (여러 곳)에 교회가 설립되고 정재면 조사가 임무를 다하였다.

같은 해에 명신동교회가 세워졌다. 교인 이봉구 등 십여 집의 교우들이 모여들어 예배당을 건축하고 예배를 시작하자 김내범 목사가 교회설립을 하고 당회를 조직하였다. 이봉구, 채원휘, 노종욱이 장로로서 섬겼으며 교우는 200여 명에 이르렀고 부두일 선교사와 이하영, 김유목 목사 등이 연이어 섬겼다.

같은 해에 용정시교회 박걸 선교사가 성진 등으로 전도여행을 다녔으며 부두일, 서고도, 배례사 등이 계속 간도에 와서 용정시교회를 섬겼다. 함경노회가 파송한 김내범 전도목사가 용정에 와서 김계안을 장로로 장립하였으며 많은 교회 설립자[10]가 되었다. 그는 강두화, 정재면, 박상룡, 김선관, 황신기, 김여용, 한덕일, 김택근, 이태준, 장석함 등을 장로로 세워 당회를 조직하였다.

1914년

김내범 목사가 교회[11]를 설립하고 부두일, 박걸, 서고도 선교사와 최덕준 목사와 이어서 시무하였으며 당회가 조직되었으며 허상훈 장로가가 임무를 담당하였다.

같은 해에 하래성남교회[12]가 세워졌다. 명천교인 김종필이 전도로 교인이 증가하여 예배당을 건축하고 교회를 설립하였다. 김내범 목사와 박걸, 부두일 선교사가 순회 시무하였으며 김종필이 장로가 되어 당회를 조직하였다. 1920년 일본군의 경신참변 시 대학살로 인하여 고난을 당하였다. 그 이후 교회와 학교는 차츰 회복되었다.

같은 해에 칠도구 광암교회가 세워졌다. 신자 이창언, 김용연, 김영옥이 개인 집에서 예배를 드렸다.

같은 해에 희망봉교회[13]가 세워졌다. 교인 최창규, 채학구가 믿고 조덕관, 박창익이 학교 교사로 부임하여 학생들과 함께 예배를 시작하였다. 최덕준 목사가 설립을 하였고 허상훈, 김순문 조사가 시무하는 중에 일본군의 경신대학살 시 토벌대에 의해 교회가 폐지 당하였다.

같은 해에 창강교회가 세워졌다. 박창익(명동교회 교인)이 창강마을의 교사가 되어 학생들을 권하여 예배를 드리는 중 교회가 시작되어 서고도, 박걸 선교사가 교회를 설립하고 최선택 목사가 섬겼다.

같은 해에 영생동교회가 세워졌다. 유우일의 전도로 신자가 많아졌고 중국인의 토지를 사서 개척하는 중 신자들이 각처에서 몰려와서 예배당을 건축하며 마을 이름을 '영생'이라고 명하였으며 김내범 목사가 설립예배를 드렸다. 김택조, 유한풍, 이용권이 장로로 시무하며 당회를 조직하였다.

같은 해에 혼춘14)에 두도구교회가 세워졌다. 구현문, 이경호가 믿고 교회를 설립하므로 박걸, 서고도 선교사, 박극항 조사가 순회하며 섬겼다.

같은 해에 훈춘 남별리교회가 세워졌다. 모태환이 전도하고 김내범 목사가 설립하였으며 최천약, 이명순, 한인준이 집사로 인도자가 되었다. '훈춘한민회' 회장인 이명순이 장로가 되어 당회가 조직되었다. 일본군의 경신대토벌로 한민회 본부와 교회와 마을과 학교가 소실되었으며 최천약15)과 이명순16)도 학살당하였다.

같은 해에 훈춘 춘화향 사도구교회가 세워졌다. 이정권, 서윤훈이 믿고 전도하여 교회가 설립되어 최두철, 이영신, 권정해가 집사로 인도하다가 일제의 대학살에 무참하게 파괴당하였다.

1915년

《조선예수교장로회사기 하》의 기록에 의하면 설립된 교회가 없다.

그러나 《훈춘조선족이민사》283쪽에 의하면 훈춘현성 서문밖교회가 세워졌고 배례사 선교사와 이병하 목사가 순회 시무하였다.

같은 해에 포은동교회가 세워졌다. 배례사 선교사와 이병하 목사가 순회 시무하였다.17)

1916년

태양동교회18)가 세워졌다. 김봉택, 김중흡이 예배를 보다가 신도들이 증가하여 김내범 목사가 교회 설립하고 장로 백용홍, 김여술, 김선관, 조석칠, 곽계순 등으로 당회를 조직하여 섬기는 중에 경신대학살 시에 일본군에 의해 초토화되었다. 교회가 소실되고 완전히 무너졌으나 다시 회복되어 이전보다 부흥하였다.

같은 해에 응조암교회가 세워졌다. 최병주가 이주하여 교회를 설립하고 부두일 선교사와 이하영 목사가 계속 시무하였으며 정형준이 장로가 되어 당회가 조직되었다.

같은 해에 동불타교회19)가 세워졌다. 오병원이 수년 동안 혼자 예배를 드리다가 신자가 증가하여 예배당을 건축하고 교회를 설립하였다. 이하영 목사가 교회설립예배를 드렸으며 김내범 목사가 시무하며 장로 오병원, 이춘재, 한처은 등과 함께 당회를 조직하였다.

같은 해에 압막동교회20)가 세워졌다. 최치호 등 십여 호가 이주하여 예배당을 건축하고 김내범 목사가 설립예배를 드렸으며 최덕준, 이하영 목사가 관리하였고 이춘삼 장로를 장립하여 당회를 조직하였다.

같은 해에 상통납자교회21)가 세워졌다. 독립투사 황병길이 믿고 전도하므로 많은 사람들이 개종하여 교회가 설립되었고 박걸 선교사가 순회하였다. 집사 김창건과 정대윤이 교회를 인도하였으며 교회가 운영하는 학교도 세워져 활기차게 활동하는 중 경신대학살에 일본군의 방화로 교회와 학교가 소실되었다.

같은 해에 지구교회22)가 세워졌다. 문병철이 믿은 후에 교회를 설립하고 김수경, 황운익이 집사로 인도자가 되었다.

같은 해에 전선촌교회가 세워졌다. 방두원, 한창동, 최문칠 등이 전도하여 개종자가 늘어남에 따라 박걸 선교사가 교회를 설립하고 남녀학교를 세웠다. 한수량을 장로로 세워 당회를 조직하였다.

같은 해에 칠도구에 연수동교회가 세워졌다. 김경일과 김순영이 개척하였고 신자가 증가하여 예배당을 건축하고 박걸 선교사가 설립예배를 드렸고 최선택 목사가 시무하였다.

같은 해에 훈춘 오도구교회가 세워졌다. 리용성이 전도하여 세웠으며 교회를 지도하였다.

같은 해에 용정시교회가 김내범 목사의 노력으로 천여 명이 수용될 만한 예배당을 건축하였다.

같은 해에 민산해가 용정에 와서 '제창병원'을 설립하였다.

같은 해에 '부인전도회'를 조직하였으며 임뵈뵈, 정신태, 김철나가 함께 섬겼으며 활동의 성과가 좋았다.

같은 해에 장백교회가 불신자의 모함으로 중국관헌에게 핍박을 받았다. 관헌들이 가가호호를 방문하여 성경과 교과서를 압수하여 불 태웠으며 의복과 기물들을 약탈하고 남녀노소를 막론하고 무수히 난타하였다.

1917년

낙원동교회가 세워졌다. 공리준이 그 마을에 와서 중국인의 땅을 사서 예배당을 건축하여 예배를 시작하였고 김내범 목사가 설립예배를 드린 후에 마을 이름을 낙원동이라고 하였다.

같은 해에 무봉촌교회가 세워졌다. 배용규가 이사를 온 후, 20여 명의 계속 이주하여 예배당을 건축하고 교회를 설립하였으며 최덕준과 김내범 목사가 연속 시무하였다.

같은 해에 청산리 영신동교회가 세워졌다. 이봉섭, 이문섭, 조윤실이 마을에 와서 많은 사람들을 개종시켰으며 예배당을 건축하고 박걸 선교사가 설립예배를 드렸다. 이사윤, 서인한, 이청춘 등이 연이어 장로직에 시무하였다. 교회가 일본군의 대학살과 중국 마적에게 유린당하고 소실되었다. 그럼에도 불구하고 교회가 죽지 않았다.

같은 해에 낙타하교회가 세워졌다. 김계안 장로가 전도하여 설립되었고 이기홍 집사가 인도를 맡았으며 교회가 점점 부흥되었다.

같은 해에 훈춘 숭례향에 소홍기하교회[23]가 세워졌다. 배례사 선교사와 리병하 목사가 순회 시무하였다.

같은 해에 훈춘 용지항에 송전동교회[24]가 세워졌다. 배례사 선교사와 리병하 목사가 순회 시무하였다.

같은 해에 훈춘 용지항에 장성촌교회[25]가 세워졌다. 배례사 선교사와 리병하 목사가 순회 시무하였다.

2) 함북노회(1918~1921) 소속 시대

함경노회가 설립되고 6년 사이에 많은 교회가 설립되어 노회는 집회와 전도 및 교육활동의 효과와 편리를 위하여 분립의 필요성을 깨닫고 경성 이북과 간도는 함북노회, 명천 이남과 해삼위는 함남노회로 나누기로 결의하여 1917년 9월 1일 승동예배당에서 열린 제6회 총회에서 분리 승인을 허락받았다. 그 후 11월 20일에 함북노회 조직회로 선교사 3인, 목사 2인, 장로 7인이 용정예배당에 모여서 회장 부두일, 부회장 김내범, 서기 채필근, 부서기 강두화, 회계 매도날(D. A. MacDonald), 부회계 김약연을 선출하였다. 노회 안에 임사, 재정, 총계, 학무, 헌의, 규칙, 신학, 준시. 시찰 등의 각부를 설치하여 사무를 분담하였다. 함북노회 의안에 나오는 교회 중에 설립된 교회 명단에 나오지 않는 교회 이름이 10여 개가 넘는다.[26]

1918년, 용정시교회에 박영헌 목사가 전임 목사로 왔다. 선교회가 성 경학원을 설립하였다.

같은 해에 최선탁 목사가 양무정자교회에 시무를 맡았다.

같은 해에 와룡동교회에 당회가 조직되었고 남인상, 지병학, 이병익, 함 주익, 최희중 등이 장로로서 함께 시무하였다.

1918년

전석동교회가 세워졌다. 안영환이 믿은 후 전도하여 교회가 설립되고 이병극, 김기석이 인도자가 되어 교회가 발전하였다.

같은 해에 청산리 백운평교회가 세워졌다. 권두혁, 박홍식이 와서 근처 에 사는 신자들을 모아서 교회를 설립하였고 남녀 전도인들을 세워서 복 음을 전파하게 하였다. 그 후에 일본군의 경신대학살로 인하여 교회가 소 실되고 교인들이 참변을 당하였다. 그 후에 참변을 극복하고 점차 복구하 였다.

같은 해에 구호동교회가 세워졌다. 김상설, 이옥현 등이 신도 7, 8가족 들과 이주하여 예배당을 건축하자 이하영 목사가 설립예배를 드렸다. 그 후에 김상목 목사가 시무하며 김상설, 채원휘, 김계홍, 한치훈 등을 장로 로 세워 당회를 조직하고 남녀전도인을 세웠으며 예배당을 중건하였다.

같은 해에 웅성납자교회[27]가 세워졌다. 이윤지, 신학봉이 마을에 내주 하면서 교인들이 함께 모여 예배를 드리며 예배당을 건축하였다. 김내범 목사가 교회 설립예배를 드렸다.

같은 해에 장낙동교회가 세워졌다. 문경풍이 마을에 도착하여 땅을 개척하고 인근의 교회들을 모아서 예배당을 건축하고 예배를 드릴 때에 김내범 목사가 와서 교회를 설립하였다.

같은 해에 십리평교회가 세워졌다. 함광실, 홍춘명, 김홍순 3인이 마을에 와서 예배를 시작하였고 교인이 불어나자 예배당을 건축하고 교회를 세워 김유목 목사가 시무하였다.

같은 해에 장백현 동평덕교회 이은경, 이동직 조사가 전도하여 진빙, 동작동, 달나자에 각각 예배 처소를 세웠다.

같은 해에 장동동교회28)가 세워졌다.

같은 해에 훈춘 용지향에 삼도구교회29)가 세워졌다. 배례사 선교사와 리병하 목사가 순회하며 시무하였다.

1919년에 조선독립운동이 세차게 일어나서 북간도 교회에 직접, 간접적으로 많은 영향을 끼쳤다. 3·1만세운동의 영향으로 용정에서 3·13만세시위가 세차게 일어나 중국 군경들의 발포로 말미암아 19명30)이 죽었으며 구류 감금된 교인이 허다하였으며 교회가 직면한 고난과 시련은 말로 표현할 수 없었다. 만세운동에 직접 참여하지 않은 기타의 교회에도 일본의 탄압과 핍박이 파급되어 교회활동이 위축되었고 전도활동도 약화되었다.

1919년 양무정자교회에서 당회가 조직되어 한덕일, 강군선이 장로로 함께 섬겼으며 문재린 조사가 시무하였다.

1919년에 두도구 간장암교회에 당회가 조직되었다. 만세운동과 국민회 무력투쟁에 적극적으로 참여하였으며 1920년 10월에 일본군의 방화와 대학살의 참변을 겪었다. 교회와 학교가 함께 소실되었으며 30여 명의 교우들이 교회당 안에서 함께 불에 타죽었다.

1919년

신흥교회가 세워졌다. 이태현의 전도로 7, 8인이 믿고 모여서 예배를 드리며 예배당을 건축하자 최덕준 목사가 설립예배를 주관하였다. 후에 김내범 목사가 시무하였다.

같은 해에 중강자교회가 세워졌다. 김관식 목사가 교회를 설립하고 윤동호, 최동빈, 박동섭 집사가 인도자가 되어 지역에 학교도 세웠다.

1920년에 간도 독립군들의 조선 내 빈번한 침투와 봉오동전투 패배에 경악한 일본은 〈불령선인초토화계획〉을 세우고 경신대학살이 일으켰다. 일본의 약탈과 방화로 청산리 백운평교회의 예배당과 학교가 전소되었고, 간장암교회의 예배당과 학교가 전소되었으며 33명의 교우들이 학살과 불에 타죽었으며 또한 가옥이 불에 탈 때 14명이 즉사하였다. 양정자교회(양무정자) 예배당과 학교가 전소되었다. 용정의 권서인 이근식과 의란, 구혼, 춘남, 별리 등 교회 장로 김문순, 이명순과 교인 50명이 참살되었고 옥에 간힌 자와 징역형을 받은 자와 나그네 되어 유리하는 자와 행방불명자를 헤아릴 수가 없었다.[31]

장백현교회는 일본경관에게 소실당하였으며 교인들은 포박을 당하여 중국 경관에게 넘겨졌으며 벌금을 내고 풀려났다. 교회가 불에 탄 관계로 이은향 집에서 예배를 드렸다.[32]

명동교회 중학교실이 소실되었고, 허익근, 박용훈, 최흥택이 학살당하였으며, 김병영은 중국군에게 총살당하였고 한상수, 장성순은 사형을 당하였고 복역자, 구금자가 90여 인에 이르렀다.

장은평교회는 일본군에 의해 교회가 소실되었으며 불에 탄자와 옥에 갇힌 자가 십여 인이고 합마당교회는 가옥 3채가 소실되고 3사람이 피살되었으며 구세동교회는 건물이 소실되었으며 핍박과 고난을 거듭 겪었다. 함북노회에 속해 있는 교회가 겪은 환난은 다 찾아서 일일이 다 설명하기가 어렵다.[33]

1920년

토성보교회가 분립되었다. 용정교회에서 분립되는 중에 교우가 중국인의 땅을 구입하여 가옥 1동은 예배당으로 다른 1동은 학교로 기부하였다. 강두송 목사가 교회 설립예배를 드렸고 당회를 조직하였다. 김도현, 이광수, 김찬성, 이은경, 신찬선 등이 함께 장로로 시무하였다.

같은 해에 호천포교회가 서창희, 지송암 조사와 김병두 영수의 적극적인 활동으로 교인이 늘어났다.

같은 해에 용정동산교회가 세워졌으며 리성국이 설립자로 알려졌다.[34]

같은 해에 용정에 룡강동교회가 세워졌다.[35]

같은 해에 두도구교회 관리가 이성국과 최선택 목사에게 맡겨지다.

같은 해에 노두동교회가 세워졌다. 노두동의 신자가 명신교회로 다니다가 분립하여 교회를 세웠다. 이하영과 김유목 목사가 섬겼다.

같은 해에 남양동교회가 세워졌다. 조성극과 임종묵이 함께 예배당을 건축하고 예배드리면서 최덕준 목사가 설립예배를 드렸다. 김내범 목사가 시무하였으며 임종묵이 인도자가 되었다.

같은 해에 합성리교회가 세워졌다.

같은 해에 의란구에 창신동교회가 세워졌다. 최군왕, 김순효가 함께 교회를 시작하였다.

같은 해에 김보국 가족이 모여서 예배하므로 흥신동교회가 시작되었다.

같은 해에 김희순, 김재길 양인이 협력하여 태양동에 교회를 세웠다.

같은 해에 훈춘 덕혜향에 북구교회, 청수동교회, 동강자교회가 세워졌다.36) 배례사 선교사와 리병하 목사가 함께 설립하였으며 순회하며 시무하였다.

같은 해에 훈춘 마가점에 마가점교회가 세워졌고 리용성이 지도하였다.

함북노회 소속시기에 남녀소학교를 설치한 교회 명단에 형납자교회, 은동자교회, 동구교회가 나오는데 이 교회들은 설립교회 명단에 이름이 없으므로 확인이 필요하다.

3) 간도노회(1921~1923) 소속 시대

1921년 10회 총회에서 회령과 성진시찰구역이 함북노회로 조정되고 간도일대는 간도노회로 독립하였다.

1902년 구례선이 홍순국과 함께 함경도를 경유하여 간도와 해삼위에 전도를 시작한 이래로 중국인 싼진 선생, 김문삼 조사와 업아력(A.F.Robb) 선교사, 김계안 조사와 부두일, 박걸 선교사 등과 김내범 목사가 열심히 복음을 전하여 신자가 늘어나고 교회가 부흥하였으므로 총회에서 승인을 받아 1921년 12월 1일 토성보예배당에서 모여 간도노회가 조직되었다.37) 선교사 2인, 목사 5인, 장로 10인이 참석하였으며 회장에 김내범 목사, 부회장에 배례사 선교사, 서기에 문재린 장로 부서기에 허상훈 장로, 회계에 강두화 목사, 부회계에 박걸 선교사를 선출하였다.38)

1921년 11월에 훈춘 경신향에 서가산교회가 세워졌다. 리병하 목사와 배례사 선교사가 순회하며 시무하였다.[39]

1922년

훈춘현 덕혜향에 중구교회가 세워졌다. 리병하 목사와 배례사 선교사가 순회하며 시무하였다.[40]

같은 해에 포은동교회가 경흥읍에서 분립되었다. 교인 선우화와 고중광이 경흡읍교회에 오가며 예배를 드리다가 포은동에 교회를 건축하였다.[41]

같은 해에 간도노회에서 용정에 있는 전 '삼국전도회' 건물을 용정교회에 기부하기로 결정하였다.[42]

1923년

용정현에 팔가자교회가 세워졌다.[43]

같은 해에 훈춘 춘화향에 서북구교회가 세워졌다. 리병하 목사와 배례사 선교사가 순회하며 시무하였다.

같은 해에 훈춘 용지향에 사소봉교회가 세워졌다. 리병하 목사와 배례사 선교사가 순회하며 시무하였다.

같은 해에 훈춘 덕혜향에 라권구교회가 세워졌다. 리병하 목사와 배례사 선교사가 순회하며 시무하였다.[44]

《조선예수교장로회사기 하》에 간도노회의 1921년, 1922년, 1923년 노회의안에 나오는 교회 명단 중에 하강포교회, 구수허교회, 순도구교회, 육양동교회. 남구교회, 잠빗골교회, 계림촌교회는 설립된 교회 명단에 없는 이름으로 설립교회 명단에 실수로 누락된 것인지 아니면 의안에 잘못 기재된 것인지 확인이 필요하다.

이상으로 1906년에서 1923년까지 북간도에 세워진 교회이름과 설립자, 장로, 목회자, 선교사들의 이름을 살펴보았다. 18년 동안 그들이 협력해서 세운 교회가 무려 92개나 된다. 여기에 에는 명동교회 여전도회가 정재면 조사와 함께 개척한 '수처'교회가 포함되지 않았으며 또한 노회 의안에서 언급된 21개 교회도 포함되지 않았다.

당시 교회는 당회가 있는 조직교회와 당회가 없는 미조직교회와 전도 초기 단계에 세워진 작은 기도처로 구성되어 있었다.[45] 일본군이 경신대 학살을 자행한 후에 교회 방화에 대한 비난에 직면하자 교회가 아니라 '곳곳에 있는 모옥'[46]을 소각했다고 말하였는데 그 것이 바로 기도처였을 것이다. 북경대학 조선문화연구소에 발간한 《종교사》 152쪽에 보면 1922년 캐나다장로회 교회는 조직교회 30개, 미조직교회 57개, 기도처 28개로 총 115개로 나온다. 본 글에서 계수된 92개라는 숫자가 과장이 아니고 거의 사실에 부합하다는 말이다. 포은동교회를 비롯하여 몇 개의 교회 이름이 본 글에서 중복되고 있지만 앞으로 계속 노력하여 20여 개의 이름을 더 찾아내야 할 것이다.

6. 독립운동을 추동한 교회들과 설립자들

1) 독립운동을 추동한 교회들
이름이 파악된 92개 교회들 대부분이 북간도의 독립운동의 진원지로서 독립운동을 추동하였다. 교회는 구국신앙과 구국교육론으로 무장되었으며 교육 활동과 사회참여 곧 간민자치활동으로 1900년대 초반 20여 년간의 독립운동을 견인하였다.

1928년 조사표에 의하면 캐나다장로회에 속한 조선인 목사(교회)가 운영하는 학교가 44개였으며, 1926년 조사표에 의하면 캐나다장로회 선교부가 운영하는 학교는 19개였다. 이는 거의 모든 교회 산하에 근대식 학교가 있었다는 말이 된다.[47)]

용정시교회는 영신학교, 양무정자교회는 제3소학교, 와룡동교회는 창동학교, 명동교회는 명동학교, 호천포교회는 청호학교, 만진기교회는 대흥학교, 대황구교회는 북일학교, 계림촌교회는 진명학교, 구세동교회는 숭신학교, 동불사교회는 광신학교, 장은평교회는 보진학교, 정동교회(자동 소재)는 정동학교, 걸만동교회는 화성학교, 간장암교회는 흥동학교, 신풍교회는 신풍학교, 구호동교회는 신흥학교, 소회막동교회는 길성학교, 신흥동교회는 신흥학교, 광동동교회는 광동학교, 장흥동교회는 진동학교, 노두구교회는 혜성학교, 장동교회는 창동(彰東)학교, 남평동교회는 덕성학교, 소영자교회는 길동기독학당(광성학교), 구사평교회는 구사평학교, 송전동교회는 송동학교, 남양동교회는 덕성학교, 남별리교회는 남별리사숙, 동구교회에 영생학교, 연통라자교회는 광동학교, 소흥기하교회는 양성제학교, 남구교회는 정민학교, 낙타하자교회는 공진학교, 석상하자는 기독동명학교, 합명당교회는 보진학교를 세워서 독립운동의 골간이 되는 인재를 양성하였다.[48)] 이들 학교 중에서 용정3·13만세시위를 강력하게 추진하며 '독립운동의사부'를 강박한 학생들은 정동교회의 정동학교, 와룡동교회의 창동학교, 국자가교회(소영자교회)의 광성학교 그리고 명동교회의 명동학교의 학생들이었으며 4개 학교 학생들을 중심으로 해서 '국민회군'의 근간이 되는 '충렬대'와 '청년맹호단'이 조직되었다. 장암동의 영신학교(흥동학교) 또한 교사들과 학생들이 중심이 되어 '기독교동지청년회'를 조직하여 왕성한 활동을 벌였다.

교회의 독립운동의 또 다른 한축은 조선 이주민들의 권익과 협동을 추구하는 간민자치운동으로 나타났다. '간민교육회'는 1909년에 조선인 간민들의 민족교육과 자치, 생활향상을 표방하며 북간도 전체를 아우르는 자치단체로서 초대회장 이동춘을 비롯하여 용정시교회의 박무림과 구춘선, 용정중앙교회의 정재면, 명동교회의 박찬익이 설립에 앞장섰다. 1910년의 주요성원들 또한 용정시교회, 용정정중앙교회, 명동교회에 속한 인사들이 많았다.

간민교육회 뒤를 이어서 북간도 조선인 자치를 표방하며 1913년 4월에 창립대회를 가진 '간민회' 주요 성원 또한 캐나다장로회 지교회 명동교회, 용정시교회, 용정중앙교회, 와룡동교회, 합명당교회 지도자들이었다. 화룡현분회의 지도자들 또한 그 지역 안에 있는 장로회교회 소속인사들이 태반이었고 연길현 분회도 비슷하였다.

용정의 3·13만세시위는 장로회 인사들이 1919년 1월 25일에 국자가 소영자에서 소집된 '기독교전도대회총회'로부터 시발되었다. 그들은 러시아 연해주의 한인들과 함께 독립운동을 전개하기 위하여 운동을 주동적으로 이끌어갈 지역 대표 30여 명의 대표를 선출하였고 2차 모임에서 김약연, 정재면, 리중집을 연해주로, 강봉우를 조선 국내로 파견하여 공동투쟁을 도모하기로 하였다. 그 후 구춘선, 김영학, 고평을 비롯한 독립운동가 33인이 2월 18일과 20일에 걸쳐서 국자가 하장리 박동원의 집과 국자가 적암평 리동식의 집에서 회의를 열고 독립운동의 형식과 방법에 대한 의견을 교환하였다. 그들은 모임에서 3가지 사항을 결의하였다. 첫째, 연변 내 각 교회와 모든 단체는 단결, 협력하여 독립운동에 힘을 다할 것, 둘째, 연변 내 모든 단체는 연해주에서 〈독립선언서〉의 공포와 동시에 독립시위운동을 전개할 것, 셋째, 〈독립선언서〉가 발표되면 연변지구의 각 단체는 룡정에 모여 독립시위를 전개할 것 등을 결의하였다.49) 이밖에도 독립운동의사부를 설립하기로 결정함과 동시에 시위행진 시 일제 군경과 물리적인 충돌이 있을 경우를 대비하여 광복단을 조직하고 연변지구를 연길, 룡정, 자동, 팔도구, 평강 등 5개 구역으로 나누고 각 지역의 적임자를 임명하였다. 연길에는 김영학, 리홍준, 박동원, 리성근, 룡정촌에는 김정, 자동에는 백유정, 팔도구에는 류례군, 평강에는 고동환이 각각 임명되었다.50) 그 후 조선의 3·1운동의 소식을 전해들은 그들은 3월 8일에 비밀회의를 열고 3월 13일에 룡정촌에서 '조선독립축하회'라는 명목으로 군중집회를 열기로 하였다. 그리고 회장에 장로회 목사 김영학, 부회장에 배형식을 선출하였으며 연변의 각계각층의 인사들에게 독립만세시위 참여할 것을 호소하였다. 그리하여 3만 명이 모이는 3·13용정만세시위가 일어났다.

3·13만세시위와 같은 날에 연길현 이도구와 화룡현 양무정자에서도 만세시위가 있었는데 이 두 개의 만세시위에 이도구교회, 장은평교회, 양무정자교회, 화용현교회가 참여하여 '조선독립만세'를 열창하였다. 3·20 훈춘만세시위에는 황병길과 로종환, 리명순, 라정화, 량하구 등이 연통라

자교회와 광동학교, 남별리교회와 남별리사숙, 대황구교회와 북일학교, 동구교회의 동구학교, 전선촌교회의 전선촌학교 그리고 훈춘성내교회가 함께 주도한 시위로 3천여 명이 모였고 두만강대안의 각지 기독교 신도들의 대표도 참가하였다.[51]

3·13용정만세시위. 후에 만들어진 재외 조선인 최대의 독립운동단체인 '간도국민회'의 토대는 처음부터 캐나다장로회 지회였다. 대부분의 주요 성원들이 회장인 구춘선과 부회장인 강구우를 비롯하며 장로회 교회 소속 인사들이었다.[52] 중앙총회는 합명당교회가 있는 하마탕에 본부를 두었으며 후에는 의란구 구룡평으로 옮겼는데 의란구에는 의란골남교회와 의란골북교회가 있었다. 그러나 국민회의 활동, 토의, 연락 장소는 일본 영사관이 간섭할 수 없었던 치외법권 지역인 영국 조계의 캐나다제창병원 지하실 안에 두었다. 본부 아래 5개의 지방총회가 있었는데 중부지방총회는 국자가서구, 동부총회는 연길현 화련리, 남부총회는 화룡현 명동, 서부총회는 숭례향 명월구, 북부총회는 연길현 합수평 리대방자에 두었으며 1920년 8월 통계에 의하면 촌지회가 총 100여 개에 있었다.[53] 당시 국민회 회원이 8,000명이며 지회가 100여 개에 이르렀다는 것은 당시 캐나다장로회 교인 수와 지회 숫자와 맞아 떨어진다. 또한 국민회 본부가 정부나 할 수 있는 '군적등기회'를 반포하고 징집령을 내리고 군자금을 많이 모금할 수 있었던 것은 캐나다장로회 지회 배경이 있었기 때문에 가능하였던 것으로 보인다..

훈춘현의 독립운동의 역사를 찬란하게 수놓는 '훈춘한민회'의 배경도 캐나다장로회 교회이다. '한민회'의 전신은 '기독교교우회'이며 황병길과 오병묵이 교우들의 신앙교류와 복음전파, 학교 건립과 구국교육, 독립운동 및 계몽활동과 미신타파에 목적을 두고 10년 가까이 훈춘성내교회, 하다문교회, 전선촌교회, 신풍교회, 대황구교회, 차대인구교회 등의 지도자들과 함께 운동을 이끌었다.

2) 캐나다장로회 지교회 설립자들의 독립운동

구춘선 : 용정시교회의 창립자인 구춘선은 길동전도대, 간민교육회, 간민회의 주요성원이었으며 3·13만세시위를 주도한 독립의사부의 회장이었으며, 3월 26일에는 국자가에서 2천 명이 모이는 만세시위를 주도하였다. 용정 시위 후에 만들어진 조선독립기성총회와 간도국민회의 회장직을 맡았다. 그는 국민회의 회장으로서 '국민회군'을 창설하였으며 봉오동전투와 청산리전투의 승전의 토대를 닦았다. 그는 하마탕교회 조사였으며 하마탕에 보진학교를 세웠다.

남공선 : 와룡교회 창립자 중의 한 사람인 남공선은 와룡동에서 와룡농장학원을 운영하며 간민교육회 활동에 참여를 하였으며 간민회에서 '법률연구부' 과장을 맡았고 1917년 러시아로 이주하여 《한족공보》 주필로 활동하였다.

정재면 : 용정중앙교회 창립자인 정재면은 신민회에 소속된 인사로서 명동학교 선생으로 초빙 받아 용정으로 이주하였다. 그는 명동촌 사람들에게 복음을 전하였으며 명동학교 설립에 많은 부분 기여하였다. 그는 길동전도대, 간민교육회, 간민회, 한족독립기성총회, 간도국민회에서 주요

한 역할을 맡아서 감당하였으며 구국교육과 구국신앙을 제창하였다. 많은 교회를 설립하였으며 나중에는 신학을 하여 목사 임직을 받았다.

김약연 : 명동교회 창립자인 김약연은 길동전도대, 간민교육회, 간민회에서 주요성원으로 활동하였으며 명동학교를 세웠다. 평양신학교 1년 수학 후에 명동교회 목사가 되었고 은진학교 이사장으로 활동하였다.

김하규: 명동교회 창립자인 김하규는 김약연과 함께 명동학교를 세웠고 길동전도대와 간민교육회에서 활동하였다.

김정규 : 명동교회 창립자인 김정규는 김약연과 함께 명동학교를 세웠고 후에 교장으로서 활동하였다. 간민교육회 회원이었다.

최봉렬 : 호천포교회 창립자인 최봉렬은 청호학교 교사로 활동하였으며 간민교육회와 간민회 회원으로 활동하였다.

오병묵 : 훈춘성내 교회 창립자인 오병묵은 와룡동 창동중학교와 남별리학교의의 교사로 활동하면서 황병길과 함께 '기독교교우회'를 조직하여 민족교육과 독립정신을 고취하였다.

황병길 : 연통라자교회 및 훈춘성내 교회 창립자인 황병길은 '기독교교우회'를 조직해서 복음전파와 독립운동, 미신타파와 근대교육을 실시하였다. 3·13용정만세시위 후에 3월 20일, 3월 30일, 4월 1일 3차례에 걸쳐

서 훈춘현 만세시위를 주도하였다. '훈춘한민회'를 조직하여 교섭계장과 경비대장의 임무를 맡았으며 1919년 7월에 결사대를 모집하여 '급진단'을 만들었으며 강병일의 '의사단', 최경천의 '포수단'과 연합하여 '훈춘한민회 군사부'를 만들어서 무장독립투쟁의 선두에 나섰다. 그는 신풍학교를 세웠으며 교회와 지사들의 학교 설립을 적극 지원하였다.

김강 : 차대인구교회를 설립한 김강은 105인 사건의 수사를 피해 북간도로 망명하였다. 간민회 일본조사부원으로 활동하였다. 그 후에 대동협신회, 동제회에 가입하였으며 1919년 3·13용정만세시위 후, 간도국민회에서 활동하였으며 서성권, 강백규 등과 함께 간도청년회를 조직하였으며 1920년 11월에 일본 기병연대에 체포된 뒤 연길현 동불사 북구에서 피살되었다.

한수현 : 만진기교회 설립자인 한수현은 청호학교 교사로서 활동하였다. 간민교육회와 간민회 회원으로 활동하였다.

양진섭 : 장은평의 설립자인 양진섭은 보진학교를 세웠으며 교장으로 활동하였다. 간민교육회와 간민회 활동과 간도국민회 지회 활동에 적극적으로 참여하였다.

김계안 : 적안평교회와 낙타하교회 설립자인 김계안은 1909년부터 조사로서 북간도 교회들을 순회하며 전도하였다. 1913년 용정시교회에서 장로 장립되었으면 북간도 교회설립과 부흥에 큰 기여를 하였다.

유한풍 : 정동교회 설립자인 유한풍은 강백규, 강익태와 함께 자동촌 후저동 농가 한 채를 사서 정동서숙을 시작하였다. 유한풍은 정동서숙의 학감으로 일하였으며 간민교육회, 간민회 성원으로 활동하였다.

강익태 : 정동교회 설립자인 강익태는 정동중학교의 교사로 활동하였다.

강백규 : 간장암교회 설립자 강백규는 정동서숙과 호천포에 청호학교를 설립하였다. 그는 서전서숙에서 수학하였으며 간민교육회, 간민회의 주요 성원이었다. 그는 조선독립운동의사부의 일원으로 3월 8일에 김영학과 함께 비밀회의를 열고 3월 13일에 룡정촌에서 조선독립축하회 명목으로 대중집회를 열기로 결정하였다. 3·13용정만세시위 후에 조직된 조선독립기성총회의 통신부원으로 활동하였으며 조선독립기성총회가 간도국민회로 재편성되자 와룡동에서 서성권, 강상모, 김강 등과 간도청년회를 만들었고 후에는 무장독립운동단체인 대한청년단을 조직하여 무력투쟁을 하기도 하였다.

김동희 : 간장암교회 설립자 김동희는 1919년 1월 25일 국자가 소영자에서 열린 기독교대전도총회에서 만세운동을 전개할 30여 명의 비밀요원으로 선발되어 의란구지역을 책임 맡았다.

맹정국 : 금당촌교회 창립자인 맹정국은 훈춘한민회 군사부 참사로서 1920년 초부터 무장투쟁을 시작하여 일본헌병주재소 습격, 경원군 일본수비대 사살, 모연금 등의 한민회 군사부 활동에 참여하였다.

오재영 : 금당촌교회의 설립자인 오재영은 금당서숙을 설립하여 학생들에게 민족의식을 심어주고 항일사상을 선양하였다.

김순문 : 의란구남 탕동교회 설립자인 김순문은 조선독립기성총회의 의사부원으로 활동하였다.

이동춘 : 마적달교회 창립자인 이동춘은 양정학당의 설립자로 한국과 중국 학생들을 위하 국제학교를 만들었다. 소영자 길동기독학당의 교장으로 재직하였으며 간민교육회를 조직해서 회장으로 활동하였으며 간민교육회 대표로서 정재면, 박찬익, 장기영과 함께 중화민국 부총통 여원홍을 면담하여 간민자치회 성립인가와 지지와 원조를 청원하였다. 간민회에서는 식산과장으로서 간민들의 의식주개선과 생활향상을 위해 수고하였다. 농상회를 만들어서 농업과 상업 진흥을 표방하며 민족의식을 고취하고 독립운동을 꾀하였다. 대한인국민회 간도책임자였으며 길림변무독판 오록정의 임명으로 변무공서 직원으로 공무를 보면서 간민교육회와 간민회가 중국 정부의 보호와 혜택을 받을 수 있도록 만들었다.

계봉우 : 합명당교회의 설립자인 계봉우는 1910년 12월에 북간도로 망명하였다. 길동전도대, 간민교육회와 간민회에 활동을 하였으며 화룡현 구세동의 기독교 소학교, 광성중학교에서 교사로 일하였다. 그는 청년친목회와 대동신협회 회원으로 활동하며 그는 대동신협회 기관지인 대진의 주필로서 역사와 수신교과서를 집필하였다.

이종식 : 구세동교회를 세운 이종식은 구세동교회 산하의 기독교회소학교와 숭신학교에서 교사로 일하였다.

허상훈 : 1914년, 김내범 목사와 함께 교회를 설립한 그는 1921년 간도노회 설립시 부서기직을 맡았으며 그는 1941년 캐나다장로회 선교부가 용정에서 강제로 철수당할 때 선교부에게 제창병원 관련 재산 관리를 부탁받았다.

박창익 : 창강교회 창립자인 박창익(朴昌翊)은 명동교회 성도였으며 박찬익(朴贊翊)과 동일인이다. 간민교육회 부회장이었다. 1912년 간민교육회 대표로 이동춘, 정재면, 장기영과 함께 북경 중화민국 부총통인 여원홍을 만나서 조선인자치 인가와 민국정부의 지지와 원조를 요청하였다. 그후 간민회 서기로 활동하였다.

이명순 : 남별리교회 창립자 이명순은 남별리학교의 교사, 1919년 4월 훈춘한민회를 조직하여 회장으로 활동하였다. 1920년 5월에 간도국민회와 연합하였으나 지방조직을 유지시키며 활동하였다. 1919년 말에 한민회는 훈춘현 각지에 29개 지부가 설치되었으며 국민회와 연합 후에 한민회 100명의 군인을 북로도독부에 인계하고 다시 군인을 모집하였다. 이명순은 1920년 11월 4일 일본군 19사단 38여단과 삼도구에서 교전 중 전사하였다.

조성극 : 노두동과 남양동교회의 창립자인 조성극은 제창병원에서 의

사수련을 받아 의사가 된 제창병원 수련의 1기생이다.

이태현 : 신흥교회 창립자인 이태현은 연길현 적안평 배문학교의 교사로 활동하였다.

김관식 : 중강자교회를 창립자 김관식은 보성전문학교 법과를 졸업한 후 북간도로 가는 도중 함경남도 이원에서 중학교 교사로 재직하였다. 그는 당시 기독교에 입교하여 회령지역 순회전도사로 활동하다가 1917년 경흥교회 장로가 되었으며 1919년 4월 12일 용정에서 5천명 모이는 만세시위 집회를 이끌었으며 임시정부 군자금모집위원으로 활동하였다. 1921년 평양신학교를 졸업하고 캐나다 토론토와 미국 프린스턴신학교에서 유학하여 구약을 전공하였다.

김내범 : 교회 창립자인 김내범은 1913년 평양장로회 신학교를 졸업하고 목사 안수를 받았으며 같은 해 9월 15일에 용정에 도착하여 북간도 순회목사로 첫발을 디뎠다. 간민회의 활동을 지지하며 간민자치와 교육에 앞장섰고 3·13만세시위에 참여하였다. 1921년 간도노회를 설립하고 초대 노회장이 되었다.

박무림 : 용정시교회 창립자인 박무림(박정서)은 신민회의 멤버로서 이상설과 함께 1906년 가을에 용정으로 왔다. 이상설이 용정촌 기독교인 최병익의 집을 사서 서전서숙을 세울 때 함께 창립자가 되었다. 그러나 1907년 이상설이 헤이그로 떠나면서 서전서숙이 문을 닫게 되자 그는 명

동촌으로 가서 서전서숙 출신인 김학연과 함께 명동서숙을 세우고 숙장이 되었다. 그는 간민교육회와 간민회 주요성원으로 활동하였다.

홍순국 : 용정시교회 창립자인 홍순국은 캐나다선교사 구례선의 어학교사였으며 그와 함께 북간도와 블라디보스토크 지방을 순회 전도하였다. 그는 구례선을 도와서 캐나다장로회의 북간도 선교의 문을 열었다.

한수량 : 호천포교회 창립자인 한수량은 훈춘한민회 군사부 (1920년 5월 이후) 경호대장의 직분을 맡았다. 훈춘 한민회 군사부는 국내진공작전으로 공을 세웠으며 10월에 청산리전투(개척, 394쪽)에 참여하였다. 청산리로 가지 않은 한민회 독립군들은 훈춘 삼도구에서 일본 19사단 38여단 78연대 2개 중대와 교전하여 승리하였으나 이명순 회장과 라정화 참모장이 전사하였다.

국자가교회 장로 유찬희 : 한족독립기성총회 재무부원으로 임명되었으며 간도국민회에서는 재무부장의 직임을 맡았다.(개척, 374, 376쪽)

서성권 : 국자가교회 장로이자 창동학교 교사이며 철혈광복단의 멤버였다. 한족독립기성총회의 재무부원으로 활동하였으며 간도국민회 산하 단체인 간도청년회를 강백규와 함께 창립하여 회장으로서 기독청년들을 독립운동의 길로 이끌었다.

장은평교회 장로 양형식과 이태언 : 장은평교회 설립 멤버들이었으며 국민회 서부지회 주요간부들이었다. 이태언 장로는 장은평 보진학교 교감으로도 활동하였다.

이상으로 1923년까지 캐나다장로회 산하 교회 창립자 또는 지도자로 활동한 36인이 북간도독립운동에 참여한 내용을 개략적으로 살펴보았다. 아직 밝혀지지 않은 대부분 창립자들도 독립운동에 참여했을 것으로 추정이 된다.

한국 교회가 잃어버린 북간도 교회와 독립운동의 역사를 회복하기 위하여, 그리고 이념의 대립과 일제의 종교 박해 속에서 길을 잃어버렸던은 역사를 다시 되풀이하지 않기 위하여 이에 대한 많은 연구들이 있길 희망한다.

7. 북간도교회는 어디에

지금까지 92개의 교회 이름과 설립자들의 면면을 살펴보았다.

당시 교회는 청나라 또는 동북군벌의 위협, 중국 지주들의 위협, 일제 군경의 위협, 마적과 토비들의 위협, 공산주의에 의한 위협 속에서 하나님의 사랑과 정의를 믿었다. 성도들은 독립과 해방의 날을 확신하며 고뇌하며 흔들리며 낙심하며 절망하며 아주 특별한 조선인 디아스포라교회를 세웠다.

북간도 교회는 공동체가 되어

첫째, 성도들의 가난과 수탈과 착취와 안전의 문제를 함께 고민하며 풀어나갔다. 영생동교회, 장은평교회, 구세동교회에서 그 흔적을 볼 수 있다.

둘째, 수평적 교회를 세우고자 하였다. 천민의 삶을 억압하였던 유교의 양반 관료계급의 차별을 인정하지 않았다. 그 흔적을 연통라자교회, 훈춘성내교회, 남별리교회 등에서 볼 수 있다.

셋째, 구국신앙으로 일제 식민지 통치에 저항하였다. 3·13용정만세시위에 참여한 대다수가 캐나다장로회 교우들이었다. 그리고 그 후부터 5월 1일까지 연변에서 46회 만세시위가 열렸는데 천도교와 대종교가 주도한 소수의 집회를 제한 나머지 집회는 장로교회와 지도자들이 주도하였다. 그러므로 일본군은 경신대학살에서 장로교회와 그 마을들을 표적삼아서 초토화시켰다. 청산리 백운평교회, 장암동교회, 의란구교회, 남별리교회, 금당촌 교회 등 50여 개에 이르는 교회가 불에 탔거나 참변을 당하였다.

넷째, 활발한 구국교육의 장이 되었다. 1928년 조사표에 의하면 캐나다장로회에 속한 교회와 캐나다장로회 선교부가 운영하는 학교가 60여 개였으며, 서굉일은 《북간도민족운동의 선구자 규암 김약연선생》238쪽에서 《십자군》이라는 잡지에 나온 글을 재인용하여 1913년에 북간도 캐나다장로회 산하에 교회와 학교가 병립한 교회가 36개였다고 쓰고 있다. 위에서 언급한 대로 대부분의 교회들이 산하에 학교를 세웠다. 3·13 용정만세시위 준비과정에서 학생 동원을 맡았던 정동학교, 광성학교, 창동학교, 명동학교가 다 미션스쿨이었다.

다섯째, 사회주의 사조에 휩쓸려 교회가 내홍과 분규를 겪으며 양분되었다. 교회 내 진보주의자들은 계급혁명과 소비에트정권 옹호와 약소민족 해방을 약속한 레닌과 연대를 주장하는 이동휘가 위원장으로 있는 고려공산당에 가입하면서 교회에서 떠났다. 남은 자들은 사회주의의 흐름으로부터 공격당하며 흔들리는 교회를 지키고자 방어적이고 보수적인 자세로 악전고투를 벌여야 했다. 안타깝게도 간도국민회는 진보 크리스천의 대표격인 이동휘가 임시정부를 탈퇴한 후에 구춘선회장을 비롯한 간부들이 공산당에 가입하면서 자동적으로 해체되었다. 일본군에게 최초의 참패를 안겨주었던 조선의 최대 기독교 독립운동단체인 간도국민회가 사회주의가 던진 이념분규로 말미암아 스스로 무너진 것은 오늘 우리 한국교회에 경종이 아닐 수 없다. 1930년을 전후하여 사회주의 흐름이 대세가 된 북간도에서 교회와 미션 스쿨은 제국주의의 앞잡이, 아편과 미신으로 매도당하면서 북간도에 뿌려진 복음을 지키며 디아스포라 조선인들과 함께 고난과 고통을 함께 나누었다.

북간도 교회 설립자들에게 몇 가지 공통점이 있다.
첫째, 그들은 예수 그리스도를 구세주로 믿었다. 어디에서도 자유롭지 못하며 쉴 수가 없었던 그들은 교회 안에서 자유와 평안과 위로를 받았다. 교회는 그들에게 피난처였으며 안식처였다. 이방인으로서 유리 방랑하며 고달프게 살던 그들은 십자가에서 절대 평화와 구원, 절대사랑과 희망을 체험하였다. 그들은 캐나다장로회의 치외법권 영역 속에서 보호를 받으면서 과거의 자신들처럼 불안과 공포, 절대절망에 빠져 있는 북간도의 동포들을 절망과 죽음에서 구원하고자 화산 같은 가슴으로 복음을 전하였다.

둘째, 교육 구국의 의지를 가진 독립 운동가들이었다.

그들은 학교 창립자 또는 교장과 교사로서 민족교육을 주도하였으며 역사의식을 강조하였다.

그들은 독립운동을 위한 인재를 양성하기 위해 체육과 군사훈련까지도 모색하였다. 교육 구국의 신념으로 양육한 학생들이 3·13용정만세시위 학생동원과 질서와 안전 유지를 책임졌다. 그리고 훈춘현, 연길현, 화룡현 만세시위에서도 기동성과 조직력을 발휘하였다. 그 후 그들은 독립운동단체를 만들었으며 청년들과 함께 봉오동전투와 청산리전투에 참여하기도 하였다. 3·13만세시위에서 주도적인 역할을 했던 와룡동 창동학교와 명동학교는 교회 설립자들이 세운 학교이고 광성학교와 정동학교에는 교회 설립자들이 교사로서 학생 교육을 주도한 학교들로서 많은 독립운동의 인재들을 배출하였다.

셋째, 구국 신앙을 가진 독립 운동가들이었다.

그들은 서양의 국가들처럼 조선인들이 기독교를 믿고 개화되어 생활과 사회가 근대화되면 나라를 되찾게 될 것이라는 확신을 가졌다. 그들은 한 마을에 한 개 교회와 한 개 학교를 세우려는 의지를 가지고 교회와 학교 설립을 동시에 추진하였다. 뿐만 아니라 캐나다 선교사들의 독립운동 지지는 그들에게 기폭제와 울타리가 되어주었다. 그들은 성경 공부와 사경회, 시찰회와 노회, 청년회를 비롯한 각종 신도회 활동을 통해서 함께 기도하며 독립의연금을 모으며 정보를 교환하였다. 드디어 1919년 1월 25일 국자가 소영자에서 열린 기독교대전도총회에서 그들은 파리강화회의 참여한 김규식의 요구대로 조선인의 독립의지를 만세계에 알릴 만세운동을 전개할 준비를 위해 30여 명의 비밀요원을 선발하여 북간도 지역을 분담하였다. 그리고 전 북간도 조선인들의 독립운동을 지휘할 '조선독립운동의사부' 만들었고 3월 13일에 룡정촌에서 '조선독립축하회'라는 명목으로 군중집회를 열기로 결정하였다. 그리고 회장에 장로회 목사 김영학, 부회장에 배형식을 선출하였으며 연변의 각계각층의 인사들에게 독립만세시위 참여할 것을 호소하였다. 그리하여 3만 명이 모이는 경천동지할 3·13용정만세시위가 일어났다.

1900년대 초반 4반세기 북간도는 조선독립운동으로 화산처럼 끓어올랐다. 그 중심에 캐나다장로회 교회들이 있었고 교회 창립자들이 있었다. 그들은 '간민교육회'와 '간민회' 창립자들이었고 주요멤버들이었다. 뿐만 아니라 3·13만세시위 후에 '간도국민회'와 '훈춘한민회' 등을 조직하여 무장독립운동사에 길이 빛날 봉오동전투와 청산리전투를 승리로 이끌었다. 그 결과로 교회는 1920년 일본군의 '경신대학살'의 표적이 되었으며 그 대가를 가혹하게 치러야 했다.

북간도 조선인 디아스포라들의 화산처럼 뜨거운 신앙고백, 투철한 구국교육과 가슴 절절한 구국신앙과 그리고 사회주의 사조로 인한 각 분야의 내홍은 오늘 코로나 사태에 직면한 한국교회에 많은 것을 시사해준다. 20년대에 북간도 교회가 겪은 진보와 보수의 갈등은 해방이후 한국교회가 겪은 갈등의 예고편이었다.

실로 북간도 교회는 하나님께서 우리 민족에게 주신 모세의 광야교회였다. 광야교회는 우리가 길을 잃을 때 돌아가는 모형의 교회이며 한국교회의 DNA가 되어야 하는 십자가를 진 교회이다. 그러나 한국기독교사에는 북간도 교회의 자리가 없다. 민경배가 쓴 《한국기독교회사》에도, 김명구가 쓴 한국 기독교 역사 1 《복음주의자 시각으로 보는 한국의 기독교 역사, 1945년까지》에도 옥성득이 쓴 《다시 쓰는 초대 한국교회사》에도 북간도교회는 전혀 거론되지 않는다.

교회가 있었던 곳은 그들의 조국이 아니어서 그들을 추모하지 않고 그들의 조국은 그들을 잊어서 추모하지 않는다. 교회 또한 그들을 어둠 속에 묻었다.

북간도의 독립운동은 자랑하면서 독립운동의 모체였던 교회는 제거해 버린 역사 왜곡과 침묵이 가슴 아프다.

미주

1). 윌리엄 스코트 저《한국에 온 캐나다 사람들》, 82쪽

2). 양전백, 함태영, 김영훈 원저, 이교남 번역, 《조선예수교장로회사기 상》, 60, 61쪽

3). 선교사공의회시대 – 조선에 기독교가 전파된 지 10년 미만에 교회가 많이 세워졌지만 상회가 없어서 여러 위원들이 공의회를 조직하여 적법대로 설립할 치리회가 구성되기 전까지 전권으로 치리하는 상회를 만들었다. 1893년에서 1900녀까지 선교사들이 공의회를 주도하였기 때문에 선교사공의회시대 라고 명명하였다.

4). 양전백, 함태영, 김영훈 원저, 번역 이교남, 《조선예수교장로회사기 상》, 35쪽

5). 호이전, 문홍복 주필, 《연변문사자료 제 8집, 종교사료전집》, 118쪽

6). 화룡현이다. 호이전, 문홍복 주필, 《연변문사자료 제 8집, 종교사료전집》, 118쪽 북경대학 조선문화연구소 편, 《종교사》, 148쪽

7). 이병하의 오기. 북경대학 조선문화연구소 편, 《종교사》, 148쪽에는 리병하로 나온다.

8). 《연변문사자료 제8집》, 119쪽에 의하면 탕동교회는 의란구교회이다. 의란구에는 의란구 남교회, 의란구북교회가 있었다고 한다.

9) 서굉일의 책, 《북간도민족운동의 선구자 규암 김약연선생》 198쪽은 1911년부터 3년간 열성적으로 전도한 결과 36개의 교회가 개척되었다고 하나 교회 이름이 없다.

10). 김내범 목사가 많은 교회를 혼자 개척해서 세웠다는 뜻이 아니다. 교인들이 개척해서 시작한 교회를 캐나다장로회에 등록하고 공식적인 교회로 출범시켰다는 뜻이다.

11). 양전백, 함태영, 김영훈 원저, 번역 이교남, 《조선예수교장로회사기 상》, 359쪽 설립된 교회 이름이 나오지 않는다. 이름이 빠지게 된 것이 함경노회 노회록의 실수인지, 《조선예수교장로회사기》의 편집과 번역 과정의 실수인지 알 길이 없다.

12). 호이전, 문홍복 주필, 《연변문사자료 제 8집, 종교사료전집》, 119쪽은 혜례성남교회로 표기하고 있다.

13). 호이전, 문홍복 주필, 《연변문사자료 제 8집, 종교사료전집》, 119쪽은 희망동교회로

표기하고 있다.

14) 혼춘은 훈춘과 동일지명이다.

15) 최학천 학살에 대한 기록은《조선예수교장로회사기 상》, 361쪽에 나온다.

16) 이명순의 학살에 대한 기록은 김연옥이 번역한《조선군사령부 간도출병사》, 55쪽에 나온다.

17) 최석숭 저,《훈춘조선족이민사》에는 1915년에 세워진 교회로 서문밖교회, 포은동교회, 구사평교회, 금당촌교회, 옥천동교회, 두도구교회가 나온다. 그러나 연변에서 나온《종교사료전집》과《조선예수교장로회사기 하》에 구사평, 금당촌, 옥천동, 두도구교회 설립된 해가 분명하므로 본 글에서는 서문밖교회와 포은동교회만 1915년에 설립된 교회로 정리하였다.

18)《연변문사자료 제 8집, 종교사료전집》, 119쪽에 의하면 대양동교회이며 설립자가 박리섭으로 나온다.

19)《연변문사자료 제 8집, 종교사료전집》, 119쪽에 의하면 동불사교회이며 리하원이 설립자이다.

20)《연변문사자료 제 8집, 종교사료전집》, 119쪽에 의하면 회막동교회이며 리춘삼이 설립자이다.

21) 황병길이 연해주에서 돌아와 거주를 시작하여 만든 조선인마을 연통라자이다.

22)《연변문사자료 제 8집, 종교사료전집》, 119쪽에 의하면 관지골교회이다.

23) 훈춘 숭례향의 소홍기하교회는 최석숭의《훈춘조선족이민사》, 284쪽에 나온다.

24) 훈춘 용지향의 송전동교회는 최석숭의《훈춘조선족이민사》, 284쪽에 나온다.

25) 훈춘 용지향의 장성촌교회는 최석숭의《훈춘조선족이민사》, 284쪽에 나온다.

26)《조선예수교장로회사기 하》581쪽에 나오는 1917년 11월 함북노회가 허락한 장로에 관한 문건에 시거우교회, 로구산교회가 나온다. 이교회들은 설립된 교회 명단에 나오지 않으므로 누가 언제 어디에 세웠는가를 밝혀야 할 것이다.
《조선예수교장로회사기 하》582 쪽에 나오는 관도거우교회, 의랑거우교회. 583쪽에 나 오는 천보산교회, 586쪽에 나오는 장인강교회, 남양천교회, 588쪽에 나오는 구호동교회. 589쪽에 나오는 황거우교회 591쪽에 천동교회, 592쪽에 나오는 동불사교회, 593쪽에 나 오는 옹성나자교회, 잠박골교회, 치도구교회, 달나자교회, 창동교회도 언제 누구에 의해서 어디에 세워졌는지 반드시 짚어야 할 것이다.

27) 룡섬매자교회이다.

28) 장동동교회는《연변문사자료 8집》119쪽에 나온다.

29) 용지향에 삼도구교회 설립은《훈춘조선족이민사》284쪽에 나온다.

30) 19명은 3·13용정만세시위 시 중국군경들의 발포로 현장에서 즉사한 10명(박상진, 정 시익, 공덕흡, 김태균, 김승록, 현봉률, 리균필, 박문호, 김흥식, 장학관)과 병원에서 사망한 4인(최익선, 현상로, 리유주, 차정룡)과 장례식 後에 사망한 5명(김병영, 채창헌, 김종 묵, 원용서, 허준언)이다.

31)《조선예수교장로회사기 하》, 612, 613쪽은 3·13만세운동으로 1920년에 간도지역 당한 참변을 기록하고 있다. 그러나 이 기록은 핍박을 당한 일부 교회의 기록에 불과하다.

32)《조선예수교장로회사기 하》, 613 쪽

33) 같은 책 614쪽

34) 정협룡정현문사자료연구위원회 편,《룡정문사자료 제 2집》, 154쪽
《연변문사자료 제 8집, 종교사료전집》, 119쪽

35) 정협룡정현문사자료연구위원회 편,《룡정문사자료 제 2집》, 154쪽
《연변문사자료 제 8집, 종교사료전집》, 119쪽

36) 최석승 저,《훈춘조선족이민사》, 284쪽

37)《조선예수교장로회사기 하》, 678쪽

38)《조선예수교장로회사기 하》, 678쪽

39) 최석승 저,《훈춘조선족이민사》, 284쪽

40) 최석승 저,《훈춘조선족이민사》, 284쪽

41) 포은동교회,《조선예수교장로회사기 하》, 685쪽, 최석숭저,《훈춘조선족이민사》283쪽 에 나오는 포은동교회와 동명이므로 설립상황이 다르므로 기록은 했지만 설립된

교회 숫 자 계산에는 포함시키지 않았음.

42) 삼국전도회 자산에 대한 기록. 건물이 용정에 있으며 노회에 기부한다는 내용이다.
《조선예수교장로회사기 하》, 680쪽

43) 김춘선 주필,《중국조선족사료전집 철학종교편 2권》, 486쪽

44) 최석승 저,《훈춘조선족이민사》, 284쪽

45) 류병호 저,《중국조선민족문화사대계 6 종교사》, 152쪽

46) 김연옥 역,《조선군사령부 間島出兵》, 105쪽

47) 중국조선족교육사 42~44쪽, 중국조선족교육사 집필소조《중국조선족교육사》, 42~44쪽

48) 허청선, 강영덕 주편,《중국조선민족교육사료집 1》, 465~471쪽

49) 양소전, 차철구 외 3인,《조선족혁명투쟁사》, 163쪽

50) 양소전, 차철구 외 3인,《조선족혁명투쟁사》, 164쪽

51) 룡정 3·13 기념사업회 편찬,《룡정3.13반일운동 80돐 기념문집》, 96, 97쪽

52) 중국조선민족발자취총서편집,《개척》, 376 쪽

53) 같은 책 377쪽
룡정 3·13기념사업회 편찬,《룡정 3·13반일운동 80돐 기념문집》, 51쪽

참고서적

• 양전백, 함태영, 김영훈 원저,《조선예수교장로회사기 상》, 한국기독교사연구소, 2018

• 차재명 원저,《조선예수교장로회사기 상》, 한국기독교사연구소, 2017

• 중국조선족교육사 집필소조,《중국조선족교육사》, 동북조선민족교육출판사, 1990

• 허청선, 강영덕 주편,《중국조선족교육사료집 1》, 연변교육출판사, 2002

• 김춘선 주필,《중국조선족사료전집 철학종교편2》, 연변인민출판사, 2013

• 류병호 저,《중국조선민족문화사대계 6 종교사》, 연변교육출판사, 2006

• 호이전, 문홍복 주필,《연변문사자료 제 8집 종교사료전집》, 연변정협문사자료위원

회, 1997

- 김택 주필 외,《연변문사자료 제5집 교육사료전집》, 연변정협문사자료위원회, 1988

- 정협화룡현문사자료연구위원회편,《화룡문사자료 제4집》, 화룡현문사자료위원회, 1992 정협룡정현문사자료연구위원회편,《룡정문사자료 제2집》, 문사자료연구위원회, 1988 김택 주필,《길림조선족》, 연변인민출판사, 1995 김연옥 역《조선군사령부 間島 出兵史》, 경인문화사, 2019

- 서굉일 외,《북간도민족운동의 선구자 규임김약연선생》, 고려글방, 1997

- 중국조선민족발자취총서편집,《개척》, 민족출판사. 1999

- 윌리엄 스코트 저,《한국에 온 캐나다인들》, 한국기독교장로회출판사, 2009

- 김춘선저,《북간도 한인사회의 형성과 민족운동》, 고려대학교 민족문화연구원, 2016

- 최석승 저,《훈춘조선민족 이민사》, 연변교육출판사, 2015

- 양소전, 차철구 외 3인,《조선족혁명투쟁사》, 연변인민출판사, 2005

- 김철수 저,《연변항일사적지 연구》, 연변인민출판사, 2001

- 룡정 3·13 기념사업회 편찬,《룡정3·13반일운동 80돐 기념문집》, 연변인민출판사, 1999

불령선인(不逞鮮人)의 책원지 장암동교회

올해는 간도대학살(간도참변, 경신참변, 경신토벌) 100주년이 되는 해이다.

100년 전 오늘 훈춘, 연길, 화룡, 왕청의 연변에서는 일본군에 의해서 1단계의 불령선인[1] 대학살과 불령선인과 관련된 가옥, 학교, 교회에 대한 방화가 11월 20일로 끝나고 제2단계의 경신대학살이 진행되었다. 2단계는 '잔당숙청'이라는 명목으로 마을과 인근 산림에 대한 반복적인 수색과 비행대 및 국경수비대를 동원한 무력시위가 있었다.

당시 연변 4개현에 살고 있는 조선인의 수는 279,150명[2]이고 당시 불령선인 명목으로 살해당한 수는 장백현과 서간도 일부를 포함하여 6천여 명에 이르렀다. 이는 연변 조선인 69명 중에 1명꼴로 일본군에게 죽임을 당했다는 뜻이요, 연변 4개현 전체가 초상집이 되었으며 죽음의 공포에 시달렸다는 말이다.

심극추는《나의 회고》에서 그 때의 정황을 이렇게 묘사했다.

"가을에 독립군이 돌연적으로 자취를 감추고 겨울부터 일본군기병들이 마을에 들이닥쳤다. 이것이 바로 백성들이 늘 말하는 '경신년토벌'이다. 공포의 소식이 도처에서 마을에 날아 들었다. 왜놈들이 어느 고장에서 많은 청년들을 생매장했고 어느 촌은 불을 질러 평지가 되고 어디에서 짧은 머리 청년을 모두 독립군으로 인정하고 머리를 짤랐다는 등 소식은 사람들로 하여금 소름끼치게 하였다. (중략) 그해 겨울에 온 마을사람들은 한 번도 제대 로 푹 자본 적이 없다. 모두 옷을 입고 신을 신고 누워있다가도 밤중에라도 왜놈들이 불을 지른다면 문을 차고 밖으로 나와 목숨을 보전하려는 것이다.[3)]

그러나 세월은 이런 뼈아픈 사건도 시간의 무덤 속에 묻어버리고 우리로 하여금 수많은 사건 중의 하나, 과거의 역사로 치부하며 망각하게 만든다.

특별히 올해는 코로나 19로 말미암아 사회적인 불안과 파산의 신음소리가 여기저기서 울려 퍼져서 역사를 반추하며 기념하는 것이 진부하고 비현실적인 것처럼 느껴진다. 그럼에도 불구하고 우리를 대신해서 역사의 희생양이 되신 6,000여 영령과 죽음보다 더한 고통을 겪어야 했던 가족들을 생각하며 추모의 시간을 가져본다.

간도대학살은 일본군이 1920년 10월 초부터 1921년 5월 9일까지 만 7개월 동안 북간도와 서간도 일부지역의 조선인들에게 저지른 악마적인 만행이다. 1단계는 10월 14일부터 11월 20일까지 진행되었으며 항일무장독립단체들과 배후기지로 지목되는 부락과 학교, 교회들을 초토화시켰다. 2단계는 11월 21일부터 12월 16일까지 19사단 주력부대의 철거까지로 초토화된 부락들을 반복적으로 수색하며 부락들이 독립운동의 기지로서 재기할 수 없도록 완전 파괴를 시도하였다.

3단계는 12월 17일에서 1921년 5월 9일 일본군의 완전 철수까지로 간도파견대를 기반으로 해서 경찰분서 증설과 총독부 경찰인력 증가, 친일세력 조직과 형성을 통하여 간도 조선인 사회의 감시와 분열을 획책하였다. 일반적으로 말하는 경신대학살은 10월 중순부터 11월 하순 사이에 집중적으로 일어났다.

간도주재 일본총영사관에서는 무장독립운동단체를 물심양면으로 지원하는 북간도지역 조선인 사회를 초토화시켜 독립운동을 근본적으로 뿌리 뽑기 위하여 청산리전투가 끝나기 2달 전에 이미 '불령선인'들의 배후가 되는 〈배일조선인부락조사표〉와 〈배일학교조사표〉를 작성하였다.

조사표에 의하면 연길현에는 이도구 어랑촌, 이도구시장 및 수남촌, 장인강 보이동, 세린하 회막동 부근, 유수하, 묘구일대, 차조구, 동불사 북구 등 21개 부락과 돈향학교, 영신학교, 흥동학교, 배영학교, 진동학교, 명신학교, 보진학교 등 17개 학교가 불령선인과 관련된 것으로 조사되었다.

화룡현에는 상하광포, 류동, 청산리, 청파호, 리수구, 장재촌 등 11개 부락과 명동예수학교, 사립명동녀학교, 창동학교, 정동학교, 화성학교 등 19개 학교가 조사되었다.

왕청현에서는 소황구, 유수하, 대감자, 흑웅동 등 11개 부락과 5개 학교가 조사되었다.

훈춘현의 조사표는 나오지 않았지만 중화민국당안에 나오는 '보고서'에 의하면 서대묘, 대육도구, 탑자구, 마적달, 황구, 채원자, 사도구, 분수령왕가유방, 사도구 간하자 등 27개 부락이 소탕을 당했으며[4] 학교는 숭신학교, 진명학교, 북일학교, 남별리학교를 비롯하여 19개가 방화되었고 교회당 7개가 불에 탔다.[5]

일반적으로 알려진 피해는 임시정부 파견원의 통계에 의한 것으로 1920년 10월과 11월에 훈춘, 화룡, 연길, 왕청 4개 현에서 3,664명이 학살되었고 155명이 체포되었으며 가옥이 1,094동, 학교 59개, 교회당이 19개가 불에 탔고 곡물이 15,580섬이 소실되었다. 그러나 이는 대학살이 자행된 7개월간의 종합적인 수치가 아니고 오직 2달 동안의 피해 보고에 불과하다. 이 분분적인 미완의 통계는 앞으로 연구 결과에 따라 달라질 것으로 전망된다. 앞으로 경신년 대학살은 일본군에 의해서 근대 동북아에서 일어난 민간인 대학살의 제노사이드로 철저하게 진상을 규명하여 전 세계에 알려야 한다.

그러므로 간도대학살을 공부하다보면 조선군사령부[6]의 일본 정규군들이 중국 땅에 들어와서 조선인들을 집단적으로 학살하며 양식과 집을 불태우고 학교와 교회를 파괴를 자행한 악마적인 폭력에 분노하며 일본을 저주하지 않을 수 없게 된다.

100년 전에 일어난 대학살 속에서 하루아침에 과부가 된 천여 명에 이르는 여인들의 곡성을 들으면서 망국 백성의 설움에 하염없이 울지 않을 수 없다.

하루아침에 행복한 가정을 잃은 수많은 아이들의 공포와 정신적 충격, 배고픔과 추위의 고통을 느끼며 일본의 아이들에게 그런 재앙이 임하여 저주와 고통을 당하게 되길 빈다.

천여 채의 불탄 집터에서 정신을 놓아버린 노인들의 처참한 모습이 눈앞에 아른거린다. 독립된 조국에서 혜택을 누리고 살며 단 한 번도 그분들에게 집중하지 못했던 사실이 부끄럽다.

그러나 무엇보다 희생당한 분들이 품었던 독립과 광복에의 꿈이 일본군의 총칼에 하루아침에 물거품이 된 것이 너무 가슴 아파서 울게 된다. 빼앗긴 나라를 찾게 도와달라고 하나님께 무시로 아뢰며 희망에 부풀었던 교우들의 눈물의 기도와 화산처럼 뜨거웠던 열망이 응답이 되지 않고 좌절당했을 때 그분들이 겪었을 아픔과 분노, 통한이 화살이 되어 나를 찌른다.

대학살이 일어난 모든 마을 주민들의 독립을 위한 희생에 가슴을 떨지 않을 수 없다. 아들을 독립군으로 바치고, 독립의연금을 내고, 마을에 독립운동단체인 국민회 지부를 설치하고, 밤낮으로 독립을 위해 기도한 그분들은 실로 독립되지 않은 세상에서 독립을 앞서 살았다. 국민회 지회가 있었던 마을들 대부분이 독립에의 열망으로 화산처럼 불타올랐고 대학살, 대토벌의 대상이 되었다. 그런 마을의 선봉에 불령선인의 책원지인 장암동이 있다.

장암동은 과거에는 연길현 용지사에 속하였지만 현재는 용정시 동성용진 동명촌으로 용정으로부터 동남쪽으로 6킬로미터 떨어져 있는 산비탈에 위치하고 있다. 두만강변의 개산툰으로 부터는 서북쪽으로 8킬로미터 정도 떨어져 있다. 1909년부터 조선간민에 의하여 개간이 되었으며 골짜기에 노루가 많아서 '노루바위골'이라고 불렸으며[7] '간장암'이라고도 한다. 1911년 독립운동가 강백규의 전도로 김영섭, 김동희 등 10여 명이 잇달아 입교함으로써 '간장암교회'가 설립되었으며 김영순 목사의 순회와 지도로 교회가 부흥하여 예배당을 건축하고 현기윤을 장로를 선임하여 교회 업무를 관리하였다.[8] 대부분의 마을 주민들이 크리스천이었으며 간민교육회와 간민회, 국민회의 지도자 중의 한 사람이었던 강백규의 영향으로 뚜렷한 민족의식을 가지고 독립운동에도 적극적으로 참여하였다.

마을에는 주민들이 간민교육회 활동기간에 세운 영신학교(흥동학교 9)또는 장암학교10)라고도 기록됨)가 있었다. 교사들은 모두 크리스천이었으며 투철한 민족의식과 독립정신으로 무장된 독립운동가들이었다. 그들은 2월 중순에 국자가에서 있었던 독립운동 위한 비밀회의에 참석하였고 3·13 용정만세시위 때 학생들과 주민들을 선동하여 함께 적극적으로 참여하였다. 시위가 끝난 뒤 '독립운동의사부' 지도자 한 사람이 장암촌에 밤길에 달려와서 독립선언 축하회 상황보고 및 이후 연락망과 행동방침에 대하여 회의를 열었으며 6월에 영신학교 교내에서 엄주철 외 여러 명이 일본 영사관의 밀정으로 보이는 자 3명을 처단하였다.11)

1919년 6월에 주민들은 장암촌에 국민회 동부지방회 제4지부를 설치하여 지회장에 한국용, 경호구장 겸 서기에 엄주철, 경호원에 남동빈, 이병순 외 5~6명, 통신부장에 김자용, 통신원에 남춘세 외 4인, 외교원에 박사문, 재무원에 한동헌, 서기에 이병욱을 세웠고 사무실을 지회장 집에 두었으며 촌민 대다수가 지회 회원으로 가입하여 활동을 하였다.

1920년 2월에 경호구장 엄주철은 동부지방회장 양도헌으로 부터 다수의 권총을 지원받아서 경호대 부하들에게 보급하였다. 4월 화전사에서 국민회 경호대회가 열렸을 때 경호부장 엄주철 이하 회원들이 참여하였으며, 최명록 도독부의 독립군들이 온성을 습격할 수 있도록 지원하였으며, 의군부와도 연계를 가지고 활동하였다.

영신학교 내에 조직된 대한학생광복단은 촌민들로 하여금 독립의연금을 내도록 격려하였으며 6월에는 지회 경호원 이병순, 남동빈 두 사람이 지방회장의 명령을 수행하여 나자구에 가서 많은 무기를 운반해 동부지방회장인 양도헌에게 전달하고 귀환하였다. 그러므로 일본군은 장암촌을 '불령선인의 책원지'의 하나로 간주하고 대학살을 시도하였다.

1920년 10월 30일 한밤중 0시 30분 용정에 주둔하고 있던 보병 15연대 제3대대 대대장 다이오까에게 명령을 받은 스즈끼 대위는 보병 70여 명, 헌병 3명, 경찰관 2명으로 구성된 토벌대를 거느리고 장암동으로 향하였다. 4시 경에 남양평 수비대와 합세하여 새벽 6시 30분 즈음에 장암동을 포위하였으며 총소리와 고함으로 새벽의 고요를 깨고 주민들을 강제하여 교회마당에 집결시켰다. 그 중 청장년 36명[12]을 독립군과 내통하였다는 죄목으로 포박하여 교회당 안에 가두고 불을 질렀다. 교회당은 순식간에 화염으로 충천하였으며 일본군은 비명을 지르며 불속에서 뛰쳐나오는 사람들을 잔인하게 총창으로 찔러 죽였다. 가족들은 울부짖으며 아버지와 아들이, 젊은이들이 외마디 비명을 지르며 불에 타죽어 가는 고통스러운 장면을 지켜보아야 했다.

국민회 동부지방총회 회장이었던 양도헌, 국민회 간부 최설, 이동빈도 같은 날에 일본군에게 피살당하였다.

당시 용정 제창병원의 원장이었던 S. H. 마틴 선교사는 31일에 장암동을 방문하고 기록을 남겼다.

"일본은 중국의 강력한 경고에 귀를 기울임이 없이, 가능하다면 모든 기독교 신도 특히 모든 청년들을 소멸하려는 기획으로 이 지방에 15,000명의 병력을 출동시켰다. 촌락은 연이어서 매일 조직적으로 소각되었고 청년들은 사살되었다.

(중략)

우리들은 10월 31일(일요일) 날이 막 밝을 무렵, 함께 북경마차를 타고 용정촌을 출발하여 용정촌에서 12리 떨어진 작은 계곡의 곡저(谷底)에 위치한 장암동으로 향했다. 그날은 천장절이었기 때문에 가는 도중 일본 병졸이나 경관 등에게 성가신 (수색을) 당하는 일이 없어 마치 사냥놀이를 보러 외출하러 가는 듯한 심정이었다.

(중략)

10월 30일에 해당 마을에서 실제 발생했던 사항들을 다수 목격자들의 견문대로 기술하고자 한다.

날이 밝은 무렵 무장한 일본 보병의 일대가 기독교 마을을 빈틈없이 포위하고 골짜기 안쪽 방향에 있는 볏단을 쌓아놓은 곳에 방화하고 촌민 일동에게 집밖으로 나오라고 명령하였다.

(중략)

어머니도, 아내도, 자녀들도 마을 내 성년 남자 모두가 강제 처형당하는 것을 목격하였다. 가옥은 전부 불타버리고 그 일대가 연기로 뒤덮여 당시 용정촌에서 도 그 불길을 분명히 볼 수 있었다. 일본 병사는 이렇게 한 후 이 지역을 떠났다. (일본 병사들은) 곡지(谷地)와 본가도(本街道) 사이에 있는 촌락 중 기독교도가 있는 집을 전부 불태워 버린 후 천장절 축하연 길에 올랐다.

(중략)

(찬송)이 끝난 후 노인들은 기도를 올리고 여자들은 그들의 사랑하는 자들의 묘 앞에서 애통해하며 앉아 있었다. 이교도인 중국인과 조선인 등의 대군집(大群集)은 머리를 숙여 눈에 고인 눈물을 참으면서 계속 지켜보았

다. 큰 나무 아래 있었던 교회당은 지금 한 줌의 재로 돌아갔고, 두 개의 동으로 구성되었던 학교의 큰 건물도 마찬가지 운명에 처해졌다.

(중략)

나는 전부 불탄 가옥 19채, 무덤 및 시체 36구를 목격했다.[13] 나는 용정촌으로 돌아오자마자 만취한 일본 병사와 마주쳤고, 시가지에 일본 국기가 펄럭이는 것을 보았다."

간도에 거주하고 있는 캐나다 장로회 수석선교사 W.R.푸트는 1920년 10월 30일자에 일본 동경에 있는 신학박사 올만에게 경신대학살 소식을 전하였다.

"군대는 이 지역에서 약 1주일간 체재한 후 행동을 개시하였습니다. 우리는 (일본)군대가 침입해 왔을 때 그들이 기독교 촌락으로 들어가 교회당과 학교를 계속 소각한다는 보고를 접했을 때, 대부분 그것을 믿지 않았습니다. 그러나 유감스럽게도 사실이었습니다.

다음에 기술하는 부분은 지난 2주간에 걸쳐 발생한 사건에 관해 귀하에게 그 개요를 말씀드리는 것입니다.

* 남코아우(Namkoa-u) 10월 19일

학교 경영자 주택 및 교사를 소각하고 교회를 방화하였으나 심각하게 소각되지는 않음.

* 쿠세이톤(KuSeiGong) 10월 19일

기독교 신도들의 가옥을 태움.

* 東道溝(DeToKuo) 10월 26일

기독교 신도의 가옥 4채를 불태움.

* 명동(MgungDona)

장려한 벽돌 구조의 교사 약 100피트가 소각됨. 1명의 장로 주택도 마찬가지 임.

* 노페이(獐巖 : NoPei)14)

교회당(300명분의 좌석 보유) 및 학교 소각

* 칸장암(KanChangAm) 10월 30일

교회당, 학교 및 주택 9채 소각, 인민은 총살되고 사체는 불태워짐.

이상의 기술은 절대적으로 신뢰할 수 있는 것들입니다. 5명(선교사 4명, 세관 관리 1명)이 요일을 달리하여 후술할 현장으로 나가 토착민들과 수 시간에 걸쳐 조사한 것입니다.

이하 기술하는 내용에 관해서는 조선인의 증인이 있을 뿐이지만, 신뢰할 만한 것입니다. 우리들은 가까운 시일 내에 해당 지방을 순시하기를 희망하고 있습니다.

* 총산(ChongSan)

교회 겸 학교(한 건물을 두 개의 목적으로 사용하고 있는 것) 및 가옥 수채가 소각되고 30명 살해됨. 그 중 23명은 사살되고 나머지 7명은 각자 집에서 타죽음.

* 운통자(WuTongJa)

교회 겸 학교가 불타고 80명이 사살됨.

이상은 모두 기독교 촌락으로 사건의 더욱 상세한 전말을 기록한 것이 있으나 저는 보고할 수 있을 정도로 정확한 자료를 가지고 있지 못하므로 생략합니다. 단 위의 사례 외에 더 많은 사망자가 있었다고 하는 듯합니다.

지휘관 및 병졸은 1개소로 들어가 인민들과 아무런 말도 교환하지 않고 그 악마와 같은 행위를 한 후에 사라져버리는 것이 일반적이었습니다.

예를 들면 장암촌에서 병졸들은 이 지역을 계속 행진하다가 교회당의 반대편에 이르러 승마를 하거나 장교는 방화하기 편리한 거리에 부대를 멈춰 세우고 교회와 학교에 방화하고 사라졌습니다.

(중략)

칸창암 지역에서는 엄동설한의 겨울이 오려는 이때에 본인과 자녀를 부양할 자산이 아무것도 없는 상태가 되어버린 가엾은 부인이 있었습니다. 즉, 가족 중에 남자는 (모두) 사살되었고, 가옥과 가재는 소각되고 그 집 한쪽에 쌓아두었던 수확물조차 잿더미로 되어 버린 것이었습니다. (중략) 소각된 후 얼마 지나지 않아 (중략) 인근 촌락으로부터 병졸들이 6명을 데리고 와서 위의 6명과 칸창암 마을의 젊은이들을~중략~심문하는 형식도 취하지 않고 사살했다고 합니다. (중략) 처형된 자는 모두 25명이었고, 사살 후 사체는 2곳에 포개어져 잡초를 덮고 소각했다고 합니다."15)

일본군은 장암동에서 36명을 학살하고 영신학교와 간장암교회를 소각하고 물러갔다. 그러나 그들의 만행은 10월 30일의 살인과 소각으로 끝나지 않았다. 그들은 며칠 후에 다시 돌아와서 유족들을 몰아세워 각자의 무덤을 파헤쳐 타지 않은 사체를 한데 모아서 다시 불태워 시체를 분별할 수 없도록 만들었다. 두 번 소각을 자행한 군인들이 천장절 행사에 참여하기 위해서 떠나자 유족들은 재를 한 데 모아서 묻고 커다란 봉분을 만들었다.

일본군들은 주민들의 귀순을 강요하여 장암동 주민 한국호 (국민회 지부장 한국용의 친 동생)를 비롯하여 십 수 명이 귀순에 서명하도록 만들었으며 제국신민으로 살도록 회유하였다.

김춘선의 《북간도 한인사회 형성과 민족운동》, 551쪽의 미주 22번 중화민국당안자료, 〈연길도윤공서〉〈보고서〉에 실려 있는 장암동대학살에서 살해당한 33명과 부상자 2명의 이름을 밝히고 있다.

> "사망자는 김병진, 전일남, 전기영, 현학순, 전희세, 현도순, 현일룡, 오화삼, 박사문, 김문석, 엄기영, 최광팔, 엄기철, 최광석, 엄정갑, 이홍수, 김경삼, 박경율, 엄함여, 김세익, 이병권, 김덕수, 김영세, 한여홍(박여홍), 김자용, 한세약(박세약), 맹공보, 이용세, 채을권, 박관섭, 안은경(안변형), 김덕현, 이태봉이고 부상자는 황순오, 김운세이다."

중국지방관원인 장순사와 포대사 등이 1920년 11월 5일 외교총장에게 올린 '보고'는 일본군의 민간 살해 만행을 고발하며 규탄하고 있다.

> "간민들이[16]모여 사는 부락을 한당들의 근거지라고 하면서 온 마을을 불살라 버렸으며 한민들 대부분이 살해되었다. 조금이라도 의심스러운 마을을 골라서 몇 집 또는 몇 십 집씩 불살랐고 몇 명 또는 몇 십 명씩 죽여 버렸는데 가는 곳마다 불타버린 집과 시체가 있었다. 이들은 태반은 밭가는 농민들이었지 결코 무기를 들고 떼를 지어 소란을 피우는 무리가 아니었다. 이렇게 마음대로 참살하는 것은 실로 인간성이라고는 털끝만치도 없는 일이다."[17]

일본은 훈춘사건을 조작하며 용의주도하게 토벌의 구실을 만들어 자국민의 생명과 안전을 보호한다는 구실로 간도에 침략하였지만 토벌을 시작하자마자 중국인과 외국인의 거센 비난에 직면하였다. 그들은 영미인들의 여론을 일본을 주권 침략범, 인도(人道)파괴범으로 몰아서 중국에서 일본의 세력을 거세시키려는 정치적 음모와 교세를 유지하고자 하는 선교사들의 과장된 악선전으로 파악하였다. 그들은 배일(排日)주의로 일관하는 간도의 캐나다 선교사 스코트, 바커, 푸트, 카스, 페르소프, 마틴 선교사를 악선전의 원천으로 보았으며 그들이 토벌로 인하여 "신도들과 교회당 (곳곳에 있는 모옥(茅屋)에 불과하지만 그들은 이렇게 칭함)과 학교가 살육과 소각 등을 당하게 되면서 반감을 사게 되어"[18] 배일 논리로 조선인들에게 영합하는 것으로 파악하였다.

간도에 거주하는 자국민들이 당한 위험과 부당한 인권 침해에 대하여 북경 주재 영국대리공사가 질의하는 서신에 오바타 공사가 답하면서 "우리 토벌대는 그 대장이 과거, 현재에 불령선인과 관련 여하를 엄밀히 조사하여 장래의 화근을 남길 것이 인정되는 경우에 한해 교회당, 학교, 기타 민가를 소각하는 것으로 함"이라고 변명하였다. 한 마디로 일본의 만주 거류민에게 화근이 되는 사회악, 사회폭력의 주축이 되는 불량한 조선인 폭력배를 토벌하는 것이라고 주장하였다.

〈장암동 도살사건〉[19]이라는 제목으로 장암동대학살을 세계에 알린 마틴 선교사의 글에 대하여 일본은 장암동은 '불령선인의 소굴'이라고 냉소적으로 반응하였다. 장암동의 교회와 학교가 종교와 교육의 본 목적에서 벗어나 불량배, 범죄자 집단의 소굴이 되었으므로 토벌당한 것임을 영미세계를 향하여 강조하였다.

"연길현 용지사 장암동은 원래부터 화전사 허문동과 더불어 이 방면에서 불령선인의 소굴로 불렸고 동(同) 지역의 영신학교, 화전사 배영학교 등을 불령행동의 획책장으로 삼아왔다. 그리고 이 방면에 거주하는 선인들의 태반은 기독교 신자로, 게다가 불령행동의 핵심 브레인은 많은 경우가 이 신도들이다. 그리고 불령행동의 음모는 이러한 불령자 등으로부터 훨씬 이전부터 획책되어 왔으나, 1919년 3월 독립소요 (사건)발발을 계기로 그 시기가 도래하여 떨쳐 일어나 간도 일원의 동지들과 연합하여 용정촌에서 한족독립선언식 폭거를 이루는데 힘을 모았고 비대해졌다. 이후 불령단은 (중략) 여러 차례 간도에 있는 우리 제국 총영사관 남양평 파출소를 위협하였다. 이 때문에 이 지역의 시장이 열리지도 못하는 일이 한 두 번이 아니었고, 이 지역 주민이 입은 고통은 말로 표현하기 힘들다. (중략) 이러한 정황이 되게 된 일면에는 기독교를 회원으로 하는 불령단체인 국민회가 장암동에서 국민회 제2동부지방회 제4지회를 설치하고, 부락민 거의 전부를 회원으로 삼음으로써 불령 행동을 마음대로 해온 것이다."[20]

이상으로 불령선인의 책원지였던 장암동과 장암동대학살을 살펴보았다. 장암동은 조선 이주민들에 의해 1909년에 개간되었다. 주민들은 1911년 적안평교회의 설립자이자 간민교육회 지도자이며 정동서숙의 설립자인 강백규의 전도로 간장암교회를 세웠으며, 늦어도 1918년 이전에 강백규의 영향으로 영신학교(홍동학교, 장암학교)를 설립하였을 것이다.

마을이 개척되고 12년 되는 해, 교회가 설립되고 10년 되는 해에 용정의 일본 영사관이 학교와 마을[21]을 불령선인의 소굴로 지목할 정도로 장암동은 항일교육과 독립운동에 두각을 나타내는 마을로 성장을 하였다.

장암평에서 1리 반 정도 떨어진 남양평 사람들이 일본군에게 낸 탄원서에 장암촌 주민들을 "모두 철저하게 배일사상을 품고 있고 불령단과 협동 동작을 하고 있다."고 기술한 것을 보면 당시 장암동은 독립운동공동체로 하나가 되어 있었다. 그들은 독립운동에 온전히 자신을 쏟아붓는 불가사의한 열정과 신념을 공유하고 있었다.

장암동 주민들은 교회를 중심으로 하는 구국신앙을 가졌다.

김동춘의 논문 〈만주교회의 주도성과 만세운동 전후의 과정 속에 한국 독립운동사에 미친 영향〉에 의하면 북간도의 교회들이 조선독립 운동방안을 논의하기 위하여 1918년 9월 말부터 11월까지 함북노회 특별 모임으로 4차례 모였는데 장암동교회도 특별회에 참여하여 북간도 전교회가 항일독립운동에 적극적으로 참여하며 독립운동의 중심이 될 것을 함께 결의하였다.

뿐만 아니라 장암교회는 2월 20일 3·13시위 준비모임에 대표를 보냈고 결의사항 대로 만세시위를 위한 준비와 연합운동을 펼쳤으며 3·13만세시위 당일에 대부분의 교인들과 영신학교 교사들과 학생들이 독립선언식에 참여하였다. 그 후에 교회를 기초로 하여 국민회 지회를 만들었으며 교인 대부분이 국민회 회원에 가입해서 활동을 하였다. 그러므로 일제는 장암동 주민들의 독립운동의 정신적인 지주가 되는 교회를 완전 소각해서 장암동이 재기할 수 없도록 만들고자 하였다.

장암동 주민들은 학교를 구국교육 실천의 장으로 만들었다.

영신학교는 처음부터 기독교 미션스쿨로 세워졌으며 항일민족의식과 독립의식 고취에 심혈을 기울였다. 3·13용정만세시위에 모든 학생들과 교사가 참여를 하였다. 교사들 대부분이 독립투사들이었으며 대한학생광복단을 조직하여 의연금을 모집하였으며 마을 경호대를 지원하였다. 일본군은 마을의 국민회 회원들이 학교에서 자주 모임을 가졌으므로 음모의 장이 된 학교 건물을 소각하였다고 사유를 밝혔다.

결론적으로 장암동 주민들은 나라의 독립을 위하여 무력투쟁의 길을 택하였다.

3·13만세시위가 무력으로 피를 흘리고 끝나며, 윌슨의 민족자결주의가 허상에 불과하며 파리강화회의가 강자들의 잔치라는 사실을 알게 되었을 때 그들은 독립을 위하여 총칼을 드는 것을 주저하지 않았다. 그들은 독립을 위하여 실력을 양성해야 되고 피 흘려야 한다는 사실을 때문에 신앙적으로 갈등하지 않았다. 그들은 교회를 기반으로 해서 국민회 동부지방총회 제4지부를 설치하고 거의 전원이 그대로 국민회 회원이 되었다. 마을을 밀정으로부터 지키기 위해서 경호원을 세웠으며 동부지방총회장으로부터 권총을 받아 무장하였다. 의군부와 도독부의 군사행동을 원조하였으며 지회 경호원들이 장거리 무기운반 작전에 참여하였을 뿐만 아니라 주민들은 군자금 모금과 군수품 제공에 늘 앞장섰다.

이러한 연유로 장암동은 일제에 의해 불령선인(不逞鮮人)의 책원지로 꼽혔으며 1920년 10월 31일[22] 일본군 토벌대에 의해 수십 명이 학살당하고 가옥과 학교와 교회당이 소각되었으며 식량 또한 소실되어서 독립에의 꿈과 믿음으로 희망과 활기에 찼던 예수촌이 마사다처럼 지상에서 장렬하게 사라졌다. 하나님이 실로 원망이 되고 하나님의 뜻이 어디에 있는지를 묻지 않을 수 없는 대목이다. 그러나 그들은 창졸간에 당하게 된 죽임을 당하는 순간에 일본제국주의에 생명을 구걸하지 않고 조국의 독립을 위해 고통스러운 십자가의 죽음을 택하였다.

간도대학살 100년을 맞이해서 조국의 독립에 자신의 생명을 바칠 수 있었던 위대한 무명의 장암동 사람들 앞에서 옷자락을 여민다. 그들이 죽임당하면서 꿈도, 마을도 사라지고 일본제국주의의 무력과 폭력이 승리의 개가를 부르며 1931년 만주에 만주국을 세웠다. 짧은 순간 일본의 폭력이 잔인하게 그들의 생명을 앗아갔지만 그들의 꿈을 영원히 빼앗지 못하였다. 그들의 꿈이 민들레 꽃씨처럼 간도지역으로 퍼졌고 1930년 대 중반, 연변의 항일독립투사는 무려 3만5천여 명이 되기에 이르렀다.

100주년이 되는 해에 간도대학살에 나라의 독립과 해방을 위해 희생양이 된 6,000여 영령과 죽음보다 더 가혹한 고통을 당해야 했던 유족들과 조선인 사회에 깊은 감사를 드린다. 당시 교회의 신앙고백과 나라와 민족을 위하는 철저한 자기희생과 고난에의 길을 기억하며 깊은 감사를 드린다. 교회와 국민회가 하나가 되어 일제의 폭력과 압제에 저항하다 억울하게 떼죽음 당한 독립운동사의 대 비극을 기념하며 죽음으로 유언을 주신 신앙의 선배님들에게 깊은 감사를 드린다. 이념과 살아남은 자들과 힘이 있는 자들에 의해서 잊히어진 간도대학살 희생양들의 꿈을 기억하며 기념하며 계승하기 위하여 장암동 학살 이야기를 눈물로 가슴에 썼다.

장암동교회의 희생양, 순교자들이 부활하는 환상을 보며 장암동 언덕에서 하늘을 본다.

미주

1. 불령선인 – 조선독립군, 항일투사들을 뜻한다. 일본의 통치에 저항하는 우리 독립군들을 일본이 불온하고 불량한 조선인으로 얕잡아서 사회적으로 국제적으로 모욕하며 매장하기 위해서 사용한 경멸적인 호칭이다.

2. 심여추, 심극추 저, 《20세기 중국 조선족 역사자료집》, 19쪽

3. 같은 책, 83쪽

4. 김춘선 저, 《북간도 한인사회의 형성과 민족운동》, 507, 508쪽

5. 양봉송 편저, 《훈춘조선족발전사》, 75쪽

6. 조선군사령부 – 당시 조선에 주둔하고 있는 일본군 사령부.

7. 중국조선민족발자취총서 1, 《개척》, 524쪽

8. 북경대학조선문화연구소, 《중국조선민족문화사대계 종교사》, 148쪽

9. 김철수저, 《연변항일 사적지 연구》, 411쪽,

   허청선, 강영덕 주편, 《중국조선민족 교육사료집 1》, 468쪽

10. 같은 책, 470쪽

11. 《조선군사령부 간도출병사》, 김연옥 옮김, 324쪽

12. 장암동 학살 희생자 수에 대한 기록이 조금씩 다르다. 장암동 학살사건 다음날에 장암동 마을을 방문한 당시 제창병원 원장이었던 S.H. 마틴 캐나다 선교사는 36명, 일제의 조사 표는 24명, 《독립신문》 간도통신원 조사자료는 75명으로 기록하고 있다.

13. 《조선군사령부 간도출병사》, 김연옥 옮김, 311~314쪽

14. 노페이(獐巖), 칸장암 (KanChangAm), 장암촌, 장암동은 같은 지역임.

15. 《조선군사령부 간도출병사》, 김연옥 옮김, 299~302쪽

16. 간민은 북간도와 서간도에 사는 조선인에 대한 호칭.

17. 김춘선 저, 《북간도 한인사회의 형성과 민족운동》, 502, 503쪽

18. 《조선군사령부 간도출병사》, 김연옥 옮김, 105쪽

19. 《조선군사령부 간도출병사》, 김연옥 옮김, 311쪽

20. 《조선군사령부 간도출병사》, 김연옥 옮김, 323쪽

21. 김철수 저, 《연변항일 사적지 연구》, 410쪽에 나오는 화령촌은 남양평 동쪽 약 2리에 위치한 마을이고 장암촌은 남양평에서 북쪽으로 1리 떨어진 곳에 위치하였으므로 화령촌은 한 마을이 아니라 그 일대를 의미하는 것으로 파악이 된다.

22. 장암동교회 성도들이 집단 학살을 당한 날은 10월 31일 아침이다. 그러나 일본군이 용정을 떠난 것이 10월 30일이므로 학살일을 10월 30일로 쓰기도 한다.

참고서적

• 《조선군사령부 간도출병사》, 김연옥 옮김, 경인문화사, 2019

• 심여추, 심극추 저, 《20세기 중국 조선족 역사자료집》, 연변인민출판사, 2002

• 김춘선 저, 《북간도 한인사회의 형성과 민족운동》, 고려대학교민족문화연구원, 2016

• 김철수 저, 《연변항일 사적지 연구》, 연변인민출판사, 2002

• 양봉송 편저, 《훈춘조선족발전사》, 연변대학출판사, 2018

• 김철호 지음, 《중국 조선족, 그 력사를 말하다 상》, 연변교육출판사, 2018

• 양소전 외 4인 저, 《중국조선족혁명투쟁사》, 연변인민출판사, 2009

• 중국조선민족발자취총서 1, 《개척》, 민족출판사, 1999

• 호이전 외, 《연변문사자료 제8집, 종교사료전집》, 연변정협문사자료위원회, 1997

• 중국조선족문화사대계 편집위원회, 《중국조선족문화사대계 6, 종교사》, 민족출판사, 2006

• 룡정3 · 13기념사업회 외 《룡정3 · 13반일운동 80돐기념문집》, 연변인민출파사, 1999

• 허청선, 강영덕 주편, 《중국조선민족 교육사료집 1》, 연변교육출판사, 2002

조선독립운동을 지원한 용정 제창병원

    어린 시절부터 《빨간 머리 앤》의 이야기가 펼쳐지는 무대 '프린세스 에드워드 아일랜드'에 대한 막연한 동경이 있었다. 어느 날 꿈처럼 아련하고 신비로운 그 세계가 뜨거운 감동과 함께 나의 삶 속으로 저벅저벅 걸어 들어왔다. 그 환상적인 무대가 다름 아닌 1895년 6월 24일 소래에서 사망한 캐나다 선교사 맥켄지가 자신의 한국선교 비전을 마지막으로 밝히고 떠나온 곳이라는 사실을 알았기 때문이요, 그의 한국선교 후원을 책임진 목사와 교우들이 살았던 곳이기 때문이었다. 뿐만 아니라 맥켄지의 유지를 받들려 한국에 들어온 선교사 그리어슨, 던칸 맥레, 푸트 세 사람이 모두 다 그 지역 사람들이었고 그들을 파송하고 후원한 메리타임 지역의 교회들이 바로 '프린세스 에드워드 아일랜드'를 중심으로 한 노바스코샤와 뉴브런스윅에 있었기 때문이었다.[1]

    한국에 온 초기 캐나다 선교사들이 《빨간 머리 앤》의 배경이 되는 지역에서 왔다는 사실이 나에게 묘한 감회를 일으켰다. 나의 신앙의 뿌리 일부가 태평양 건너에 있는 그들에게 잇대어 있다는 것 그리고 120여 년 전의 그들이 21세기를 살고 있는 나에게 빚을 주었다는 것이 참으로 놀라웠다. 아름다운 곳에서 온 아름다운 사람들의 헌신을 '섭리'의 눈으로 보며 캐나다장로회의 한국선교 123년이 되는 해에 작은 글로서나마 깊은 감사를 표현하고 싶었다.

특별히 용정에 제창병원을 세워서 조선인 디아스포라들에게 인술을 베풀며 조선독립운동을 지원해준 캐나다장로회 선교사들과 교우들의 헌신적인 사랑을 조금이나마 알리고자 묵상하며 졸필을 들었다.

캐나다장로회의 한국 선교 시작과 10년의 역사

캐나다장로회 매리타임 연회가 한국선교에 관심을 가지게 된 것은 맥켄지 선교사(김세, William JOHN McKenzie) 죽음 이후였다. 실제로 메리타임 연회의 선교위원회는 1893년 10월, 맥켄지가 한국으로 떠나기 직전에 그를 초청하여 한국선교에 대한 비전을 들었으나 그의 선교계획을 받아들이지 않았다. 10월 26일 그는 트루로 지역 교회 성도들의 격려와 위로를 받으며 밴쿠버로 떠났다. 그리고 11월 12일 밴쿠버에서 배를 타고 조선으로 왔다. 그는 일기에 "하나님, 이제부터는 한국이 내가 받아들일 땅이 되게 해주소서. 나로 하여금 하나님의 영광을 위해 오랫동안 한국에 머물며 일하게 하소서! 그리하여 죽음이 나를 삼킬 때, 예수님께서 재림하시는 큰 나팔소리가 울릴 때까지 내 유골을 그들과 함께 썩게 하소서."라고 자신의 심정을 기록하였다.[2]

그는 선교사 모펫의 소개로 1894년 1월에가 황해도 장연군 송천(솔내)에 와서 거주하며 열심히 전도하였다. 그는 한국인과 동일한 수준의 열악한 초가집에 거주하며 조선식 허술한 식사와 모국 캐나다와 다른 한국 기후에 시달렸다. 그러나 성도들과 함께 노동하며 교회 건축을 하고 남녀학교를 세우며 교육과 목회를 겸하여 섬기는 중에 과로로 말라리아 열병과 일사병에 걸렸다. 그는 고열과 망상과 불면에 시달리다 6월 24일, 소래교회 건축봉헌을 하루 앞둔 날에 세상을 떠났다.

그가 세상을 떠나기 전에 보낸 마지막 편지에 감동을 받은 캐나다장로회 총회 해외선교위원들이 위원회로 모였고 그들은 "한국 선교 사업에 참여하고자 하는 계획을 해외선교위원회 동부 분과가 연구하여 다음 회의에 보고하도록" 하는 발의를 만장일치로 합의하였다.[3] 그리하여 캐나다장로회 총회 의사록에 '한국'이라는 이름이 처음으로 기록되었다.

그러나 맥켄지의 사망 소식을 전해들은 캐나다장로회 총회가 한국선교에 대한 안건을 다음해로 미루면서 메리타임 지역교회들의 한국에 대한 관심과 열정이 시들해졌다. 그 후 소래교회 신도인 서경조가 사인을 하고 소래교회 성도들의 이름으로 보낸 편지가 캐나다장로회에 도착하여 어느 잡지에 실리자 '선교사를 기다리는 현지교우들의 간절한 호소'에 메리타임 지역교회들은 다시 한국선교를 거론하며 술렁거리기 시작하였다. 게다가 1897년 2월 23일 해외선교위원회 정기모임에 참석한 캐나다장로회 여신도회해외선교회(WFMS) 대표가 한국 선교를 강력하게 주장하는 바람에 한국선교에 대한 문제가 수면 위로 올라와 공론화되었다. 그러자 총회해외선교위원회는 한국선교 문제를 총회에 보고하여 총회에서 가부를 결정하도록 위임하였다.

3년에 걸친 기도와 찬반토론 끝에 1897년 메리타임연회에서 111대 25로 한국선교를 가결하였다.

1898년 2월 해외선교위원회는 그리어슨(구례선, Robert Grierson)과 푸트(부두일, William Rufus Foote)의 지원을 받아들이고 선교사로 임명하였다. 그 후 4월에 던칸 맥레(마구례, Duncan M. McRae)를 세 번째 한국 선교사로 파송하기로 결정하였다. 그들은 한국 선교의 개척자로서 1898년 7월 20일에 메리타임을 출발하였다. 8월 14일 요코하마에 도착하였으며 24일에 나가사키에서 히고마루호를 타고 9월 8일 제물포에 도착하였다. 그들이 도착한 1898년 9월은 《조선장로회사기》에 의하면 선교사공의회시대(1893~1900)[4]로 분류되고 있는 시대이다.

　그들은 10월에 미국 북장로회, 호주장로회, 미국 남장로회로 구성된 장로회 공의회에서 공식적으로 등록하여 캐나다장로회로 승인을 받았다. 그리고 공의회에 의해서 부산과 원산 두 지역을 선교지로 제안을 받았다. 그들은 캐나다 출신의 선교사인 게일, 펜윅, 하디가 활동하였던 원산을 선교지로 택하였다. 그들은 원산에서 캐나다장로회 선교사회를 조직하고 그 지역에서 선교활동을 하고 있던 미국 북장로회 선교사회로부터 세워진 교회와 사무 일체를 인수인계 받았다.

　푸트는 원산, 그리어슨은 성진, 던칸 맥레는 함흥[5]에 선교지부를 열어서 사역을 시작하였다.

　1899년 9월 역시 매리타임의 여신도들의 지원을 받는 트루로 출신의 루이스 맥컬리가 한국에 도착하여 한국 선교부의 귀중한 인력이 되었다.

　해외선교위원회는 선교사들의 지원 보강 요청에 따라 1901년 10월 로브 목사(업아력, A.F. Robb)와 그의 부인을 선교사로 파송하였다.

　메리타임 지역 여신도들은 자력으로 1901년에 케이트 맥밀란(Kate McMillian), 1903년에 제니 로브(Jennie Robb), 1905년에 캐서린 메어

(Catherine Mair)를 한국에 파송하였다.

해외선교위원회는 1906년에 영(L. L. Young)박사를, 1907년에 로스 목사(A.R.Ross)를 선교사로 파송하였다.

캐나다장로회 선교사들은 10년 동안 러일전쟁과 을사보호조약이라는 조선의 사회적 정치적 격변에도 불구하고 권서인들, 조선어 교사들, 조사들과 함께 함경남북도 일대를 순회하며 복음을 전하였다. 그들은 어디를 가든지 그 지역의 먼저 구원받은 성도를 찾아 그들과 함께 협력하여 지역사회 복음 증거에 최선을 다하였다. 그들은 학교와 병원을 세웠으며 도시를 중심으로 성경공부반과 여성을 위한 성경공부반도 따로 운영하였으며 농한기에 계절 성경학교를 열어 체계적으로 제자들을 양육하였다.

특별히 1907년에 헤이그밀사사건 실패와 고종 퇴위와 정미7조약으로 법률제정권, 행정권, 관리 임명권을 상실한 조선인들의 절망감, 자기 비하와 국권 상실에 대한 분노와 슬픔이 집단적 인 회개와 통성기도로 나타나 부흥운동으로 결집되었다. 성진, 함흥, 원산 등에서 교회는 절망에 빠진 한국인들의 피난처가 되었으며 선교사들은 한국인들이 희망을 가지고 살 수 있도록 복음으로, 하나님의 나라로 인도하였다.

1907년에 평양에서 시작된 대부흥운동은 원산, 함흥, 성진에서도 나타났고 그 결과로 캐나다장로회 선교회 산하 교회와 성도수가 엄청나게 증가하였다.

1899년 미국 북장로회로부터 선교지역을 넘겨받을 때 총 14개 교회가 있었는데 1909년에는 134개의 교회로 늘어났다. 세례자 수는 63명에서 1,141명으로 늘어났고 총 교우 숫자는 308명에서 5,594명으로 증가되었다. 그러나 선교사 숫자는 1899년에 선교사 부인을 포함하여 5명이었고 1909년에 선교사 부인과 여자 선교사를 포함하여 14명에 불과하였다.

1899년 당시 캐나다장로회 선교부 산하에 한국인 전도자는 1명도 없었으나 1909년에는 87명이 되었으며, 신학생도 1명도 없었으나 1909년에는 9명, 고등학생도 1명도 없었으나 1909년에는 110명으로 증가하였으며 초등학생은 15명에서 721명으로 늘어났다.6)

캐나다장로회 선교병원이 성진, 원산, 함흥에 세워졌으나 폭발적인 부흥으로 인하여 의사들조차도 순회전도에 밀려서 의료행위를 병원이 아닌 지방 순회전도활동에서 할 정도였다.

캐나다장로회 선교부는 선교활동을 시작하는 처음부터 선교사 인력난에 시달려 해외선교위원회에 선교사 인력 지원을 거듭 요청하였다. 그러나 캐나다장로회 총회 동부분과 해외선교위원회는 자신들만의 힘으로 새로운 선교사를 파송할 경제적 여력이 없어 서부 분과에 선교사 파송 건을 제안하기에 이르렀다.

캐나다장로회와 남감리회 선교부의 함경도와 북간도 지역 분할에 대한 합의

장로회연합회와 감리회본부가 1900년대 초기 10년 사이에 결정한 가장 중요한 일은 선교현장의 중복을 피하기 위해 양 선교부가 선교 지역 분할에 동의를 한 것이었다.

캐나다 선교부와 남감리회 선교부는 함경도와 강원도 인접 지역에서 서로 겹쳐 있었다. 그들은 상회의 결정에 따라 교파적 경쟁을 피하기 위해 오랫동안 토론과 숙의 끝에 선교지역을 조정하였다.

캐나다장로회는 원산 이남의 대부분의 지역에서 철수하기로 하고 27개 교회, 97명의 세례자들, 171명의 초신자들과 약 1,000여 명의 신자들을 감리회 선교부로 이전하였다.

감리회 선교부는 기존의 선교 지역에서 함경도 원산의 이북 지역과 독원과 안변지방을 캐나다장로회 선교부의 선교지역으로 인정하였다. 그 지역의 교회는 1개였고 교인은 20명, 세례를 받은 교우는 3명이었다. 원산 이남과 이북에서는 서로 양보하고 철수하였지만 그들은 원산은 양 선교부의 공동선교 지역으로 정하였다.[7]

감리교 선교부는 함경도 지역 분할을 조정하는 중에 두만강 너머에 있는 북간도를 감리회 선교부 지역으로 양해해 줄 것을 계속 요청하였다. 그러나 감리회 선교부의 양해 사항을 몰랐던 그리어슨 선교사는 함경북도에 인접한 북간도가 당연히 캐나다장로회 구역으로 분할된 것으로 알고 함경도에서 간도로 이주한 성도들의 요청에 따라 북간도를 방문하였다. 그리고 감리회 선교회에 그 지역에서 철수해 줄 것을 계속 요청하였다. 그럼에도 감리회 선교부가 철수하지 않자 그리어슨 선교사는 북간도 선교를 내려놓고 그들의 요구대로 이전해 줄 5개 장로교회 명단을 감리회 선교부에 보냈다.

그런데 엉뚱한 반전이 일어났다. 1909년 6월 29일자로 감리회 선교부가 종전의 자신들의 주장과 다르게 북간도 지역을 캐나다 장로회에 구역으로 인정하고 감리회 선교부를 철수하겠다는 알려 온 것이다. 그로서 북간도 지역 선교지 분할의 문제는 끝이 났고 북간도는 캐나다장로회의 선교지가 되었다.

캐나다장로회는 인력난에 시달리면서도 북간도를 위하여 적극적인 액션을 취하지 않으면 안 되는 상황에 직면하였다. 1909년 가을 그리어슨 선교사는 곧 바로 자신의 조사인 김계안을 용정 상주 전도사로써 파송하여 북간도선교에 전념케 하였다.[8] 또한 그 자신도 1909년 12월에 맥리어드 선교사를 동반하고 용정과 간도에 있는 5개 교회를 순방하였다.

1911년 2월에는 조사 이동휘를 북간도에 보내어 1개월 동안 부흥사경회를 주도하게 하였다.

선교사 로브 (엄아력)는 캐나다장로회 해위선교위원회에 "25만 명의 복음을 모르는 한국인들이 있는 한반도의 북쪽 지역은 거주 선교사를 필요로 합니다. 선교부 지국을 가능한 빨리 그곳에 열어야 합니다. 이러한 이유 때문에 우리는 해외선교위원회 서부 분과가 한국에서의 활동에 협력할 것을 촉구합니다."라고 보고하였다.[9]

푸트는 해외선교위원회 서부분과 의장인 맥케이(R.P.Mckay) 박사에게 "만약 우리가 그 지역에서 선교를 하지 못한다면, 다른 선교부들이 그 지역을 주장하는 우리의 의견을 존중하지 않을 것이라고 우리에게 다른 선교부들이 말하고 있다"고 강력하게 한국선교 협력을 촉구하였다.[10]

해외선교위원회 동부분과의 제안과 현지 선교사들의 절박한 요청을 받아들인 서부분과는 1909년에 한국 선교활동에 참여하기로 결정하였고 캐나다장로회 총회의 허락을 받았다.

캐나다장로회 서부 분과의 선교사 파송과
용정 선교지부 확정

서부 분과는 한국 선교활동에 참여하기로 결정하고 선교사 파송을 시작하였다.

1909년 11월에 맥리어드(J.M.Maclad) 목사가 성진에 도착하였다. 그는 도착하자마자 그리어슨 선교사와 함께 함경도 북쪽 지역과 북간도 지역을 순회하였다.

1910년 봄에 맥리어드 선교사는 회령에 거주지와 의료 활동을 위해 부지를 구입하였다.

1910년 성탄절에 맨스필드(T.D.Mansfied) 박사 부부가 한국에 도착하였다.

1911년 2월에 바커(A. H. Barker) 목사 부부가 도착하였다.

1911년 3월에 맥리어드 목사가 선교사직을 사임하고 한국을 떠났다.

1912년 1월에 바커 선교사는 회령에 11에이커의 땅을 추가로 구입하였다.

1912년 2월, 맥도널드 (D. A. Macdonald) 목사 부부가 도착하였다.

서부 분과 선교사들은 한국 선교 개척자들인 동부분과 선교사들로부터 함경도 북쪽지역의 8개 도시와 간도와 훈춘지역을 선교지로 할당을 받았다. 그 곳에는 이미 44개의 교회가 세워져 있었다.

1912년 4월에 서부 분과 선교사들이 용정에 선교지부를 열 것을 결정하였다.

1912년 가을 서부 분과에 속한 맥퍼슨 스코트 목사가 한국을 방문하여 바커, 맥도날드, 로브 선교사와 함께 간도를 방문하였으며 용정에 선교지부를 열 것을 확정하였다.

1913년 6월 6일, 선교사로서는 최초로 바커 선교사가 용정으로 이사를 하였다.

1913년 연합선교위원회[11]는 프록터(S.J. Proctor)목사와 부인, 스미스(E. M. Smith)양, 맥에른(E.B.McEachem)양, 커크(J.B.Kirk)양, 맥퍼레인(M.E.McFarlane)양을 파송하였다.

1914년에 프레이저(E.J.O Fraser)목사와 부인, 윌리엄 스코트(William Scott)목사와 부인, 에드나 크뤽샌크(Edna Cruikshank)양, 모드 맥키넌(Maud Mackinnon)양, 맥도날드(D.W.McDonald) 여사를 파송하였다.

1914년 동부분과 출신 푸트 선교사가 원산에서 용정 선교부로 이주하였다.

1916년에 선교위원회는 마틴(민산해 의사, S. H. Martin) 박사와 그의 부인을 파송하였다. [12]

캐나다 선교부가 용정을 선교지부로 결정한 것은 당시 용정에 치외법권이 보장되는 영국의 조계지가 있었기 때문이었다. 그들은 1913년에 일반 중국인과 중국 관리 그리고 일본인이나 일본 경찰들이 출입할 수 없는 조계지 내에 26에이커의 땅을 선교 부지로 구입하였다.

중국인들은 그 땅을 '영국더기'라고 불렀으며 용정수원지 동쪽 근교 산비탈에 자리 잡고 있는 해발 260미터 정도의 언덕이었다. 지금은 일대가 아파트가 숲을 이루고 있으며 '영국더기'는 해체되어 그 흔적을 찾을 수 없다.

선교사들은 안전이 보장되는 그 안에 선교부 건물, 동산교회 교회당, 제창병원, 은진중학, 성경학원, 명신여자학교, 명신여자중학교를 세워서

1941년 위만주국과 일제에 의해 강제로 철수 당하는 때까지 30여 년 동안 조선인 선교로 복음의 깃발을 높이 들었다.

조선독립운동을 지원한 캐나다장로회 용정 제창병원

용정 선교 초기에 선교사들이 용정 뒤십자거리 성경서원 뒷마당에 있는 초가집 한 채를 사서 전도처소 겸 약방으로 사용하며 내부 관계자들을 진료하였다. 1913년 선교사 바커는 캐나다 해외선교부 결정에 따라 용정에 선교병원을 지었다. 병원은 30여 평(100여m²) 정도의 'ㄱ'자 형태의 작은 건물로 의사 1명, 약제사 1명, 간호사 3명, 사무원 1명의 규모에 의료설비도 보잘 것 없어 간단한 진찰과 치료 밖에 하지 못하였다.[13]

그 후 1916년 11월에 캐나다선교부는 'ㄷ'자 형태의 병원 건물을 신축하여 1918년 30개의 병상을 갖춘 현대식 병원으로 면모를 과시하였다. 진료 과목은 내과, 외과, 산부인과, 소아과, 전염병과를 두었고 원장은 외과의사인 마틴(민산해 의사, S. H. Martin) 박사, 간호장은 영국인 노은혜 선교사가 맡았으며 세브란스의전을 졸업한 이익걸, 최관실, 정창성, 강덕희, 김영[14] 등을 의사로 초빙하고 수술실과 X레이 촬영실 등을 갖추어서 동만주일대에서 최고의 병원이 되었다.

제창병원이 재 개업할 당시 연변에는 훈춘의 '러시아병원' 연길의 '독일천주교병원', 일본인이 세운 용정의 '자혜병원'과 '도립병원'이 있었으나 전자의 두 병원은 신도가 아니면 봐주지 않았고 후자의 두 병원은 진료비가 비싸서 일반 서민들이 이용하기 어려웠다.[15]

그러나 캐나다 선교부가 세운 제창(濟昌)병원은 이름 그대로 빈민을 널리 치료하며 구제하는 인술(仁術)을 시행하는 병원으로 조선인 디아스포라들에게 문호를 활짝 개방하였다. 그들은 환자를 신앙이나 빈부로 차별하지 않았으며 환자들을 소중하게 다루었으며 무엇보다 가난한 자들에 대하여 의료비를 면제해주거나 수술 후 또는 퇴원 후에 천천히 갚을 수 있도록 배려하였다. 그리하여 제창병원은 인술을 행하는 사랑의 병원으로 널리 알려져 개원 후 2년 만에 해마다 1,200명 이상의 환자를 진료할 정도가 되었으며 다른 지역에서 환자들이 몰려들어 병실을 확장하지 않을 수 없었다. 그러나 1930년대 초 만주에 일본괴뢰국인 위만주국이 세워지면서 병원은 쇠퇴하기 시작하였고 일제는 1941년에 철수령을 내려 캐나다 선교사들을 추방하였다. 그 후 2년 동안 의사 허상훈 장로가 맡아 병원을 운영을 하였으나 1943년에 문을 닫았다.

제창병원은 개원한 30년 사이에 민중병원으로서 가난한 조선인 환자들을 질병과 고통에서 구하기도 하였지만 의료실습과 훈련을 통해 많은 의료 전문 인력도 양성하였다. 연변지역 조선인 첫 세대 의사에 해당하는 임병호, 이옥룡, 마춘산, 박정극, 김경호, 주의권, 조성극, 구정서, 임윤정 등이 제창병원에서 양육된 의사들이다.[16)

제창병원은 어느 선교 병원과 다른 특별한 역사를 가지고 있다. 조계지라는 치외법권을 이용하여 10여 년 동안 부상당한 조선 독립군들과 활동가들을 치료하였으며 독립운동가들에게 은신처와 모임 장소를 제공한 것이다.

제창병원은 일제의 탄압에 의해 문을 닫았고 그 일본의 패망으로 회생할 기회가 잠시 주어졌지만 동북삼성에도 공산주의 국가가 들어서는 바람에 역사에서 다시 살아나지 못하고 사라졌다. 그러나 제창병원은 결코 역사에서 사라질 수 없는 병원이다. 제창병원은 처음부터 조선인 디아스포라들과 함께 고락을 함께한 캐나다선교사들에 의해 세워진 병원이었고 처음부터 인술을 실행한 병원으로 북간도 조선인들에게는 희망과 평화, 휴식과 치유의 공간이었기 때문이요, 선교사들의 보호 속에서 울분을 터뜨리며 '일본 제국주의 타도'와 '독립운동', '조선 독립'을 마음껏 논할 수 있는 자유와 해방의 공간이었기 때문이다. 처음부터 캐나다장로회는 조선인들의 독립운동을 지원하였는데 특별히 조계지 안에 있는 제창병원은 북간도의 조선 독립운동가들이 마음 놓고 모일 수 있는 비밀 아지트가 되어 주었다. 그러므로 캐나다선교사들의 존재와 그들의 헌신적인 독립운동 지원 자체를 무시하며 모르는 체하기 일쑤인 연변의 사가들이 제창병원을 완전히 지우지 못하는 것이다.

제창병원은 독립운동가들과 단체 또는 사건과 가로세로로 깊게 연관되어 있다.

첫째 제창병원은 용정 3·13만세시위와 관련되어 있다.

3월 7일에 조선국내의 3·1운동 소식과 함께 33명이 서명한 독립선언서가 연변에 전달되자 김영학, 강백규 등 연변지구 독립투사들은 비밀회의를 열고 3월 13일에 용정에서 조선독립축하회 명목으로 군중집회를 열기로 하였다. 그리고 그들은 각자 역할을 분담하였고 〈독립선언서〉와 대회 개최 〈통지서〉는 비밀리에 제창병원 지하실과 국자가 활판소에서 등사하여 연변 전 지역에 전달하였다.[17] 뿐만 아니라 대회 연설이 끝난 후 중국군 보병 제2 퇀장 맹부덕이 용정 간도총영사관으로 몰려가는 시위대를 향해 사격하여 순식간에 13명이 그 자리에서 숨지고 48명이 부상을 당하자 부상자들과 사망자들은 즉시 병원(제창병원)으로 옮겨졌다. 부상자들은 병원에서 치료를 받았으나 치료 중에 4명이 사망하였다.

병원은 17명의 순국열사들을 위하여 추모 빈소를 마련해 주었으며 17일에 수천 명의 추모자들이 병원에 모여 순국열사들의 영구를 메고 용정 동남쪽 합성리에 있는 공동묘지에 열사들을 안장하도록 도와주었다. 이렇듯이 제창병원은 북간도 무력 독립 운동의 시작이라고 불리는 용정 3·13만세시위와 깊은 관련을 맺고 있다.

둘째 제창병원 지하실은 '간도국민회'의 활동 및 모임과 연락장소가 되었다.

'간도국민회'는 본부는 일본영사관을 피해 본부는 연길현 하마탕에 두고 중부와 동서남북부에 5개의 지방회와 그 산하에 지회를 두었다. 각 지역의 목사와 시찰회의 순회 목사들이 각기 지회 회장을 맡았다. 국민회는 단체와 구성원의 안전과 비밀의 보장을 위해서 비밀 아지트를 치외법권 지역인 제창병원에 두어 모임과 행사, 연락장소로 사용하였다.[18]

셋째 제창병원은 철혈광복단의 '15만원탈취사건'과도 관련이 있다.

간도국민회 산하의 철혈광복단의 성원인 윤준희는 3·13만세시위 후, 간도사회에 끓어 오르는 무장독립투쟁을 위하여 군자금 모집에 대한 강력한 심적 부담을 느꼈다. 그리하여 그는 한상호, 임국정, 최봉설 등과 제창병원 지하실에서 만나 거사를 도모키로 하였다. 그들은 제창병원 지하실에서 군자금을 강제로 징수할 대상을 물색하다가 '조선은행 용정출장소' 직원이며 국민회 회원인 전홍섭을 만났다. 몇 차례 비밀 모임 끝에 결국 전홍섭은 그들에게 길회선 자금이 용정으로 올 것이라는 정보를 제공하게 되었다.

1920년 1월 4일, 동량어구에서 일본 조선은행권 탈취에 성공한 윤준희, 임국정, 한상호, 최봉설 등 4명은 블라디보스토크 떠나 1월 24일 신한촌의 채성하 집에 은신하였다.

일제는 조선인 은행직원인 전홍섭을 체포하였으며 첩자를 통하여 윤준희와 최봉설 등이 제창병원 내에서 전홍섭과 여러 차례 접촉한 사실을 확인하고 1월 10일 새벽에 와룡동마을을 포위, 수색하여 최봉설의 부친 최병국과 동생 최봉준을 체포하였다.[19]

이렇듯 제창병원은 독립투사들, 열혈청년들의 만남과 연락 장소가 되었다.

넷째 제창병원은 1920년 일제가 조선인마을에 들어가 저지른 대학살의 잔악상과 죄상을 전 세계에 폭로하였다. 일제는 3·13용정만세시위 후에 요원의 불길처럼 일어난 무장독립운동단체들에 의해 봉오동전투와 청산리전투의 참패를 당하였다. 이에 보복하기 위하여 독립운동단체의 근거지가 되는 마을 특히 간도국민회 지회가 있는 마을에 들어가 교회, 학교, 가옥을 방화하였고 크리스천들을 대대적으로 학살하였다. 이에 대하여 '영국더기' 용정선교부의 수석 선교사인 푸트와 제창병원 간호부장 엠마 엠 페르소프와 제창병원 원장인 마틴(민산해)이 세계 언론에 알렸으며 일본 정부에 이의를 제기하였다.[20]

제창병원은 인술의 봉사뿐만 아니라 일본의 폭력과 군대의 불의한 민간 학살에도 정의의 목소리를 높여서 조선인의 억울함과 분노를 대변하였고 상처를 싸매주며 위로하였다.

제창병원은 실로 북간도 크리스천들의 독립운동이 최고조에 달했을 때 그들의 배후에서 그들과 함께 용정의 '3 · 13 만세시위', '만세시위 부상자 치료와 순국열사 장례식', '간도국민회', 조직과 회합, 철혈광복단의 '15만원탈취사건', '경신대학살'의 시련과 고통을 묵묵히 겪었다. 그 결과 그들은 일본의 괴뢰국인 만주국이 세워졌을 때 탄압과 간섭으로 쇠락의 길을 걷게 되었으며 1941년에는 강제로 추방을 당하였고 끝내 돌아오지 못하였다.

북간도 선교를 시작하고 용정에 선교지부를 열고 절망에 빠진 디아스포라 조선인들을 섬긴 선교사들의 이름을 불러 본다.

구례선, 매길도, 박걸, 박혜란, 부록도 부부, 부두일 부부, 민산해 부부, 서고도 부부, 배례사 부부, 노아력 부부, 기애시. 맹혜련, 반부련, 육장안 부부, 부례수 부부, 백훈 부부, 배의도, 업배시, 안도선.21)

그리고 배후에서 선교사들을 위해 기도하며 나눔과 섬김의 손길이 되어준 이름 없고 빛도 없는 수많은 캐나다교회의 교우들을 그려본다. 조선22)의 독립과 해방을 위해, 조선인들의 구원과 평화를 위해 눈물 흘리며 기도해준 메리타임의 여신도회원들이 그립다.

인술(仁術)과 독립운동 지원을 동시에 펼친 그들이 있어서 북간도 조선인 디아스포라들의 기운이 하늘로 충천하였다.

미 주

1) 윌리엄 스코트,《한국에 온 캐나다인들》, 78쪽

2) 윌리엄 스코트,《한국에 온 캐나다인들》, 81쪽

3) 윌리엄 스코트,《한국에 온 캐나다인들》, 90쪽

4) 차재명 원저,《조선예수교장로회사기 상》, 64쪽

5) 윌리엄 스코트,《한국에 온 캐나다인들》, 137쪽, 던칸 맥레는 함흥지역을 맡았지만 함
   홍 사람들이 외국인들에게 지나치게 배타적이어서 1905년에야 함흥에서 거주을 시
   작함.

6) 윌리엄 스코트,《한국에 온 캐나다인들》, 136, 137쪽

7) 윌리엄 스코트,《한국에 온 캐나다인들》, 150, 151, 152쪽

8) 차재명 원저,《조선예수교장로회사기 상》, 390쪽

9) 윌리엄 스코트,《한국에 온 캐나다인들》, 153쪽

10) 윌리엄 스코트,《한국에 온 캐나다인들》, 153쪽

11) 연합선교위원회: 1915년에 캐나다장로회 서부분과와 동부분과가 하나로 통합되어
    이름을 연합선교위원회로 바꾸었다.

12) 윌리엄 스코트,《한국에 온 캐나다인들》, 165, 166쪽

13)《룡정문사자료 2집》, 78쪽,《연변문사자료 8집》, 129쪽

14)《룡정문사자료 2집》, 78쪽

15)《연변문사자료 8집》, 130쪽

16)《연변문사자료 8집》, 131쪽

17) 양소전, 김춘선 외,《중국조선족혁명투쟁사》, 164쪽

18) 김택 주필 외,《길림조선족》, 660쪽,《연변문사자료 8집》, 124쪽

19) 룡정3 · 13기념사업회 외,《룡정3 · 13반일운동80돐기념문집》, 247쪽,

20) 김연옥 번역, 《조선군사령부간도출병사》, 299~315쪽,

21) 서굉일 외, 《북간도민족운동의 선구자 규암 김약연선생》, 239, 240쪽

22) 조선은 1910년에 망하였고 최초의 캐나다 선교사 맥켄지는 1983년에 조선에 도착하였다. 그의 뒤를 이어서 온 그리어슨, 푸트, 맥레도 조선이 망하기 전이 1898년에 도착하였다.

본 글에서 조선과 한국을 함께 사용하는데 엄밀히 말하자면 '조선'으로 써야 한다. 그러나 한국이 조선의 뒤를 이어 세워진 나라이므로 한국이라고 써도 무방하다.

참고도서

• 윌리엄 스코트, 《한국에 온 캐나다인들》, 한국기독교장로회출판사, 2009,

• 차재명 원저, 《조선예수교장로회사기 상》, 한국기독교사연구소, 2018

• 양소전, 김춘선 외, 《중국조선족혁명투쟁사》, 연변인민출판사, 2009

• 김택 주필 외, 《길림조선족》, 연변인민출판사, 1995

• 룡정3 · 13기념사업회 외, 《룡정3 · 13반일운동80돐기념문집》, 연변인민출판사, 1999

• 김연옥 번역, 《조선군사령부간도출병사》, 경인문화사, 2019

• 서굉일 외, 《북간도민족운동의 선구자 규암 김약연선생》, 고려글방, 1997

• 호이전 주필 외, 《연변문사자료 8집 종교사료전집》, 연변정협문사자료위원회, 1997

• 김규철 편집, 《룡정문사자료 2집》, 정협룡정현문사자료연구위원회, 1988

• 헬렌 F. 맥레 저, 《팔룡산의 호랑이》, 한신대학교출판부, 2010

• 중국조선민족발자취총서 편집위원회, 《개척》, 민족출판사, 1999

뜻으로 읽는 북간도 독립운동 이야기

초판 1쇄 인쇄 _ 2023년 11월 20일
초판 1쇄 발행 _ 2023년 11월 30일

지은이 _ 이옥희

펴낸곳 _ 바이북스
펴낸이 _ 윤옥초
책임 편집 _ 김태윤
책임 디자인 _ 이민영

ISBN _ 979-11-5877-365-6 03910

등록 _ 2005. 7. 12 | 제 313-2005-000148호

서울시 영등포구 선유로49길 23 아이에스비즈타워2차 1005호
편집 02)333-0812 | 마케팅 02)333-9918 | 팩스 02)333-9960
이메일 postmaster@bybooks.co.kr
홈페이지 www.bybooks.co.kr

책값은 뒤표지에 있습니다.
책으로 아름다운 세상을 만듭니다. ― 바이북스

미래를 함께 꿈꿀 작가님의 참신한 아이디어나 원고를 기다립니다.
이메일로 접수한 원고는 검토 후 연락드리겠습니다.